语式与习俗

李树新——著

人民出版社

目录

第一章　吉祥语

吉祥语，通常是指那些在人们观念意识中具有祈福纳吉性质的语式，凡是在各种节日庆典仪式、人际交往活动、宗教生活及其他社会活动中被人们用于祈求吉利、好运和幸福的特定话语形式都可以视为吉祥语。吉祥语以满足人们的某些心理需要和社会需要为主要目的，被人们赋予浓厚的感情色彩，寄托着人们追求美好事物和理想境界的愿望和要求。中华民族的日常生活浸透着吉祥文化，人们生活的方方面面都离不开吉祥语。恭喜发财、长命百岁、开门大吉、岁岁平安、万事如意、子孙满堂、双喜临门、荣华富贵、天长地久、吉庆有余等，这些都是吉祥语，反映了人们日常生活中向往幸福、追求理想的美好愿望。

一、吉祥语的性质和特点

“凡是人都有生的欲望、死的厌恶、性的冲动、创造的渴求；图生存、谋温饱、求发展，这是人类普遍的、基本的需要，是人类共同的本质。”[①] 吉祥语从语言上验证了这一点——吉祥语表达了人们对生存生活条件的美好期许。从“口彩”的角度来看，吉祥语指向每一句具体的祝福性的话语，属于言语范畴；从“语式”的角度来看，吉祥语是吉祥文化的语言表现形式，它有固定的表达模式，已成为一种习俗和惯例，属于语言范畴。在语言运用中，吉祥语实现了二者的统一，并体现出自身鲜明的特征。

---

① 周士琳：《你我他——现代人际关系》，山东科学技术出版社 1987 年版，第 3 页。

（一）吉祥语概念

《庄子·人世间》："吉者，福善之事；祥者，嘉庆之征。"《说文解字》释曰："吉，善也。""祥，福也。""祥"从"示"，表示一种预兆，"吉祥"即美好的预兆。由于语义的变迁，如今"吉祥"主要指吉利、幸运。在此基础上，很多学者为"吉祥语"作了界定。赵日新在《试论吉祥语》一文中提出："吉祥语，俗称'口彩'，即所有含有人们祈求平安幸福、子孙昌盛、长命富贵等语义内容的词语。人们有意使用并认为会给自己带来好运的词语，就是吉祥语。"[①] 宋业瑾、王韵松在《吉祥语》一文中说："吉祥语是语言中用以预祝吉庆祥瑞、福寿平安的词语。"[②] 薛维哲在《吉祥语的性质和功能》一文中说："吉祥语就是运用这些含有吉祥意义的词语向他人或自己表示祝福的词语。"[③] 李炳泽所著的《吉利话》一书认为："吉利话是人们企图引导未来的世界和趋势，朝自己希望的方向发展的一种言语行为。"[④]

对吉祥语的界定不应只关注到内容，也要从形式、语用范围等方面进行限定。因此，从更宽泛和多维的角度可将吉祥语界定为：在婚礼、寿辰、节日、开业、乔迁等喜庆场合或日常场合使用的，含有人们祈求、平安、幸福等美好愿望的词、短语或句子。吉祥语又叫作吉利话、口彩等。

（二）吉祥语的性质

作为吉祥文化的载体，吉祥语蕴含着丰富的文化信息，同时也体现出鲜明的语式特点。分析和研究吉祥语的性质，将有利于更好地继承和发扬优秀的传统文化。总体而言，吉祥语具有祝福性、传承性、民族性和时代性。

从内容来看，吉祥语表达的是美好的、善意的祝福，具有祝福性。

---

① 赵日新：《试论吉祥语》，《语文学刊》1997 年第 3 期。

② 宋业瑾等：《吉祥语》，新华出版社 1998 年版，第 10 页。

③ 薛维哲：《吉祥语的性质和功能》，《齐齐哈尔大学学报》（哲学社会科学版）2001 年第 2 期。

④ 李炳泽：《吉利话》，河北人民出版社 1997 年版，第 3 页。

汉语的吉祥语主要是关于福、禄、寿、喜、财等方面的，即所谓“人臻五福，犹如花满三春”。

祝福是吉祥语最淳厚、最集中、最典型的义旨和文化特征。每当新春佳节、老人寿诞、娶妻生子、造房乔迁、升学开业、出征远行，以及其他种种庆贺活动，都离不开“祝福”和“祝愿”。如祝寿时，人们常说“福如东海、寿比南山”；开业之际，人们往往说“生意兴隆”“四方来宝、八路进财”；他人远行前，人们往往说“一路平安”“一帆风顺”。姚雪垠《李自成》卷二：“黄昏前杀猪宰牛，准备宴席，预祝马到成功。”冯梦龙《醒世恒言》：“这事不消分付（吩咐），但愿你阵面上神灵保佑，马到成功。”在很多农村地区都保留着上梁的习俗，不管是盖房子还是建祠堂，都会根据老皇历选个好日子安装大梁，而且上梁的时候一般会说类似这样的祝福语和吉祥话：“贺喜东君，今日上梁。张良斫树，鲁班尺量。紫微高照，大吉大昌！”这些吉祥语、祝福语表达、寄托着追求幸福、平安的理念，而吉祥观念在老百姓的头脑中根深蒂固。

吉祥语具有传承性，是在继承传统吉祥文化的基础上生成的，会随着时代发生变化，呈现出新气象。如古人用“金榜题名”祝愿科举考生一举中试，如今虽没有了科举考试，但有中考高考、考研考博、事业单位公考等名目繁多的考试，人们依旧用“金榜题名”来表达对考生的美好祝愿。这种祝愿与科场祝福一脉相承，适用范围却扩大了。

在表现形式上，吉祥语具有长久性。虽然吉祥语的形式会随着社会的变化而变化，但始终占据主体的是词或短语，尤其是四字格的，它们已形成一种结构较为稳固的词汇系统。如“百年好合”“步步高升”“心想事成”“前程似锦”等吉祥语都被长久使用，成为一种固定用语。

吉祥语具有民族性。在同样的交际场合中，中华民族和其他国家的民族使用吉祥语不尽相同。如中国人在送别亲友时会祝愿对方“平安”“顺利”，美国人则以“愉快”“合意”相祝。有时，同一吉祥语在不同国家会有不同的含义，如“八”在中国代表“发”，寓意“发财”，但在日本它却象征着前景广阔。很明显，吉祥语在另一个国家或许就成为禁忌语。如“鹤”在中国常用于祝人长寿，但法国人却特别忌讳说这个字。

吉祥语的内容会随时代发生变化，不同时代有不同特色的吉祥语。如古代中国人重视多子嗣，常用“多子多福”“人丁兴旺”“五世其昌”等吉祥语；如今的中国人更重视个人发展，人们常把“恭喜发财”“健康快乐”等吉祥语挂在嘴边。此外，同一吉祥语在不同时代也会发生变化，如“夫唱妇随”，古代指妻子绝对服从丈夫，现在指夫妻和睦；“万岁”，古代只能用于皇帝，如今常被用来称颂团体，如“伟大的中华人民共和国万岁！伟大的中国共产党万岁！伟大的中国人民万岁！”。另外，吉祥语的形式也会随时代发生变化。古代的吉祥语多为二字、四字词语或句子、对联，如今，以排比段落为主的祝福短信日益占据着重要地位。过于文言的吉祥语也逐渐被替换成白话或者弃用，如祝寿古代用“遐龄”，现在用“长寿”；古代祝婚用的“三星在户”现在已不见了踪影。

（三）吉祥语俗

作为中国人十分普遍应用的一种语俗，吉祥语源远流长。陈原先生说：“语言本来是与劳动同时发生和发展的一种社会交际工具。但是在对自然现象和自然力不太理解的环境里，语言与某些自然现象联系起来，或者同某些自然力给人类带来的祸福联系起来。这样语言就被赋予了一种它本身所没有的、超人的感觉和超人的力量；社会成员竟以为语言本身能够给人类带来幸福或灾难，竟以为语言是祸福的根源。谁要是得罪这个根源，谁就得到加倍的惩罚；反之谁要是讨好这个根源，谁就得到庇护和保佑。”[①] 在语言的灵物崇拜心理驱使下，人们认为，用语言文字祝福人，真的可以使人得福，这便是吉祥语产生的社会基础。吉祥语最初被原始先民作为魔力的象征而崇拜并运用，体现出他们对于生存与延续本能的渴望，在孜孜不倦地追求幸福生活的过程中，吉祥如意、平安幸福等成为中华民族千古永恒的热望和追求。吉祥语是社会生活中一种习见的基本语言民俗事象。

吉祥语在中国有着悠久的历史。

---

① 陈原：《社会语言学》，商务印书馆 2004 年版，第 343 页。

祝颂语古称祝词，是祭祀时祷告鬼神的辞章。《周礼·春官·大祝》载："大祝掌六祝之辞，以事鬼神示，祈福祥，求永贞。一曰顺祝，二曰年祝，三曰吉祝，四曰化祝，五曰瑞祝，六曰筴祝。"据郑玄引郑司农语释云："顺祝，顺丰年也。年祝，求永贞也。吉祝，祈福祥也。化祝，弭灾兵也。瑞祝，逆时雨，宁风旱也。筴祝，远罪疾。"从这段记述看，祝词最初是用于祝颂和祈祷的。清人王兆芳《文体通释》曰："祝者，祭主赞辞者也，祭神祈福之辞也。又不祭而祈神福亦为祝也。主于陈信立诚，不杂诅酬。"在漫长的历史演变过程中，祝词的祈祷功能渐趋弱化，而祝颂功能不断强化，终至演变成为以祝愿颂赞为主要内容的礼仪语言。

商周时期的甲骨卜辞和《易经》中已孕育了吉祥语词，甲骨卜辞中有"吉""大吉""弘吉"等语词，《易经》中有"吉""大吉""亨""元亨""光亨""小亨""利贞"等蕴含吉祥意味的语词。《诗经》中有"万寿无疆""南山之寿""福履成之"等各式各样的吉祥语，还有祝贺新婚幸福、祈颂多生子嗣的篇目。《庄子·至乐》认为："夫天下之所尊者，富、贵、寿、善也；所乐者，身安、厚味、美服、好色、音声也。"《庄子》中"华封三祝"的故事证明当时已有祝人长寿、富贵、多子的语俗，还出现了"吉祥止止""夫子德配天地"等含有美好寓意或颂扬人的话语。战国时期楚人宋玉《高唐赋》："九窍通郁，精神察滞，延年益寿千万岁。"《韩非子·显学》："今巫祝之祝人曰：'使若千秋万岁。'千秋万岁之声聒耳，而一日之寿无征于人。"此类文献说明这一时期已有用语言来祝福人的习俗，祝福的内容主要是祈愿对方长寿。

秦汉时期出现了用以装饰器物的吉祥文字，如铸在铜器上的铭文"长宜子孙""大吉祥""富贵昌宜侯王"等，绣在汉锦上的"延年益寿""长乐明光""子孙无极"等，刻在瓦当上的"千秋万世""长生无极""延年益寿""大吉富贵""富贵毋央"等。这些吉祥语多以短句或四字词语的形式出现。

魏晋南北朝时期有祝颂君王或官员的诗文，如三国·魏·曹植《责躬诗》称颂帝王圣明："心之云慕，怆矣其悲，天高听卑，皇肯照微！"

晋代袁宏出任东阳郡守，谢安在送别时赠他一把扇子。袁宏谢答："辄当奉扬仁风，慰彼黎庶。"南朝梁沈约《齐故安陆昭王碑文》颂萧缅曰："膺期诞德，绝后光前。"

后来，钱币上开始出现吉祥语，一般印在币值前。如蜀汉的"太平百钱""安平一百"，梁武帝普通四年（523）铸造的"大吉五铢""大通五铢""大富五铢"，西域高昌国铸造的"高昌吉利"，等等。

从唐宋时期的文学作品中可以发现，祝人长寿、富贵、健康以及祝人生子等吉祥语较为普遍地存在于日常生活中。唐代虞世南《琵琶赋》："愿百龄兮眉寿，重千金之巧笑。"元稹诗云："富贵祝来何所遂"，可知当时好友新岁见面，多是互祝"富贵"。杜甫《徐卿二子歌》中有称颂别人之子神奇优秀的诗句："孔子、释氏亲抱送，并是天上麒麟儿。"宋代陆游曰："行人相贺新年健"，可见古人当时已经互祝"身体健康"。司马光称颂富弼曰："三世辅臣，德高望重。"晁端礼《行香子》词："莫思身外，且斗樽前。愿花长好，人长健，月长圆。"

元代文学作品中也常出现吉祥语。如郑廷玉《忍字记》第一折："则愿的哥哥福寿绵绵，松柏齐肩者。"吴昌龄《东坡梦》第四折："爇龙涎一炷透穹苍，祝吾王寿元无量。"无名氏《金水桥陈琳抱妆盒》第四折："若不是万岁洪福齐天，怎能勾这等百灵咸助那。"

明代的吉祥语更加多样化，除了祝福君王、尊长，也有祝人婚姻幸福的，还有用以庆贺房屋落成的上梁文。汪廷讷《种玉记·尚王》："驸马是凤毛麟角，公主是玉叶金枝。"无名氏《花灯轿莲女成佛记》："寿比南山，福如东海，佳期，从今后，儿孙昌盛，个个赴丹墀。"柯丹邱《荆钗记·庆诞》："齐祝赞，愿福如东海，寿比南山。"施耐庵《水浒传》第九十回："愿今国安民泰，岁稔年和，五谷丰登，三教兴隆，四方宁静，诸事祯祥，万事如意！"归有光《少傅陈玄六十诗序》："德与年而俱进，如日升月恒。则诸君子之寿公者，非以公为既老，而实以祷公将来无疆之寿也。"丘濬《成语考·夫妇》："贺人娶妻曰荣谐伉俪。"徐师曾《文体明辨》言上梁文："首尾皆用俪语，而中陈六诗。诗各三句，以按四方上下，盖俗礼也。"

清代的吉祥语不仅广泛存在于小说作品中，也被文人加以整理收录于文集中。如李宝嘉《官场现形记》第三十三回："恭喜！恭喜！二世兄不日也同义翁一样，真是凤毛济美。"竹溪山人《粉妆楼》第一回："百年和合，千载团圆恭喜！"程允升、邹圣脉《幼学琼林·人事》："贺入学，曰：'云程发轫。'"李绿园《歧路灯》第五十四回："边公问了姓名。说了弟系初任，诸事仰祈指示话头。众人也说'一路福星，恺悌乐只'的话头。"翟灏《通俗编》卷十专列一条曰"祝诵"，与喜歌有关的有"荣华富贵""八子七婿""五男二女""麒麟送子""麟凤呈祥""子孙昌盛"等。18世纪末19世纪初，当时，洋务运动在中国兴起，许多外国商人来到广州做生意，开办洋行，招收了不少中国人到洋行工作，于是广州人开始以"恭喜发财"互祝。

民国以降，吉祥语在节日习俗中的运用更为普遍。

《香囊记》第三十三出中有冬至祭告祈福民间语言的描述：

> 今日是书云令节。思想我婆婆与丈夫。死生骨肉之情。无以自遣。因此焚香礼拜。祷告天地神明。保扶生者康健。死者超升。①

《香囊记》的祭祀语言具有浓厚的仪式性，"祷告天地神明""保扶生者康健"等祝福语在如今的民众之间仍旧流传。

《荆钗记》第四十四出：

> 今日乃是冬至令节，等待爹妈出来，拜贺则个。时遇新冬……愿小姐招一个老公。②

这出戏中，对父母的恭贺和祝福情节的描写为冬至时节增添了几分

① （明）邵璨：《香囊记》三十三出《说亲》，载《古本戏曲丛刊》（初集），商务印书馆1954年版，第28页。

② （明）柯丹邱：《荆钗记》四十四出《续姻》，载《古本戏曲丛刊》（初集），商务印书馆1954年版，第35页。

喜庆的气氛。

《八义记》第八出中对于二月中旬劝农时祝福语的记述：

> 长亭十里开筵宴，官民共祝风调雨顺、齐乐丰年。①

“风调雨顺”与“齐乐丰年”都是生活中最为常见的祝福语，简单明了却最为生动地表现了农民的期盼心理。

拜年，是具有千年历史的习俗。在民间，大年初一，晚辈要给长辈磕头拜年，长辈要给晚辈压岁钱，邻里亲友见面也要互道祝福。“正月初一起得早，磕头拜年吃水饺”“新正拜年，走千家不如坐一家”“元旦（旧指正月初一）书红，万事亨通”“入年卦，讲好话”“有老敬老，有小敬小”“拜年无大小”“先拜伯叔，后拜同族，再拜街坊”“拜年，拜年，拜点糖甜甜”，这些讲的是拜年的热闹场景。“恭贺新禧”“新正如意”“一帆风顺”“四季平安”“五福临门”则是拜年时常说的喜话，祝福来年吉祥、万事如意，表达了朴实而真诚、简单而美好的情怀，凝聚、孕育着我国各族人民追求仁爱和睦、和谐幸福的文化基因和文化精神。

正月正头讲好话。大年下的吉祥话，即口彩，人们最爱说也最爱听。周秋如《忆扬州》里记述了过年喜话的各种说法：

> 我的舅婆最会说喜话。童年时，同母亲到舅婆家拜年，她急忙捧出果盒说：“捧元宝，捧元宝！”我母亲也忙说：“存库，存库。”正说间，舅婆已把果盒打开，一把把地拿糖果，放在我们母子面前，连续不断的说喜话。拿福橘，说：“恭喜你们走大局。”拿蜜枣，说：“恭喜你们早早发财。”“早早娶妻生子。”拿云片糕，说：“恭喜你们一步高似一步，年年升高。”拿柿饼，说：“恭喜你们万事如意。”拿糖莲，说：“恭喜你们精神力壮。”拿落花生，说：“恭喜你们长生

① （明）徐元：《八义记》八出《辛劝农》，载《古本戏曲丛刊》（二集），商务印书馆1954年版，第16页。

不老，长命富贵。”拿瓜子，说：“恭喜你们瓜瓞绵绵。”拿桂圆，说：“恭喜你们团圆吉庆，连中三元。”[①]

说这种喜话，并非随口搭白，皆为十分恳切的祈望，受之者亦感到心情愉悦。

年节吉祥话极富地方色彩。朱介凡《中华谚语志》中收录了大量年节吉祥话。台湾《桃园县志》卷二记载，桃园县元旦闭门祀神，占词：“打开大门来，脚踏四方财。”安徽新正有数来宝的颂语：“早把财门开，张仙送子来，房中生贵子，添子又拓财。”福建厦门祝贺孩子们的吉祥话是：“食红枣，年年好。”“食甜给汝贤大汉。”贤大汉，为“发育快”之意。浙江民国《平阳县志》卷十九记载：“元旦之夕，士人联袂人人家，编造俚词，高声朗诵，谓之卖奇，一云卖技，连三宵乃止。”此颂年也。湖北贺年颂词也相类似，一般的吉祥话有“恭喜发财，百事如意”；对老年人则说“恭喜你家越老越仙健”；对儿童则说“狗头狗脑，长命百岁”；对新妇，拣红枣、花生、桂圆、莲子给她吃，口中要念叨“早生贵子”；对小学生则说“读书一溜水，写字龙摆尾”。安徽送财神的办法是，走到人家屋前，往门旁一站，一人拿刷子蘸糨糊往墙上一刷，另一人则迅速地将财神贴上。为何要两人一起做，且迅速张贴呢？除了喜歌要二人唱和外，乃因此时节天寒地冻，室外张贴财神，定要冻坏手指，如遇上风雪天，就更为艰苦了。他们一贴好，就唱了起来：

财神爷，好！进门来，好！又有喜来又有财，好！前门进珍珠，好！后门进玛瑙，好！珍珠玛瑙一齐进，好！金银财宝用不尽，好！说得好，好！道得祥，好！家里还有万石粮，好！万石粮上插金花，好！荣华富贵头一家，好！

千百年来，吉祥语和祝福语形成了独特的语式，犹如一部社会生活

① 转引自朱介凡编著《中华谚语志（六）》，台湾商务印书馆 1989 年版，第 2758 页。

的百科全书，积淀了中华民族深厚的文化传统，记录了社会各层面的吉祥民俗文化和时代风貌。

（四）吉祥语的语言观照

语言、文字从风俗文化中孕育、诞生，当其发展成为一种专门学问后，与风俗文化之间依然密不可分。众所周知，语言是人类互相交流信息的独有的一种沟通符号，它既是传递信息、认识世界、描绘世界的工具，又是抒情达意、联络感情、消除隔膜的工具，也是社会的黏合剂。风俗习惯的代代相传，首先，最重要的途径是依靠一代又一代人的语言传递。其次，是行为感染、情绪感染。因此，语言是文化信息的载体。风俗文化的传承与语言密不可分。吕叔湘先生曾指出："语言和文字是人类自己创造的，可是在语言文字的神奇作用面前，人们又把它当作神物崇拜起来。他们用语言来祝福，用语言来诅咒。"①语言文字崇拜是世界各民族普遍存在的一种文化现象，中华民族汉语言文字的崇拜则有自己独特的表现。

汉字中形成了蕴含着极其丰富而又有相当具体内容的吉祥字类系统，主要有福、寿、富、贵、康、宁、祥、瑞等字类。其中，"福"类字最多，有礽（réng）、祜（hù）、祚（zuò）、祯、祺、禄、禔（tí）、禛（zhēn）、禠（sī）、禟（táng）、禧（xǐ，旧读 xī）。"康宁"类字也不少，作为吉祥文化的组成部分，一般使用于生活性的祈求与祝愿，如安、乐、平、和、适、顺、颐、怡、定、靖、绥、庄、泰、静、逸、恬、淡、快、好等。"吉祥"类的字在日常生活中使用频率极其高，尤其是在节日、生日祝词里，还有在名字用字、信函里运用得也十分普遍。

常用的双音节的吉祥词也有很多。《恒言录》卷一列出了"吉祥"语条的出处：《周易系辞》有"吉事有祥"，《庄子》有"吉祥止止"，《战国策》有"圣人所谓吉祥善事"，《淮南子》有"偭然玄默而吉祥受福"。常

① 吕叔湘：《语言和语言研究》，转引自李柏令《汉语象征功能概论》，上海交通大学出版社 2011 年版，第 145 页。

用的双音节的吉祥词有鸿禧、寿祺、福安、洪福、祥瑞、富寿、贶寿、贺寿、安宁、康宁、安乐、长远、荣华等。

熟语是一种现成话，大量熟语（其中主要是四字格成语）以固定的语式证明着用吉祥语祝福他人的语言习俗是源远流长的。如《诗经》中就有“万寿无疆”一词，而且出现六次之多。《诗经》中还有“君子偕老”的说法。南北朝时期，北齐张成的《造像题字》中便有“吉祥如意”的字样：“为亡父母敬造观音像一区，合家大小八口人等供奉，吉祥如意。”唐宋时，“吉祥如意”偶见于文献中，但尚未用于祝愿他人。明清时期，“吉祥如意”大量出现于典籍中，且有了祝愿他人的用法。如明代姚茂良《精忠记》：“告夫人，道场圆满，愿夫人福长灾消，吉祥如意。”清代佚名《开玄出谷西林宝卷》：“愿祈天下太平，风调雨顺，吉祥如意，各家咸宁。”

汉语中吉祥义成语的数量可谓数不胜数，其中有代表性的吉祥意成语有：

百事大吉	黄道吉日	吉祥善事	瑞彩祥云	祥风佳气	长发其祥
避凶趋吉	吉隆之喜	吉祥止止	瑞气祥云	祥风瑞气	祝哽祝噎
呈祥现瑞	吉人吉相	吉星高照	瑞兽祥禽	祥麟瑞凤	祝禽疏网
逢凶化吉	吉人天相	良辰吉日	善颂善祷	祥麟威凤	祝寿延年
和气致祥	吉日良辰	龙祥凤翥	完事大吉	祥云瑞彩	祝网三驱
华封三祝	吉日良时	祈晴祷雨	万事大吉	祥云瑞气	作福降祥
华封之祝	吉祥如意	趋吉避凶	威凤祥麟	馨香祷祝	作善降祥

除成语外，日常口语还存在着“开门红”“交好运”“走红运”“满堂红”的惯用语，以及“芝麻开花——节节高”“佘太君挂帅——马到成功”“喜鹊叫——喜事到”等歇后语，它们和成语一样常常出现在人们的口头话语中，用于表示对别人生活美好、事业顺利的良好祝愿。

二、吉祥语的类型与表现形式

中国的吉祥文化，其核心就在于希冀人们更好地生产生活。人们在各种节日、喜宴、寿宴等时间和场合，通过寓意美好的吉祥语传达祝福，则真切地体现了吉祥文化的深层内涵。吉祥语内容丰富多样，在不同的使用场合以及面对不同的对象有不同的表达方式，但从整体上看，说吉祥语都是为了表达祝福，讨一个好彩头，希望美好的愿望通过吉祥语的使用而得以实现。在日常生活中，可以说是处处得见吉祥语，主要包括七种类型，下面分述之。

（一）婚庆吉祥语

婚庆吉祥语是指在婚庆时对新人说的祝福话语，它寄托了人们对新人的美好祝愿。传统婚庆吉祥语，又化为避邪、祝福与向往等内容。从古代到当代，中国人的婚庆礼俗尽管形式多变，但“讨口彩”的习俗却始终未变，这代表了中国人对美好生活的一以贯之的向往和追求。人们常用“出门见喜，抬头见喜”等讨口彩；张贴“囍”字以求“双喜临门”；将喜鹊画在梅花的枝头，表达“喜上眉（梅）梢”的寓意；举行撒帐等仪式，祝愿新婚夫妇“早生贵子”。长期以来形成的婚庆习俗文化中凝练了大量的婚庆吉祥语，典型的有“双喜临门”“永结同心”“白头偕老”“鸾凤和鸣”“龙凤呈祥”“早生贵子”“天上麒麟”“弄璋之喜”“弄瓦之喜”等。

双喜临门

“双喜临门”指两件喜事一齐到来。“囍”读作“双喜”，看似是个汉字，其实是个代表吉祥的符号，它被广泛用在婚嫁场合，有喜上加喜、双喜临门的意思。“囍”的妙处在于把人们内心对新人的祝福用最简洁明了的方式表达出来，既一目了然，又美观大方。一桩好姻缘需要两个人同心协力地用心经营，这对两个家庭都是好事，也就是老百姓常说的“喜上加喜”。

（1）于是众客一齐站起来，又是一番足恭道喜；一个个嘴里都说道：“这才是双喜临门呢！”总镇也自扬扬得意。（清·吴趼人《二十年目睹之怪现状》）

（2）王民道：“你屋里恭喜了，大相公也喜了，一天生的，真正双喜临门。”（清·李绿园《歧路灯》）

（3）云麟先在外面专候信息，等了好久，更站不住，只在房门外旋磨磨，听见孩子哭声，也伸着头进去一望，何氏眼尖，早看见他，说：“恭喜你又是一个男儿，你真是双喜临门哩。”（李涵秋《广陵潮》）

例（1）中是赵师爷当面宣读文书，众客一齐对他的祝贺。例（2）和例（3）中都传达了孩子降生这一喜讯，前者是王民向王中传达喜讯，后者则是何氏向云麟传达喜讯。

永结同心

“永结同心”意为心永远联结在一起，多为新婚贺词。同心结是我国古代用锦带缗为连环回文样式的结子，是我国传统结饰的一种，用以寄寓男女相爱之意。同心结的出现，以及用同心结象征男女“永结同心”的口彩观念，在南北朝时已见诸记载。梁武帝就写过《有所思》诗，其中有“腰间双绮带，梦为同心结”之句。在传统婚礼上，新郎新娘拜堂时，要用红绿彩锦编成同心结，新人各执一端，相向相牵而行，以象征男女恩爱。

（1）同心而离居，忧伤以终老。（汉末·无名氏《古诗十九首·涉江采芙蓉》）

（2）君不见昔时同心人，化作鸳鸯鸟。（唐·李德裕《鸳鸯篇》）

（3）怎奈侣伴虽多，同心却少。（清·李渔《巧团圆·剖私》）

例（1）是“永结同心”的语源。例（2）和例（3）分别是唐朝李德裕和清朝李渔在文学作品中对“永结同心”正向和反向的语义描摹。

白头偕老

“白头偕老”指夫妻相亲相爱，一直到老，常用作对新婚夫妻的祝词，语出自《诗经·卫风·氓》：“及尔偕老。”早在战国时期，人们结婚时就有喝交杯酒的习俗。为了表示夫妻相爱，夫妻各执一杯酒，手臂相交各饮一口。到了现在，有些新郎、新娘饮交杯酒时，只是两臂相交，双目对视，在一片温情和欢乐的笑声中一饮而尽，实际上成了“交臂酒”，意味着你中有我，我中有你，相互扶助，白头偕老。白头偕老是婚姻最美好的状态。

（1）小娘半老之际，风波历尽，刚好遇个老成的孤老，两下志同道合，收绳卷索，白头到老。（明·冯梦龙《醒世恒言·卖油郎独占花魁》）

（2）孩儿，我与你母亲白头偕老，富贵双全。（明·陆采《怀香记·奉诏班师》）

（3）我原说过，她不会跟你白头偕老的。（巴金《寒夜》）

例（1）和例（2）是对婚姻生活的正向祝福。例（3）是母亲向文宣表达对他的爱慕对象的看法，从反向表达不看好他们之间的感情。

龙凤呈祥

“龙凤呈祥”是成语，意指吉庆之事，出自《孔丛子·记问》中的“天子布德，将致太平，则麟凤龟龙先为之呈祥”。在中国传统观念中，龙和凤代表着吉祥如意，龙凤一起使用多表示喜庆之事。后世为纪念弄玉和萧史之间动人的爱情故事，用“龙凤呈祥”来形容夫妻间比翼双飞、相濡以沫、恰合百年的忠贞爱情。因此，经常用“龙凤呈祥”作吉祥语，以祝福夫妻二人恩爱相随。

（1）这是龙凤呈祥，请相公夫人同饮太平酒。（明·汪道昆《远山戏》）

（2）拴柱和翠花尽拣好听的唱，唱得掌柜的眉笑眼喜，一连声

说："真是龙凤呈祥，龙凤呈祥！"（马旭《善居》）

（3）我听了，也举起了酒杯，跟村长说道："我也祝你们夫妻龙凤呈祥，百年好合。"（刘国芳《风中有朵雨做的云》）

例（1）是《远山戏》里的唱词，"龙凤呈祥"是婚宴中对新娘新郎的祝福语。例（2）中的"龙凤呈祥"被用作拜年吉祥语，是掌柜的对拴柱和翠花的祝福。例（3）中记者误以为村长和银花是夫妻，用"龙凤呈祥"来祝福他们俩。

早生贵子

"早生贵子"常用于参加婚宴时祝福新婚夫妇早生男孩。早生贵子，多子多孙，曾是中国人最重要的生活目标之一。大量有关生子、后嗣的口彩在婚姻活动中被创造和使用。结婚仪式上的果品除了栗子、枣、莲子、花生以外，石榴也是很受青睐，因为石榴有"多籽"的特点，可以用来表达"多子"的祈愿。

（1）贾门信女巫氏，情愿亲诵白衣观音经卷专保早生贵子，吉祥如意。（明·凌濛初《初刻拍案惊奇》）

（2）不要嫌弃。这些年来，镇上人家收亲嫁女，我都是送的这么一份礼……你们也不例外。我是恭贺你们早生贵子……既是成了夫妻，不管是红是黑，孽根孽种，总是要有后的。（古华《芙蓉镇》）

（3）小姐向翠秀含泪道恩，"姐若到花府为媳，愿你夫唱妇随早生贵子。"（无名氏《五美缘全传》）

例（1）是赵尼姑假意为巫娘子祈求得子请白衣观音经卷的念词。例（2）中的"早生贵子"是谷燕山在胡玉音出嫁时对她的祝福。例（3）为清代通俗小说中向翠秀对恩人姐姐的祝福。

天上麒麟

麒麟是传说中的动物，民间有"天上麒麟子，人间状元郎"的说法。古人认为麒麟是仁兽、瑞兽，象征着吉祥；"天上麒麟"多用来比喻才能杰出之人，同时也经常用这一词语称赞他人之子。此语出自《南史·徐陵传》："年数岁，家人携以候沙门释宝志，宝志摩其顶曰：'天上石麒麟也。'"这是小孩满月时常用的吉祥语，古代称生小孩为"喜得麟儿"。

（1）君不见徐卿二子生绝奇，感应吉梦相追随。孔子释氏亲抱送，并是天上麒麟儿。（唐·杜甫《徐卿二子歌》）

（2）天上麒麟原有种。（明·明世宗《送毛伯温》）

（3）即令人把那晚馨抱出，相士仔细看了一会，拱手称贺道："令郎乃是天上麒麟，异时富贵不问可知，宁啻跨灶已耶。"（清·鸳湖烟水散人《珍珠舶》）

例（1）意为徐卿的两个儿子生下来就无比奇特，他们伴随着母亲的好梦降生。母亲梦到是孔子释氏亲自抱送来的孩子，他们一定是天上的麒麟儿。例（2）为明世宗对毛伯温之子的祝贺。例（3）中则是相士对金生之子的称赞。

弄璋之喜

"弄璋"指古人把璋（好的玉石）给男孩玩，希望他将来有玉一样的品德，旧时常用以祝贺人家生男孩。语出《诗经·小雅·斯干》："乃生男子，载寝之床，载衣之裳，载弄之璋。"关于祝贺生子，祝贺生男时会说"弄璋之喜""喜得龙子"；祝贺生女，则说"弄瓦之庆""喜得千金"。

（1）室人王氏，琴瑟声和，更驾才于咏雪，新有弄璋之喜，允符种玉之祥。（明·陈汝元《金莲记·偕计》）

（2）弄璋诗句多才思，愁杀无儿老邓攸。（唐·白居易《崔侍御以孩子三日示其所生诗见示因以二绝句和之》）

（3）崇祯辛巳八月，偶过括州，闻清翁郡尊有弄璋之喜，下邑波臣无以为贺，戏为设色，得九畹兰、多子榴、瓜瓞、新藕各一件，笔虽近戏，意可念也。（关贤柱校注《贵州古籍集粹·杨文骢诗文三种校注》）

例（1）祝贺王氏喜得男儿。例（2）中“弄璋诗句”指诗句品格之高。例（3）祝贺清翁郡尊喜得男儿，与“弄璋之喜”相接近的还有“弄璋之庆”。

弄瓦之喜

“弄瓦”指古人把瓦（纺车零件）给女孩玩，希望她将来能胜任女红，旧时常用以祝贺人家生女孩。语出《诗经·小雅·斯干》：“乃生女子，载寝之地，载衣之裼，载弄之瓦。”这也表达了父母希望女孩子日后心灵手巧、善于织布的心愿。

（1）可不是送生的和妾前世有仇，别人产的，就是甚么弄璋之喜。（清·黄小配《廿载繁华梦》）

（2）然压倒香国，不到一年，便已怀胎，可惜是弄瓦之喜，未及弄璋。大器须要晚成。（蔡东藩《前汉演义》）

（3）尽管当时男尊女卑，尽管这是个女孩子，但也是上苍赐给林家的一份不早不晚的厚礼。弄瓦之喜嘛。（姜雯漪、含瑛、艾平《民国三大才女》）

虽然生子是家族中的一大喜事，但是例（1）和例（2）在一定意义上表达了旧时人们期盼生男儿的心愿大于生女儿的心愿的社会现状。例（3）中表达了林家人对于林徽因降生的喜悦之情。

（二）福寿吉祥语

五福寿为先。《尚书·洪范》：“五福，一曰寿，二曰富，三曰康宁，四曰攸好德，五曰考终命。”“寿”最早见于周代的铭文中，与“耇”“孝”“考”表达了相同的意思，即年长、老人。后来“寿”指长寿。可见，商周时期人们就形成了较为成熟的长寿观念。“寿”所表达的不仅是人们对生活的尊重和热爱，更是对生命的一种崇拜和信仰，多福多寿是古往今来人们最大的心愿。福寿吉祥语就是祝福对方多福多寿义的吉祥话，表达了人们对美好生活的祈愿和祝福。四字的吉祥语非常多，主要有“福如东海”“福寿双全”“福寿齐天”“福星高照”“万寿无疆”“乔松之寿”“长命百岁”等。

福如东海

中国人常说：“福如东海，寿比南山。”“福如东海”就是比喻人的福气像东海一样浩大，是旧时最为流行的一句祝颂语，与“福如山岳”意义相近。明代柯丹邱《荆钗记·庆诞》说：“齐祝赞，愿福如东海，寿比南山。”民俗向来是福寿相连的，往往把祝福、颂寿连在一起，五福寿为先，有寿必有福，正所谓福如东海长流水，寿比南山不老松。

(1)寿比南山还草草，福如东海任朝朝。(明·康海《一枝花·寿王渼陂》)

(2)大家齐贺道：“愿你寿比沧海长天，福如山岳永固。”(清·尹湛纳希《一层楼》)

(3)寿等松椿宜闰益，福如东海要添陪。(王重民、王庆菽等编《敦煌变文集·长兴四年中兴殿应圣节讲经文》)

例(1)“福如东海”多与“寿比南山”连用。例(2)中为璞玉姐妹们送上祈福求吉的吉祥语。例(3)是美好的祝愿。

福寿双全

“福寿双全”，指既有福分，又得高寿。语出清·李汝珍《镜花缘》第七十一回：“要说个个都是福寿双全，这句话只怕未必，大概总有几位不足去处。”“福寿绵长”，指福多寿高。“福寿”二字，已作为吉祥的符号，为中华民族所崇尚与追求，它已不是一般意义上的文字，人们赋予了“福寿”文化丰富的内涵，并以此祝愿他人。

(1)老祖宗只有伶俐聪明过我十倍的，怎么如今这么福寿双全的？(清·曹雪芹《红楼梦》)

(2)“老太太也真是福寿双全。”德音杭布插话。(唐浩明《曾国藩》)

（3）"也罢，我向来最喜说吉利话，往往说去都有灵验，我就送你们几句吉利话儿：'从此中后，诸事如意，福寿绵长。'这几个字就算我的见面礼罢。"（清·李汝珍《镜花缘》）

例（1）是对贾母高寿的赞美。例（2）是德音杭布说老太太高寿、有福分。例（3）中是成氏夫人对侄女们所说的吉利话。

福寿齐天

"福寿齐天"，也作"福寿天齐"，意思是福寿与天一样高，指福运极佳，也是祝颂人多福多寿之词。出自明代无名氏《贺元宵》第三折："俺从神圣降临下方，庆贺了元宵，祝延圣主福寿齐天也。"在民间，当老年人过寿诞的时候，儿孙们经常会敬献寿桃来作为庆贺，用以象征福寿齐天，而且这种习俗一直延续至今。

（1）会众官同来称贺，齐祝赞福寿齐天。（明·无名氏《广成子》）

（2）救命王菩萨，愿你福寿齐天，官居极品，位列三台，七子八婿。（明·周楫《西湖二集》）

（3）此刻张老娘忽忽走来，朝上深深一揖，口里说道："给老祖宗拜寿，祝您福寿齐天。"（李永忠《红颜传》）

例（1）是众人在寿宴上一同为寿星祝寿的情景。例（2）是落难之人获救后对恩人周必大的祝愿。例（3）是李老太过寿时张老娘对她的祝福。

福星高照

"福星高照"指幸运之星在头上高照，比喻好运气来临，常作祝颂语。出自李商隐《北齐歌》："东有青龙西白虎，中含福星包世度。"民俗中，下界赐福的天官怀抱着一个婴儿，称为福星，也就是张道陵的后身。张道陵在神仙世界的一个职责是赐福降子，受到民间的普遍崇拜，他的出现意味着幸福的来临，故称为"福星高照"。

（1）澄弟河南、汉口的信，都已接到，行路的艰难，达到这种程度，从汉口开始，想必是一路福星高照了。（清·曾国藩《曾国藩家书》）

（2）保管你这一瞧，就抵得个福星高照。（清·文康《儿女英雄传》）

（3）真个是福星高照、鸿运齐天，萧孚泗飞马进城，向曾国荃报告了这个特大消息。（唐浩明《曾国藩》）

例（1）是对所处情境的判断。例（2）是对人的夸赞，从面相当中就能够看出来对方是有福之人。例（3）中萧孚泗发现太平天国的李秀成被绑来，感到非常震惊和幸运，用“福星高照、鸿运齐天”来形容这件好事。

万寿无疆

“万寿无疆”，指万年长寿，永远长生，是祝人长寿时的习惯用语，多用于对老年人的祝颂。语出《诗经·小雅·天保》：“君曰卜尔，万寿无疆。”人们常常还说“福寿无疆”，祝人福分与年寿都无止境。“万寿无疆”和“福寿无疆”都是用于祝寿的吉祥语，适用对象为长辈或者老年人。

（1）“陛下已过大难，定然万寿无疆。”（清·陈忱《水浒后传》）

（2）声名魂魄施于虚，极寿无疆。（汉·董仲舒《春秋繁露》）

（3）说毕，取下肩上的葫芦，倾出一粒金丹，很慎重地双手奉给孝宗道：“这就是蟠桃会上的九转丹，小道费去十年心血，成了三粒金丸，两丸已赠给两个仙友，今剩此一丸，敬奉陛下，并祝万寿无疆！”（许啸天《明代宫闱史》）

例（1）是皇帝大寿之时臣民对其的祝颂。例（2）“极寿无疆”与“万寿无疆”用法一致。例（3）中的“万寿无疆”是道人在敬奉金丸时对孝宗皇帝的祝愿。

乔松之寿

“乔松之寿”，意思是像仙人那样的长寿，多用于祝颂语。语出《战国策·秦策三》：“君何不以此时归相印，让贤者授之，必有伯夷之廉；长为应侯，世世称孤，而有乔松之寿。”“乔松”指传说中的仙人王子乔和赤松子。王子乔，传说是东周灵王的太子，名晋，喜欢吹笙，道士浮丘公引其上嵩山，修炼二十年，后于缑氏山顶上乘白鹤成仙飞去。赤松子相传是神农时的雨师，能入火自焚，随风雨而上下。“乔松之寿”由此得来。

（1）于是乎寻川岩之乐，享乔松之寿，子孙世世长为应侯，孰与据轻重之势，而蹈不可知之祸哉。（明·冯梦龙《东周列国志》）

（2）大王诚留意如此，则心有尧舜之志，体有乔松之寿。美声广誉，登而上闻，则福禄其臻，而社稷安矣。（清·李兆洛《骈体文钞》）

（3）最后衷心祝贺《微光集》的出版！衷心祝愿盛典先生如乔松之寿，诗笔兮生花！（陆永祥《乳舟斋文存续》）

例（1）是人步入老年之后身体健康长寿的一种理想状态。例（2）是对王吉身体健康的称颂。例（3）是陆永祥在《微光集》序言中对盛典先生的祝愿。

长命百岁

“长命百岁”指寿命很长，能活到一百岁，经常用作祝福长寿之词。出自元代无名氏《蓝采和》第四折：“这厮淡则淡到长命百岁。”长命锁，一般是赠送给满月小孩儿的礼物，上面就有“长命百岁”这四个字，这是用来避邪锁命的，保佑孩童健康成长，寓意长寿。

（1）侯二爷很高兴，自己没儿没女，看见人家的孩子更羡慕：“闺女起来，二大爷没带着什么，只是小的时候，我的婶母给了一个金如意，在我身上佩戴多年，送给孩子做个见面礼，祝你长命百

岁，事事如意。”（常杰淼《雍正剑侠图》）

（2）“我这一回去，没别的报答，惟有请些高香，天天给你们念佛，保佑你们长命百岁的，就算我的心了。”（清·曹雪芹《红楼梦》）

（3）老妇笑道：“说什么死啊活啊的，我孩儿长命百岁。”（金庸《鹿鼎记》）

例（1）是侯二爷用“长命百岁”对老苗家姑娘苗飞霞祝福。例（2）是刘姥姥对贾家的祝愿。例（3）是老妇对自己孩子长命百岁的祈愿。

（三）升迁吉祥语

升迁吉祥语是对人已经获得或者是祝愿其未来获得财富和功名的祝颂语。这类吉祥语，体现了人们一种独特的求吉祈福的心理，同时也表达了对别人仕途上能够飞黄腾达的美好祝福。在古代社会，官越大，薪俸就越多，所谓“高官厚禄”是也，因此“禄”有官位、俸禄的含义。在中国古人的心目中，学而优则仕，寒窗苦读就是为了日后做官。《论语·卫灵公第十五》曰：“学也，禄在其中矣。”《说文》曰：“禄，福也。”都是当时追求仕宦吉祥的真实写照。祝人仕途顺利、升迁做大官是社会的普遍心态，而到了现在，升学、升迁依旧是喜事，是大事，值得庆祝。大量的升迁吉祥语凝练在四字格成语中，最常见的有“青云直上”“连中三元”“金榜题名”“独占鳌头”“鹏程万里”“扶摇直上”“指日高升”等。

青云直上

“青云直上”指迅速升到很高的地位。出自《史记·范睢蔡泽列传》：“贾不意君能自致于青云之上。”“青云直上”由“青云之上”演绎而来，原是须贾对秦相国范睢讲的，其意是，没料想到你一步登天，升得真快。“青云直上”后来比喻官职升得很快很高，常用以祝福人能够迅速升迁。

（1）还有如许大仙，给你们认得了，将来只要他们随便提携一

下，便可青云直上。位列仙班，这是千载难逢的机会。（清·无垢道人《八仙得道》）

（2）青云直上路初通，已在明君倚注中。（唐·方干《寄灵武胡常侍》）

（3）夫人见生来，喜溢于面，先向生致贺道："且喜郎君金榜题名，冠冕群英，明春青云直上，三元及第，可预下也，当拭目俟之。"（清·儒林医隐《医界镜》）

例（1）指有靠山可依，就能够实现快速升迁。例（2）中"青云"为青天，"直上"直线上升，意为快速升迁之路已经初步打通。例（3）是莫夫人对吴生的祝愿。

连中三元

"连中三元"是用来形容古代科举考试中的一种情况，指考生在乡试、会试、殿试三次考试中均考得第一名，即接连考得"解元""会元""状元"。现在比喻在三次考试或比赛中连续得胜，或在一项比赛中连续三次取得成功，常用作祝颂语。语出冯梦龙《警世通言》卷十八："论他的志气，便像冯京、商辂连中三元，也只算他便袋里东西，真个是足蹑风云，气冲斗牛。"

（1）（王曾）后来连中三元，官封沂国公。（明·凌濛初《二刻拍案惊奇》）

（2）龙门高跳，鳌鱼头儿哟，连中三元。（清·华广生《白雪遗音·小郎儿·冬》）

（3）正说话间，吴夫人来到，夫妇二人忙迎接进房，夫人也就入席，斟了三杯酒，命乳媪递与屈生。夫人道："愿贤婿连中三元。"（清·吴毓昶《仙卜奇缘》）

例（1）中王曾因"连中三元"而封官升迁。例（2）亦泛指接连三次得中头名。旧时民居屋顶上常有宝瓶中插三支戟的图形，暗示"平升三级”。例（3）中是吴夫人祝福屈生能够“连中三元”。

金榜题名

“金榜题名”指科举得中，后泛指考试被录取，常被用作吉祥语使用。语出五代王定保《唐摭言》卷三：“何扶，太和九年及第；明年，捷三篇，因以一绝寄旧同年曰：‘金榜题名墨上新，今年依旧去年春。花间每被红妆问：何事重来只一人。’”无论在古代还是现代，“金榜题名”都表现了人们对人生理想的追求与渴望。

（1）这姻缘不俗，金榜题名，洞房花烛。（明·高明《琵琶记·强就鸾凰》）

（2）旬月之间，金榜题名，已登三甲进士。（明·洪楩《清平山堂话本·陈巡检梅岭失妻记》）

（3）陆建举起酒杯，笑呵呵地说：“三妮啊，我这一杯酒有两层意思，一是感谢你，二是祝你金榜题名。我干了，你可以随意。”（陈士全《彩蝶》）

例（1）描述了蔡伯喈科举高中和成家立业“双喜临门”的得意情形。例（2）反映了书生“魁星踢斗”的喜事。魁星为北斗之璇玑杓星，在古代神话传说中是主宰文章兴衰的神，在科举时代被读书人奉为守护神。把“魁”字拆开，便是“鬼”和“斗”二字。民间工匠就魁字取象，塑造鬼举足踢斗之形，寓意魁星点斗、独占鳌头，用以表示文运之兆。例（3）中的“金榜题名”是陆建对三妮的祝贺。

独占鳌头

“独占鳌头”，科举时代指代状元，比喻占首位或第一名。语出元代无名氏《陈州粜米》楔子：“殿前曾献升平策，独占鳌头第一名。”“独占鳌头”的近义词有“首屈一指”“无出其右”“名列前茅”等。当作为吉祥语使用时，“独占鳌头”就是祝福对方能在比赛或者考试中取得第一名的好成绩。

（1）抵陛，则状元稍前进，立中陛石上，石正中镌升龙及巨鳌，盖禁跸出入所由，即古所谓螭头矣，俗语所本以此。（清·洪亮吉《北江诗话》）

（2）座主登庸归凤阁，门生批诏立鳌头。（宋·释文莹《玉壶清话》）

（3）双印笑道："但愿吾兄独占鳌头，小弟麾下随征，沾荣多矣。"（清·萧晶玉《第一奇女》）

例（1）交代了"独占鳌头"的由来。例（2）反映了书生科举高中之时的场景。例（3）中是双印祝愿曹文豹"独占鳌头"。

鹏程万里

"鹏程万里"语出《庄子·逍遥游》："鹏之徙于南冥也，水击三千里，抟扶摇而上者九万里。"后人根据这一神话故事，提炼出了"鹏程万里"这个成语，用来形容志向远大、前程不可限量，后来常常用作祝颂语或者自勉之辞。

（1）俺也曾蠹简三冬依雪聚，怕不的鹏程万里信风扶。（元·无名氏《渔樵记》）

（2）鹏程万里兹权舆，平时义方师有余。（宋·楼钥《送袁恭安赴江州节推》）

（3）谨祝吾兄鹏程万里。弟愚钝，恐长将如调辙之鱼，摇尾濡沫已矣。（林语堂《京华烟云》）

例（1）是作者对自己能力的一种认可。例（2）是说人在仕途顺风顺水之时更容易获得权力和富贵。例（3）是孔立夫在给姚体仁的书信中对其的劝谏和期冀。

扶摇直上

"扶摇直上"这一成语形容急剧上升，常用来比喻仕途得志。语出《庄子·逍遥游》："抟扶摇而上者九万里。"传说，鹏鸟迁徙到南方的大海，翅膀拍击水面会激起三千里的波涛，海面上急骤的狂风盘旋而上，鹏鸟就环绕着旋风直冲上九万里的高空。后用“扶摇直上”祝福人仕途顺利，事业有成。也作“鲲鹏展翅”。

（1）大鹏一日同风起，扶摇直上九万里。（唐·李白《上李邕》）

（2）从此，顾祝同的官运亨通，平步青云，扶摇直上。（陈登科《赤龙与丹凤》）

（3）芬臣道：“大人的事，卑职那有个不尽心之理。并且事成之后，大人步步高升，扶摇直上，还望大人栽培呢。”（清·吴趼人《二十年目睹之怪现状》）

例（1）化用《逍遥游》的典故。例（2）祝愿人仕途快速高升。例（3）中芬臣用“扶摇直上”来祝福苟才。

指日高升

“指日高升”意思是很快就要高升了，古代官场上人们常常用“指日高升”来作祝福语，现也多用作颂人高升之词。语出明代程登吉《幼学琼林·文臣》：“代天巡狩，赞称巡按；指日高升，预贺官僚。”在传统吉祥文化中，“指日高升”表达了举业成功、地位高升的含义，其与“鲤鱼跃龙门”“冠上加冠”“骏业宏开”“宏图大展”等，都是中国吉祥文化的重要内容，表达了人们对升迁的美好愿望。

（1）二老爷道：“暖阁当中，不是‘当朝一品’，就是‘指日高升’，从没有用过别的字眼。”（清·李伯元《官场现形记》）

（2）李亨厅一见金印，连忙爬在地下磕头说：“愿大人指日高升！”（于人《炼印》）

（3）次日安钦差到了，中丞亲自迎接进城，当面恭维了许多谀辞，说道：“大人此番平定山寇，力疾从公，足见忠于王事，奏明圣上，指日高升，转眼入阁拜相也。”（清·文康《儿女英雄传》）

例（1）是旧时官场普遍使用的预祝之词，预祝对方可以很快加官晋爵。例（2）是李亨厅为讨好而使用的谀辞。例（3）是中丞对安公子的预贺之语。

（四）居迁吉祥语

居迁吉祥语是关于建造房屋以及乔迁新居的祝福语，表现出了人们对福气降临、安吉门第为家庭带来荣耀福泽的期待，同时也表达了对迁入新居者的美好祝福。

造房是喜事，迁居也是喜事。房屋建造中最重要的一环是上大梁，在上梁过程中，人们往往会以唱诵喜歌或口说吉祥语的方式祝福东家。迁居也往往举行某种庆祝仪式。一般是在选居之前，将新房子打扫干净，四壁及有关附设性家居布置妥当，当主要家具搬至房屋门前，即举行乔迁庆贺仪式。届时，亲友邻居携爆竹、糕点、糖酒、字画以及工艺器品，登门祝贺。建房、乔迁，皆为大喜之事，自当庆贺。可用于这方面的祝词很多，典型的有“上梁大吉”“乔迁之喜”“乔迁大吉”“祥云绕室”等。

上梁大吉

民间有个习惯，每逢盖房架梁立木时，要在大梁正中贴一个写有“太公在此，上梁大吉”的红帖。入住新居或是建盖新房等，即表示一家人将要在新的环境中开始生活，因此相关仪式和入宅时辰可能会影响到日后居住的吉凶，所以选择好吉时和确定提前注意的事项，就等于有了一个好的开始，这也会给家人带来福运。新房庆祝通常都会有一个祝吉仪式或是举办庆宴，以祝愿新居主人平安顺利、吉祥如意。

（1）“上一步天长地久……上六步六畜兴旺……上九步九九（久久）长寿。”（李治民《乡风文明》）

（2）一阵风来一阵香，恭贺主人建新房，快把锦缎来分开，金银财宝一齐来！（邵燕、郭林涛《中国民间吉祥俗》）

（3）太公今日从此过，他说今日好上梁。黄道吉日来上梁，五

谷丰登民安康。上梁大吉四邻笑，一步一个大元宝。（李炳泽《吉利话》）

例（1）是人们直接说的祝福主家“上梁大吉”一类简洁明了的吉祥语。湖北一些地方，以早上太阳出来后为吉时，吉时一到，木匠师傅就抬着大梁往上走，边走边唱《上梁歌》。例（2）为房主夫妇在堂屋张开红锦，木匠边唱边把钱币往红锦上扔，谓之“接宝”，是房主搬进新屋后财源旺盛、富贵吉祥的一种征兆。例（3）为广为流传的《上梁喜歌一百五十八句》中的语句。

乔迁之喜

“乔迁之喜”也称“荣迁之喜”或“燕雀之喜”，指燕雀因大厦落成有栖身之所而互相庆贺，后多用作祝贺新屋落成之语。“乔迁”出自《诗·小雅·伐木》：“伐木丁丁，鸟鸣嘤嘤，出自幽谷，迁于乔木。”“乔迁”指鸟儿飞离深谷，迁到高大的树木上去。乔迁在中国人的文化传统中，是一大喜事。过去，人们用来作祝贺用语，是贺人迁居或贺人官职升迁之辞。现在，也经常在商业搬迁时使用，尤其是办公室搬家等。

（1）鲍公道：“弟闻老兄乔迁之喜，特来一送。”（清·枫江半云友《引凤萧》）

（2）木兰的母亲走上前来，老祖母向她道乔迁之喜。（林语堂《京华烟云》）

（3）皆云：“舅父因何到此，当有喜事？”（将有乔迁之喜）宗孔曰：“特来求贤甥成一桩美事。（只恐反成不美）未晓合否？”（清·安和先生《警富新书》）

例（1）中鲍公听闻白公乔迁新居，故特地去贺喜。例（2）中是老祖母向木兰的母亲道乔迁之喜。例（3）中的“喜事”指乔迁之喜。

乔迁大吉

“乔迁大吉”就是祝贺对方搬新家。乔迁新居在民间是个大事，一般先要找风水先生选个好日子、好时辰，所谓“良辰安宅，吉日迁居”。新居的房门上要贴副对联，如“三阳日照平安宅，五福星临吉庆门”，横批一般是“乔迁大喜”或“乔迁大吉”等。届时，亲戚朋友往往要来帮忙，或前来祝贺乔迁之喜，也会带来桌椅板凳、暖壶茶壶、屏镜等贺礼。

（1）乔迁大吉！乔迁大吉！亲友、邻居纷纷贺喜。（旭林《芳草情》）

（2）好友亲朋同庆贺，鞭炮轰隆酒水茶，乔迁大吉喜临家。（盛以晋《学步集》）

（3）党小玉眼尖，借着灯光瞧见门楣上贴着“乔迁大吉”，心想十有八九朱明轩就住在这个屋。（贺绪林《女俘》）

例（1）和例（2）都描写了乔迁新居时亲朋好友前来祝贺的热闹场景。例（3）中则反映出搬新家时经常在门楣上贴“乔迁大吉”等吉祥语，以此来迎接吉祥和福气的民俗。

祥云绕室

“祥云”一词见于王安石《祥云》一诗：“未央屋瓦犹残雪，却为祥云映日流。”“祥云”旧指象征祥瑞的云气，传说中是神仙所驾的彩云。“祥云绕室”意谓吉祥的云朵环绕新居，亦作“祥云绕屋”。古人认为，看到“七彩祥云”的人，他们的子孙都会大富大贵，而且认为“祥云”环绕新居是吉祥的征兆，预示着幸福到来，因此这一词语常用作贺人迁入新居之辞，以祝福对方吉祥、顺遂。

（1）新居落成，祥云绕室；华堂集瑞，旭日临门。（裴国昌《中国艺术楹联辞典》）

（2）积善之家有余庆，祥云绕屋作梅花。（鲁克兵《梅花百咏》）

（3）二门用砖雕砌得古朴大气，门楣上雕有“耕读传家”“家和运昌”“棠棣竞秀”“富贵吉祥”“祥云绕室”等。（吕向阳《老关中》）

例（1）是民间流传很久的“风俗对联”。例（2）是鲁克兵所作的诗，《周易》中记载：“积善之家，必有余庆；积不善之家，必有余殃。”因此，这一诗句中“祥云绕屋”就是“积善之家”所拥有的福泽。例（3）中“祥云绕室”字样被刻在门楣上，表达了人们期望门庭多福、吉祥顺利的心愿。

（五）新春吉祥语

百节年为首，在中华民族众多的传统节日中，最隆重、最盛大的便是春节，它标志着农历旧的一年的结束和新的一年的开始。春节历史悠久，文化底蕴深厚，民间习俗丰富多彩，至今仍广为流传。这些习俗大多以祀神祭祖、除旧布新、迎喜接福、祈求丰年为主要内容。其中，拜年、送贺喜是春节期间普遍流行的习俗。新春吉祥语来源于拜年这一习俗，是春节期间人们道贺祝福的吉祥话，既祝愿人们福寿双全、吉祥幸福，又祈愿来年五谷丰登、万事顺遂。中国的新年吉祥语受千百年来的民间传统风俗的影响，出现了很多四字的祝福语，主要有“恭贺新禧”“万事亨通”“大吉大利”“恭喜发财”“万事如意”“岁岁平安”“年年有余”等。

恭贺新禧

春节期间，人们听到和看到最多的字当数一个“福”字。无论亲朋好友相见，还是飞鸿贺卡问候，都免不了道福、祝福。“恭贺新禧”指恭敬地祝贺新年幸福、吉祥如意。“禧”为吉祥、幸福之意。（唐浩明《曾国藩》）

（1）即戚友之远庄他处者，亦必邮致贺柬，曰“恭贺新禧”。（清·吴趼人《讥弹·恭贺新禧》）

（2）先是贴在灯笼上的“恭贺新禧”四字一笔一画地飘落，然后是红绸艳绢一片片地被剥落，最后只剩下几根嶙峋骨架，在风雨中显得格外瘦弱、寒碜。（唐浩明《曾国藩》）

（3）街道两旁的高楼大厦……全都张灯结彩，高悬着“庆祝元

旦”“恭贺新禧”之类的大字装饰。（罗广斌、杨益言《红岩》）

例（1）中描写的是身居远地之戚友用邮寄贺柬恭贺新禧的方式。例（2）和例（3）中表现了“恭贺新禧”一词在春节期间经常使用，在字里行间渲染着节日欢快的氛围。

万事亨通

“亨”的原义是宗庙，“亨”“烹”“享”在上古是一个字。祭祖、神叫“享”，享神就要烹煮谷米、牺牲，祖、神享用了祭品就会保佑人们万事亨通。因此，“亨通”后来表示通达顺利之意，“万事亨通”指一切事情都很顺利。语出清代李绿园《歧路灯》第六十五回：“那孔方兄运出万事亨通的本领，先治了关格之症。”后来常用作祝颂语，用来祝福别人一切顺利，有通达之意。

（1）禁书载有元日喜神方位所在，首次出行以为趋向，则一年吉利，俗称兜喜神方。又是日首次使用笔墨，例需先就红纸写“元旦书红万事亨通”八字，以取吉兆。（伍稼青《武进礼俗谣谚集》）

（2）不敢说万事亨通，反正比您这万事不通强得多！（老舍《离婚》）

（3）立春书通常用汉字书写如下词句：万事亨通，立春大吉，建阳多庆，天上三阳近、人间五福来（孙桂林《春节》）

例（1）中春节期间用红纸书写“万事亨通”，充满美好的寓意。例（2）中的“万事亨通”代表了人的一种生活状态，这种状态是积极的、向上的。例（3）中说立春书通常用汉字书写“万事亨通”等文字，这已经形成了一种民俗文化。

大吉大利

“大吉大利”意为非常吉祥、顺利。语出明代罗贯中《三国演义》第五十四回：“孔明曰：‘来意亮已知道了。适间卜《易》，得一大吉大利之兆。”新年所有礼俗行事，都含“大吉”意。吉祥语在福建、广东等闽方言区往往与橘子有关，因为在这些方言里，“橘”“吉”二字同音。为了祈求吉利，厦门、福州及广东部分地区，在春节期间常以橘子招待或馈赠客人，并说“食橘给你万事大吉”等祝愿的话。

（1）贤契不必追问，今日最大吉大利，贤契请回言罢！（清·佚名《施公案》）

（2）天喜临门，红鸾照命，乃黄道吉日良时，大吉大利。（清·翁桂《明月台》）

（3）施琅笑道：“妙极，妙极！韦大人坐镇通吃岛，那是大吉大利，不论敌军多么顽强厉害，总是吃他个精光。”（金庸《鹿鼎记》）

例（1）这句话是肯定的语气，“大吉大利”是一种美好的期望。例（2）中是对吉祥的祝福。例（3）中施琅用“大吉大利”一词恭维韦小宝。

恭喜发财

“恭喜发财”是年节中人们广为使用的吉祥语之一，这与中国人祈福求财的心理密切相关。福、禄、寿、喜、财，民间称之为“五福”，“五福”多与财有关。民间供奉的财神不仅有文武财神，有时也将天官作为财神。旧时逢年节或买卖开张，人们见面多以“恭喜发财”相互问候，说者热诚，而听者受用。后来，“恭喜发财”成为人们互相祝福的口头禅，也成为百姓心中的良好愿望。

（1）丁全点头，两人踱到隔壁，刚才坐下，璧如来了，拱拱手道：“二位仁兄大人，恭喜发财，贺喜发福。”（网蛛生《人海潮》）

（2）阿金娘跪了一跪，也就站起来，对李大人道：“恭喜发财！难得大年初一，财神菩萨就请过来。”（网蛛生《人海潮》）

（3）“阿阿，木叔！新年恭喜，发财发财！”“你好，八三！恭喜恭喜！……”“唉唉，恭喜！爱姑也在这里……”（鲁迅《离婚》）

例（1）中“恭喜发财”是丁全说的祝福语，在新春佳节经常使用。例（2）是大年初一阿金娘对李大人的祝福。例（3）展现了一幅新春佳节人们相互贺喜的景象，具有浓郁的喜庆团圆的氛围。

万事如意

“万事”指一切事情，“如意”是符合心意，这个词语的意思是一切都符合心意，很顺利，多用于祝颂。出自清代吴趼人《二十年目睹之怪现状》第十五回：“不过都是在那里邀福，以为我做了好事，便可以望上天默佑，万事如意的。”新春或喜庆节日，人们常用“万事如意”相互祝贺，“万事如意”代表了一种福气，表达了人们一种美好的祝愿，用这句话作为祝词、愿望由来已久。

（1）贾珍倒背着两手，向贾蓉手内看去，那红禀上写着：“门下庄头乌进孝叩请爷奶奶万福金安，并公子小姐金安。新春大喜大福，荣贵平安，加官进禄，万事如意。”（清·曹雪芹《红楼梦》）

（2）一想到此，精神抖擞，刚站起身要喊人，只见刘四领着小伙计，把脸水热茶都已捧了来了，他笑嘻嘻地说：“王老爷，您老的运气真不坏，这一趟上京，一定万事如意。”（高阳《胡雪岩》）

（3）明珠道：“奴才只须听皇上的吩咐办事，皇上怎么说，奴才们就死心塌地、勇往直前地去办，最后定然大吉大利，万事如意。”（金庸《鹿鼎记》）

例（1）中红禀上写着“万事如意”等文字，可见其是常用的新春祝福语。例（2）中的“万事如意”是刘四对王老爷的恭维与祝福。例（3）中表现了奴才对皇上的恭维，同时也从侧面反映了古代皇帝至高无上的权威。

岁岁平安

“岁岁平安”，是指年年都平和安宁、生活幸福。岁岁平安为春节期间打碎花瓶之类器物时所说的吉祥话。“瓶”与“平”同音，花瓶以谐音喻平安；“碎”与“岁”同音，二者共同组成“岁岁平安”，寓意新年快乐，吉祥如意。民间传统在岁首元月燃放爆竹，因此爆竹有代表新岁之意。《诗·王风·黍离》:“彼稷之穗。”穗，是谷类花实结聚成的长条，多个穗，果实累累，取其谐音表示“岁岁”。旧时在辞旧迎新之际，多以岁岁平安、年年如意作颂辞。

（1）老太太大喜，老爷大喜，大太太大喜，少爷小姐姑少爷大喜，万事如意，新年大发，岁岁平安，吉庆有余，多福多寿，多子多孙。（李涵秋《广陵潮》）

（2）心中着了忙，低着头，不意碰了王相爷代公爷上寿的寿烛一对碰碎。那人口内进愿公爷岁岁平安。（清·佚名《善恶图全传》）

（3）事业旺，家庭睦。岁岁平安，年年护佑。（杨连龙《岁月抒怀》）

例（1）是一系列的新春祝福语。例（2）是林相公对公爷的祝福。例（3）表达了诗人对新的一年的美好企盼。

年年有余

“年年有余”是“年年有鱼”的谐音，可谓中国传统吉祥祈福最具代表性的语言之一，代表生活富足，每年都有多余的财富及粮食。在原始社会时期，鱼纹主要作为繁衍生殖的符号而出现；在古代社会里，鱼纹又作为图腾而受人崇拜；在当代社会，鱼纹基本上退去了生殖的意义，但作为一种传统的吉祥图案而继续沿用，人们赋予其更多的含义是吉庆祥瑞、年年有余，使传统的文化符号获得了新的意义。

（1）到处都贴着年画，除了几张“年年有余”的大胖娃娃骑着金鱼之外，就都是当今电影明星的美人照了，而且就在画的右上方有写着小水和小男人“结婚恭喜”的字样，左下角就填写了四个五个或七个八个贺喜人的名姓，字特别恶劣，黑乎乎乱糟糟一片。（贾平凹《浮躁》）

（2）和美端起酒杯伸向杜皓月：“说得好，祝你年年有余，喝。”

（姜传富《龙民》）

（3）“不客气。祝你新年快乐。”姜黎又说。“谢谢，祝你年年有余。”（武亮《421家庭时代》）

例（1）中“年年有余”用图画表示，也就是我们所说的年画，是春节必不可少的装饰喜庆元素。例（2）是和美对杜皓月的祝福。例（3）中则是姜黎对“我”的祝愿。

（六）健康吉祥语

健康吉祥语是用来祝福人身体康健、心理积极向上的话语。健康指一个人在身体、精神等方面都处于良好的状态。健康吉祥语的运用，可以恰如其分地把我们的心情表达出来，给别人送去温暖祝福的同时也给自己留下美好的心情。一方面，健康吉祥语在逢年过节或喜事庆典中能够增加喜庆欢乐的气氛；另一方面，人们相信健康吉祥的语言能够实现美好的愿望。健康吉祥语具有祝福性，能够维系良好的人际关系，可以使朋友间关系更加和谐，亲人之间更加相亲相爱。“健康”作为祝颂的主要内容之一,四字的吉祥语非常多，典型的有“心宽体健”“堂上康健”“老当益壮”“龙马精神”“容光焕发”“神采奕奕”等。

心宽体健

“心宽体健”意谓心情舒畅，身体康健。只要有率直豁达的心胸，一定有健康的身体，即使生病，也容易痊愈。俗语有“心宽体健养天年，不是神仙，胜似神仙”，由此可见“心宽体健”的重要性。“心宽体健”是一种良好的、人们所追求的一种生活方法，“体健”是要保持身体健康，多做运动；而“心宽”则是说要保持良好心态，情感起伏不要太大，心胸尽力放宽。常用作祝颂语。

（1）母夫人亦心宽体健，余遂携老童贵、魁儿至南京。大人见之，大慰，且嘉魁儿有胆，能侍予也。予亦嘉之，遂不复再苛责矣。（张次溪《清代燕都梨园史料续编》）

（2）心宽体健增五福，乐道云山消百愁。（尚辰洪《龙吟鹤梦》）

（3）心宽体健，胜似神仙。快乐是生命的动力，半梦半醒的朦胧状态最快乐。（张朝明《静心平衡》）

例（1）中展现了母夫人心宽体健的一种状态。例（2）表明“心宽体健”能够带来福气。例（3）中则说明“心宽体健”的人不仅身体健康，而且能够体会到生命中的各种快乐，享受到积极向上的生活。

堂上康健

“堂上康健”用于问候对方双亲身体健康，意谓长辈身体安好健康，也用于形容中年人的身体和精神状态。《曾国藩家书》有云：“堂上各大人康健，不胜欣幸。”其中的“堂上康健”就是在家书中对长辈的祝福之辞。由此可见，在使用吉祥语时，不同对象有不同的用语，应该遵循尊卑有序的规则。“堂上康健”就只适用于对长辈进行祝福，对年纪比自己小的人就不能这样祝福。

（1）“然自此宿病尽除，顿觉康健，无复昔之羸瘵。”（宋·沈括《梦溪笔谈·杂志一》）

（2）“相别十几年，你老人家越发康健了。”（清·吴敬梓《儒林外史》）

（3）紫英答道：“家父倒也托庇康健。”（清·曹雪芹《红楼梦》）

例（1）中表现的是身体“康健”的一种状态。例（2）和例（3）都是对长辈“康健”状态的表述。

老当益壮

“老当益壮”的意思是年纪虽老而志气更旺盛，干劲更足。出自《后汉书·马援传》：“丈夫为志，穷当益坚，老当益壮。”马援是一位青史留名的爱国名将，他忠君报国，南征北战，六十二岁带病出征，最终战死沙场，为保卫国家立下了汗马功劳，因此用“老当益壮”来形容他的这种精神和品质。现在多用于祝颂语，赞扬或者祝福长辈心智雄壮，这也是大丈夫应当拥有的志气。

（1）剑波朝着这两位坚守职务的老森铁员工，伸了一下大拇指头，“真英雄，老当益壮”。（曲波《林海雪原》）

（2）看见徐老这么关心遵义的藏书，这么关心遵义的知识分子，余选华打心底迸出一句话：“徐老，您真是老当益壮！”（石永言《遵义1935》）

（3）许清朗显然是认识这位警察的，当下马上露出了笑脸，亲切道：“赵局，您真是老当益壮啊。我记得前阵子还看见关于您的新闻来着，是写的啥来着，忘了，不过好像是您又立功又得到勋章了。对，应该是这样，恭喜恭喜啊！”（任晓龙《深夜书屋》）

例（1）中是剑波对两位坚守职务的老森铁员工的赞美和表扬。例（2）是余选华对徐老身体和精神状态的赞扬。例（3）中是许清朗用“老当益壮”对老警察的恭维。

龙马精神

“龙马精神”比喻人精神旺盛，常用作颂人精神饱满以及道德品质高尚之词。出自唐代李郢《上裴晋公》诗：“四朝忧国鬓如丝，龙马精神海鹤姿。”“龙马”是古代传说中形状像龙的骏马，“龙马精神”是中华民族自古以来所崇尚的奋斗不止、自强不息的进取向上的民族精神。中国古人认为，“龙马”就是仁马，它是黄河的精灵，代表了华夏民族的主体精神和最高道德。

（1）见那些大哥哥还在龙马精神地说话，她也听不出味道，就打了两个哈欠，悄悄溜了出来。（欧阳山《三家巷》）

（2）也遂道：“主子西征方归，又要南征，虽是龙马精神，不致劳瘁，但士卒亦恐疲乏，总须略畀休息，方可再用！”（蔡东藩《元史演义》）

（3）“杨兄，我们几个祝你龙马精神，早日康复。”萧文轩一进

门，就对着杨红卫说。（文轩《嫌疑人》）

例（1）和例（2）是形容人精神旺盛，体现了年轻人奋发向上的精神和旺盛的样子。例（3）中的“龙马精神”是萧文轩对生病的杨红卫说的话，祝福他早日康复出院。

容光焕发

“容光”指脸上的光彩；“焕发”的意思是光彩四射的样子。“容光焕发”形容身体好，精神饱满。出自清代蒲松龄《聊斋志异 · 阿绣》：“母亦喜，为女盥濯，竟妆，容光焕发。”“容光焕发”的近义词有“精神矍铄”“神采飞扬”等。“容光焕发”与“精神矍铄”两者都有看起来十分精神的意思，但略有区别。“容光焕发”偏重在从面部表情反映出人精神饱满而振奋的状态；“精神矍铄”偏重在从整体上反映出人良好的精神状态。

（1）我望着他那年轻的、容光焕发、毫无倦色的脸，不知怎么，竟想伸手去抚摸他的孩子般的蓬松的头发。（方纪《歌声和笛音》）

（2）说罢主动地和鹿兆鹏碰了一下，然后一饮而尽；饮罢抓过酒瓶，给兆鹏斟上，再给自己斟上，溢出红晕的脸膛容光焕发：“我今日个才知道，烧酒合我的口味！”（陈忠实《白鹿原》）

（3）警察局局长张毕国看见白行之连忙和他拥抱。“行之啊，好久不见了，今天见你真是容光焕发啊。”（河流《风云白公馆》）

例（1）和例（2）是形容人身体好，精神饱满的状态。例（3）中的“容光焕发”是张毕国对白行之的夸赞。

神采奕奕

“神采奕奕”，主要指人的精神面貌，“奕奕”是精神焕发的样子。这一成语常用来形容人精神旺盛、容光焕发的样子。出自明代沈德符《万历野获编 · 玩具 · 晋唐小楷真迹》：“韩宗伯所藏曹娥碑，为右军真迹。绢素稍暗，字亦惨淡。细视良久，则笔意透出绢外，神采奕然。”

其中的“神采奕然”即“神采奕奕”，常用作吉祥语，用以祝福别人身体健康，精神旺盛。

（1）我在底下看着，果然神采奕奕。（清·吴趼人《二十年目睹之怪现状》）

（2）旁边一个人，举起了手，五指齐舒，又张开了口，双眼望着盘内，真是神采奕奕。（清·吴趼人《二十年目睹之怪现状》）

（3）颜淡绕过长廊的时候，迎面撞见黑着脸状似十分严肃的紫麟山主，立刻笑得很讨人喜欢：“紫麟山主，你今日真是神采奕奕，英俊非凡啊。”（苏寞《沉香如屑》）

例（1）和例（2）都是“我”的内心活动，“我”用“神采奕奕”形容他人精神旺盛、容光焕发的样子。例（3）中的“神采奕奕”是颜淡对紫麟山主的夸赞，有祝福与恭维的意味。

（七）商业吉祥语

商业吉祥语是表达人们美好愿望的吉利语词，它集中反映了人们追求利润、向往幸福生活的文化心理。吉祥语在商业中发挥着非常重要的作用，是人们趋吉辟邪、渴望幸福的心理愿望的反映，具有调节场面气、增进人际感情等社会功能。中华民族拥有悠久的商业发展历史，在此发展过程中形成了博大精深、底蕴深厚的商业文化，而在长时间的文化积淀中，商业吉祥语也应运而生。生意开张图的是生意发达、财运亨通，说美好的话，做美好的事，能够起到鼓励、祝福的作用。常见的吉祥语有“开业大吉”“财源滚滚”“生意兴隆”“日进斗金”等。

开业大吉

“开市”即“开业”。“开业”这一天是商家非常重视的日子，也是商业经营的起点。如何使开业典礼别开生面，具有震撼力和轰动效应，这就要看经营者的重视程度和经营策略。“开业大吉”，是开业时最常用的祝福语，祝愿商家大吉大利，有一个好的开端。由历时检索可知，“开业大吉”与“开市大吉”意同，“开市”即“开业”。只不过二者出现的时期不同，“开业大吉”于改革开放后才出现，“开市大吉”以前就有，但也是在改革开放后使用频率才显著上升。

（1）“也罢，这是开市大吉！将来我们再干！”（茅盾《子夜》）

（2）“开业大吉呀！”“生意不错嘛！”徐筝扬当然有点儿尴尬，忙笑着躲在了一旁。（徐楠、井楠《晨风河岸》）

（3）西蒙跟着人群一起走进对面新开张的铺子里，大声对那个外乡人说：“老兄，祝贺你，开业大吉啊！希望你能给全镇人的生活带来更大的方便！”（文博《战胜自己（全集）》）

例（1）中是杜竹斋对自己和朋友们的鼓励。例（2）和例（3）中的“开业大吉”就是“开市大吉”。“开业大吉”是一句俗语，就是祝贺的意思。

财源滚滚

“财源滚滚”指钱财像滔滔江水滚滚而来，形容财路开阔，钱财积累得很轻松、顺畅。店铺开张通常请喝“开业酒”，就是店铺作坊置办的喜庆酒，以致喜庆贺，图个吉利，寓意富贵迎门、财源滚滚。其意同“财运亨通”，“亨”就是通达、顺利，意思是发财的运道好，赚钱很顺利。其内涵一为现实情况确实财运通达，一为美好的祝愿，诚望财运顺畅，所谓“生意兴隆通四海，财源茂盛达三江”。“财源滚滚”与“财运亨通”注重一个“财”字，多用于祝福语。

（1）林仙灵绯红着脸忙改口说：“那就祝你财源滚滚，生意兴隆发达，挑选个好媳妇。”（奚华《触潮》）

（2）“反正我们现在是闲云野鹤了，管他呢？我们钱也赚，牢骚也发；社会吗，才不操它的闲心。”卢英武端起茶杯，“以茶代酒，祝你财运亨通。”（张洪《海水下面是火山》）

例（1）中的“财源滚滚”分别是林仙灵两个人对别人的祝福。例（2）中是卢英武用“财运亨通”对卓奇的祝福。

生意兴隆

“生意”指商业买卖，“兴隆”则指兴旺隆盛。“生意兴隆”是一个汉语成语，意思是买卖兴旺，也比喻业务蒸蒸日上，常被用来作吉祥语。相关俗语有“生意兴隆万事顺，财通四海贯南北”，也是用来祝福生意兴隆的吉祥话语。

（1）一路遇到赶街的人，都在相互用纳西语说着“祝你生意兴隆”，我又一次领略了本民族的淳朴民风，心也就热乎乎的，觉得路途也不再令人感到劳累，紧赶慢赶在天亮前赶到了古城四方街。（和振华《我的根在丽江》）

（2）最后，他们几个人一边往外走，一边给店主打招呼：“祝你生意兴隆，多多发财啊！”（李德明《解放宁夏》）

（3）“呃！我第一个称豆腐，祝你生意兴隆，四季发财！生意买卖嘛！钱！该收的就收，不要客气。不过秤要足，服务态度要好。辣子调料你就白搭啦！”（孙绍佩《青春火花》）

例（1）中表现了纳西族淳朴的民风以及和谐友爱的氛围。例（2）和例（3）中都是说话人对听话人直接表达祝贺，祝福对方事业兴旺发达。

日进斗金

“日进斗金”是一个成语，意思是一天能收进一斗黄金，形容发大财。旧时，各地有“日进斗金”的门童年画，各具特色。图中一穿着富贵的可爱童子，双手推一独轮车，车上装满大金元宝和大个火珠。火珠又称宝珠，是古代神话中一种神奇的通灵宝物，相传为龙戏之珠，所以是瑞光永照的吉祥之象征。

（1）我没好气地说：“行行行，我祝你日进斗金、财源广进总行了吧！”（李翔《无花蔷薇》）

（2）“你可是日进斗金啊。”翁玉娘说，“不是连福特牌小轿车都坐上了吗？你比舵爷都神气了。”（张天笑《南洋岁月》）

（3）张燕荪惊魂甫定，强作苦笑，“畹华，我祝你日进斗金。”（华而实《悲欢五重唱》）

例（1）中的“日进斗金”是林艾过年说的祝福语。例（2）中翁玉娘对申礼明说“你可是日进斗金啊”，话里颇具戏谑意味。例（3）中的“日进斗金”是张燕荪对畹华的祝福。

三、吉祥语的社会文化心理与价值

文化心理特征是一个民族所特有的，主要包括思想观念、心理特征、思维方式、宗教信仰、价值观念、审美情趣等方面，并且与物质文化和制度文化两个层面共同构成了一个民族的文化。不同的民族，文化心理特征是不同的，吉祥语作为中华民族的一种传承文化的沉淀现象之一，是一种重要的民俗语言现象。吉祥语积淀了中华民族深厚的文化传统，寄寓着人们美好的追求和诚挚的祝福，反映了中华民族的思维方式、价值观念、社会习俗和心理状态等方方面面的现象。

（一）趋吉避凶

吉祥语的产生源于对超自然神力的崇拜。在原始社会，人类的生存环境极为恶劣，知识水平和医疗条件十分有限，不得不承受饥饿的困扰、猛兽的侵袭和疾病的折磨。因此，趋吉避凶成为一种普遍的意识。先民们生活在生产力极端低下的远古时代，时刻遭受到各种自然灾害的严重威胁，而生产力的低下又导致他们认知水平的低下，他们对风雨、雷电、地震、疾病等各种自然现象或生理现象无法做出科学的解释，于是认为自然界之所以具有巨大威力是因为有神秘的力量在操纵、支配，因而产生了万物有灵的观念和“神”的观念，并随之对自然力产生了恐惧和崇拜的心理。这种恐惧和崇拜的心理又导致了迷信的产生。他们把自己的愿望寄托于“神”，用谦卑、恭敬的言辞向它们祈求，求它们施恩赐福，求它们除灾免祸，这样又产生了祈祷语。

吉祥语在古代是祭祀时祷告鬼神的辞章和话语，所谓“夫祭有祝词，本告神明”（《金史 · 礼志四》）。由于社会生产力的低下和人们对自然现象认识的浅陋，当时人认为天神地祇主宰人间，祖宗亡灵庇佑子孙。所以信仰天地，敬畏祖宗，四时八节奉祭不违，尤其遇着天灾人祸，则更是虔诚地祝告求拜。人们认为只要多用吉祥语就可以带来吉祥如意的效果，使自己的美好愿望通过吉祥语的使用而得以实现。

人们以自身在人类社会生活的实践经验去推想幻想中的“神的世界”，认为“神的世界”也必然同人类社会一样，在打交道时，无论是对哪位神灵，说美好动听的话就能取悦于对方，而且只有这样，所说的话也才有可能获得良好的结果。因此，为了求得吉祥，人们就主动地、积极地使用一些与吉祥意相关的美好言辞去向诸神祈祷，希望以此来求得诸神的关照。人们积极地使用表达吉祥愿望的言辞，是希冀借助它们来获得幸福的降临。因此，产生了许多吉祥语。凑巧的是，吉祥语有时与人们所求的相一致，于是人们便认为是自己的祈祷产生了效应。如果吉祥语与人们所求相反，人们就认为是神灵怪罪自己、惩罚自己所致。在人们心里，话语与所代表的事物即祸福有着密切的联系，因而出于对犯忌触讳的焦虑和恐惧心理，人们又总是小心翼翼地尽量不去涉及那些避忌语，以免真的招致灾祸，避免自己“触霉头”。于是，“趋吉避凶”就成了中国人内在的一种文化心理和精神理念，“其特点表现在趋向未来理想的美好憧憬，回避现实生活的艰苦磨难；趋向歌功颂德的美丽言辞，回避针砭时弊的忌讳胡言；趋向神灵虚无的福境，回避面对人生的真实状态；趋向主观臆造的信念，回避客观现实为目的存在方式”[①]。如传统年节中，忌说“碎”“破”“死”“倒”等不吉利、不喜庆的用语。倘在年节期间偶遇摔破碗碟的情形，要赶紧说“岁（碎）岁（碎）平安”。否则，倘在年节中说了不该说的禁忌语，就会一年倒运。而年少的儿童口无遮

① 黄作林：《中国吉祥图案的文化精神》，《重庆师院学报》（哲学社会科学版）2000 年第 2 期。

拦，极易犯禁触忌，所以传统年节期间，童言也有忌了，尤其是除夕夜中，一直有让孩子少说话的习俗流行。就连日常生活中打完喷嚏也要说吉祥话。在我国很多地方，小孩打喷嚏，人们会对他说“百岁”。“愿言则嚏”也是一种文化心理和文化传统。清人梁章钜在《浪迹三谈·嚏》中，曾经提到这个传统：

> 《诗》“愿言则嚏”，笺曰：“愿，思也。”今俗人嚏，云人道我，此古之遗语也。故汉有《嚏耳鸣杂占》十六卷。东坡《元日诗》“晓来频嚏为何人”，康进之《负荆》曲“打嚏耳朵热，一定有人说”，皆本此。又《法苑珠林》：“世尊嚏，诸比丘咒愿言长寿，时有居士嚏，佛令比丘劝；咒言长寿。”《燕北录》：“戎主太后嚏喷，近位臣僚齐声呼治夔离，犹汉呼万岁。”今俗传小儿喷嚏，亦呼百岁及大吉以解之，则亦皆有所本也。[①]

据此说，释迦牟尼在讲经时打了个喷嚏，听经的许多和尚连忙祝愿佛祖健康长寿。这时有个听经的比丘也打了个喷嚏，佛祖亦命众和尚也祝愿比丘健康长寿。实际上，当时人们已经知道打喷嚏可能是一种生理现象，对身体不利，故而祝愿健康长寿。于是，小孩打喷嚏被人们称为“百岁”，亦代表祝愿健康长寿的目的，这一习俗被人们世代相传至今。可见，“民众使用吉祥语言的过程实际上是与自己的心灵或神灵的沟通，它源于民众在传统文化的熏陶中形成的本能意识和直觉经验，在具体应用中，又受到集体无意识的压力，对禁忌语言的避讳成为民众的生活准则”[②]。

（二）以礼待人

人伦教化以礼待人的礼乐精神源远流长、历久弥新，是中国精神和

---

① （清）梁章矩：《浪迹三谈》，福建人民出版社 1985 年版，第 77 页。

② 陈贵玲：《齐鲁民俗吉祥语言的心理暗示意蕴探究》，《中国民族博览》2019 年第 10 期。

中华文明的重要基因，造就了中华民族的特质禀赋，也对世界文明产生重大而深远的影响。新时代，加强道德与文明建设，促进社会和谐，激发精神力量，推进文化繁荣兴盛，离不开吉祥话、祝福语。说吉祥话、祝福语、祝贺话，体现的便是汉文化重视人伦教化、以礼待人的文化精神。

礼者，理也。“礼乐精神体现出一种经过世俗理性梳理、净化过的情感，它较少体现被动性的外在规约，而较多体现出主动性的内在欲求，这种情感，不是导向彼岸，而是投射于此岸，在现实世界抚慰人的心灵。”[①] 两千多年前的《孝经》中就说：“礼者，敬而已矣。”“礼”在封建社会的长期发展中成为人伦道德秩序建设的重要内容。自古以来，中国人在许多特殊的情境中都会使用与“礼”相关的吉祥语。在现代文明社会里，体现礼乐文化的吉祥语、祝福语传承了传统文化的伦理与人文精神，深深植根于民众都能感知到、领悟到的日常生活之中。吉祥用语除了传承既有用语外，还不断推陈出新，创造出了与时代精神面貌相适应的新的祝词、贺词，表现出新时代的风貌，反映了人们对美好生活的良好祝愿和积极向上、追求进步、渴望幸福的心理。具体来说，祝颂语、吉祥话由原来的趋吉避凶而转入根据被祝者情况来确定所需的祝愿意旨。“明清以来，民间通行吉祥话大都是四字一句之吉利话，内容不出福、禄、寿、喜、财、多子孙等吉祥如意的祈愿。如‘福如东海’‘寿比南山’‘喜报三元、独占鳌头’‘恭喜发财’等。或者尽可能将这些吉祥话加以连串叠加说出，以加强祈吉的诚意，像‘恭喜新岁大发财，金银元宝堆成山’‘喜福喜寿生贵子’‘五子登科状元郎’‘七子八婿满床笏，恰似文王百子图’。”[②] 民众普遍认为，说吉祥话能够表达幸福吉祥之祝愿，能够讨个好口彩，热闹欢愉里面释放了一种祝福企盼的能量，它使人们获得了一种精神上的愉悦和生活的动力。如过节的时候，人们见面时要相互道贺：“恭喜发财”“大吉大利”“节日快乐”“节日幸

---

① 朱玲：《祝颂语的文化成因和文化功能》，《修辞学习》1995 年第 1 期。

② 沈利华：《论中国吉祥文化的内涵及其生成方式》，《徐州师范大学学报》（哲学社会科学版）2010 年第 1 期。

福”“节日愉快”“节日欢欣”“佳节吉祥”“佳节祺禧”“佳节康安”“佳节幸运”“祝福佳节”“恭祝佳节”。这还不算，对于特定的节日、特定的被祝对象，人们认为使用这些祝词就似乎显得普通，不见特色，意趣不足，所以又创造出专用性祝词，以便让祝词更具特色，致意更适宜。比如，春节期间人们常用“新年吉祥”“新年快乐”“新年好运”“新年祝福”“新年发财”“新年康泰”“恭贺新春”“恭贺新禧”“新春大吉”“新春大祺”“春节愉快”“春节幸福”“岁岁平安”“年年如意”来表达祝福。因此，学习中文的外国人，通过参与中国春节活动，可以从中了解和学习到地道的春节吉祥话，从而切身体会到中外文化的差异，也更能体会到汉语在语言用词上的精妙之处。此外，祝寿时，人们要说“长命百岁”“福如东海，寿比南山”“子孙满堂”。商店开业，要作揖祝贺“四方来宝，八路进财”“财源茂盛，生意兴隆”等。祝贺新婚时，要说“永结同心”“百年和合”“和和美美”“夫荣妻贵”“白头偕老”等。这些吉祥语不仅能用来营造吉祥喜庆的氛围，同时寄托着希望的吉祥语也能够帮助人们实现自己的心愿。吉祥语的产生和发展寄托着中国人追求生活美满、安居乐业、事业发达、人丁兴旺、家道昌盛、风调雨顺、丰衣足食、富贵平安、长寿延年、儿孙满堂、家庭和睦、国泰民安的美好愿望，表现了人民坚定乐观、积极向上的精神风貌，它是中华民族热爱生活、追求美好的体现，同时也预示未来的生活称心顺意。

吉祥语作为一种独特的语言现象，其内容构成有不同层次。“从人类发展来看，在不同的阶段，吉祥语赋予不同的内容。在第一层次，即人类最原始最基本的需求阶段，诸如吃饭、穿衣、居住、生存这一层面上，‘五谷丰登’‘六畜兴旺’‘人丁兴旺’‘多子多福’等吉祥语便会出现。在高一层次需求的作用下，‘国泰民安’‘政通人和’等吉祥语就会出现。在其他更高层上，同样会产生与之相应的吉祥语。”[①] 吉祥话、祝福语除了体现人伦教化、以礼待人的文化精神外，还能够表达人们对社会、国家、未来的祝福期盼。

---

① 薛维哲:《论吉祥语》,《济宁师专学报》2001 年第 1 期。

（三）强化人际交往、构建和谐关系

中华民族受儒家思想的影响，重人生，讲伦理，崇尚世俗理性。礼乐之中有秩序、节度、交往、和谐的原则。礼与乐同源互济，相反相成，正如《礼记》所言："乐所以修内也，礼所以修外也。"礼乐文化强调纲维有序，纲维就是指纲领、法度、规律；有序就是讲秩序、守规矩。纲维有序即指按规律、规则想问题、做事情。中华传统文化中的治理智慧，特别是长期积淀下来并对公序良俗有着重要影响的礼乐文化是强调社会和谐的文化。表现在人际关系上，礼乐文化强调克己敬人。吉祥语是礼乐文化的重要组成部分，在民俗活动中，吉祥语具有调节气氛、协调人际关系、实现个体心理安慰、增进和维系民众情感、促进社会和谐的功能。人们运用吉祥语，一方面是表情达意，另一方面是向受话人传递发话人的态度和意愿，是一种与人为善的行为，是为了加强人际沟通与交流、构建和谐的人际关系。

"北平三宗宝：人情，面子，礼数好。郭立诚在《记北平的交际应酬》中指出：人们都说此谚，赞美北平人谦恭和气，彬彬有礼。"[①] 吉祥语的使用，是人们与人为善的一种社会交往行为，吉祥语具有给人以心灵的慰藉、精神愉悦的功能。俗话说，"有花当面插"，"福从赞欢生"，祈求吉祥是一种向善求美的美好的心理愿望，人们在社会生活中都希望平安顺利、万事如意。吉祥语的使用，还能使人得到激励，激发人的内驱力，进而增添奋斗的动力和信心。明代唐顺之《荆川先生右编》卷三十六《礼类》引郑介夫《论僧道疏》之论："民生安乐便是好事，狱讼无冤便是布施。何必张浮费，事繁文，泥金检玉，而谒之于虚无也？一僧一道之祝延，不若百姓群黎之同愿；一寺一观之祈祷，不若千门万户之齐声。古谚云：'福从赞欢生'，正此调也。"谓凡是全社会都美赞的行动，即产生了福，这观点是很有启示作用的。谈到吉祥语这一社会作用时，陈建民先生还提到，日常生活中人们见什么祝什么。见亲人或朋友出远门时祝"一路顺风""一路平安"；见熟人在搞试验或开启新工

---

① 朱介凡编著：《中华谚语志》，台湾商务印书馆 1989 版，第 4457 页。

作时就说“祝你成功”；见朋友被提拔就说“祝你高升”“祝你一帆风顺”；入党入团则说“祝你进步”。一般书信末尾，人们总会写上“祝你健康”或“祝你快乐”，或针对对方的工作性质和活动情况，写上“祝研安（教安、编安、旅祺）”一类的祝词。这些祝词随手拈来，使用方便，实际上已成为一种客套话了。我们认为，这种客套看似可有可无，其实它的慰藉作用还是客观存在的，只是人们习以为常了，感觉有些弱化。殊不知缺少了这种必要的问候和祝愿，我们的生活就会缺乏应有的温馨感与和谐感。

逢年过节人们总要互相祝贺，在结婚、生日、乔迁或开张营业等喜庆的日子里，也需要说些祝福的话。比如，在给老人祝寿的活动中，说些“寿比南山”“长生不老”“延年益寿”等吉祥语一定会使老人笑逐颜开，呈现其乐融融的喜庆场面。陈建民先生认为，“祝福语离不开财富、健康、和睦和幸福，这是几千年来老百姓所追求的理想。人们常常使用最美好的字眼预祝对方平安、长寿和幸运，虽然明知绝大部分祝福语都不能兑现，只是说说好话而已，但还是要说，为的是表示良好愿望和彼此关切的感情”[①]。尤其是当一个人处于不利条件下，吉祥语的慰藉作用是巨大的，它能鼓舞人们摆正心态并通过努力走出困境，让人们在失意的困境中也能看到未来，体会到人生的希望，并鼓起勇气去追求美好的未来，给人以前进的动力，这也正是吉祥语得以存在和发展的一个重要原因。“吉祥语的应用，是人们积极向上心理的外在反映，是人们寄希望于未来乐观主义态度的充分表现。同时也是在不利条件下自我安慰的一剂良药和强有力的精神支柱。很难想象一个人、一个家庭、一个社会在失去对未来美好追求的情况下，将如何生存。因此，人们总是在希望中生存和发展。如果祝愿在困境中的人前程似锦，那么他就会得到安慰，也许能够正确对待目前的处境、走出困境。”[②]

除了慰藉功能外，吉祥语还有激励的功能。吉祥语能将人们心目中

① 陈建民：《汉语的祝福语》，《语文建设》1991 年第 10 期。
② 薛维哲：《论吉祥语》，《济宁师专学报》2001 年第 1 期。

的美好愿望和未来的幸福生活有机地联系起来。当一个人取得一定成就的时候，为了让学识、成就等达到了很高程度的人继续努力，向前发展，便对他说“百尺竿头、更进一步”或“再接再厉”的吉祥语，会让他不满足已有的成绩，确定更高的目标，继续努力，不断前进。当一个人店铺开业，给他送上“和气致祥”“和气生财”“生意兴隆”等吉祥语的匾额时，会激励店主处理好与顾客之间的关系，更加热情对待顾客，营造和蔼之气来招财进宝。同事结婚，一句“白头偕老”“百年好合”，无疑会带去真诚的祝福，让一对新人幸福感倍增。“一帆风顺”“精益求精”“大展宏图”“锦上添花”“更上一层楼”“为官一任，造福一方”“宅旺万年”“后来居上”“一举夺魁”“蟾宫折桂”“连中三元”“金榜题名”“青云直上”“白头偕老”“年年有余”“永结同心”“广开财源”“壮志凌云”“吉星高照”“一路荣华”“金衣百子”“并蒂同心”“百事如意”“福星高照”等都是老百姓耳熟能详的具有祝福和激励作用的吉祥语。

吉祥语作为一种固定语式已经融入人们的日常生活和社会各个领域，成了中华传统文化的一个重要部分，并且越来越显示出诱人的魅力，体现出无限的生命力。

第二章　恭维语

恭维语是言语交际中表达赞同、尊重、承认等语义的一种语式，它通常是说话人以友善的态度和令人愉快的话语，明确或含蓄地表达出对他人的工作、外表、品质、才智、能力或品位的羡慕和赞赏，是一种积极的言语行为。

一、恭维语的性质与语俗

恭维语作为日常生活中常见的语言现象，一直被看作是一种表达赞同、尊重、承认或令人钦佩的、友善的和令人愉快的话，它明确或含蓄地表明了说话人对听话人的某些好的事物，包括所有物、品质、才智或能力的称赞，是一种积极的礼貌言语行为。

（一）什么是恭维语

恭，本义是肃敬，谦逊有礼。《说文解字》："恭，肃也。"《诗・大雅・皇矣》："密人不恭，敢距大邦。"《尔雅》："恭，敬也。"《礼记・曲礼》："在貌为恭，在心为敬。"《论语・颜渊》："君子敬而无失，与人恭而有礼。"《史记・魏公子列传》："公子执辔愈恭。""恭"也有"奉行"的意思，如《书・甘誓》："今予惟恭行天之罚。"再如《三国志・吴书・黄盖传》："初皆怖威，夙夜恭职。""恭"也有"称赞"的意思，如"恭维"。

"恭维"一词中的"维"是通假字，古时写作"惟"，是一种谦辞。在古代，臣子在向君王陈述具体事宜时，常常使用"惟"以表恭维。汉代班固《汉书》曰："伏惟圣主之恩，不可胜量。"唐代《大唐开元礼》："伏惟开元神武皇帝陛下万寿无疆。”唐代李延寿《北史》:“伏惟皇帝望云就日，仁孝夙彰，锡社分珪，大成规矩。”元代高明《琵琶记》:“伏惟陛下，特悯微臣之志。遣臣归，得侍双亲，隆恩无比！”其中，“惟”是下对上，也就是臣子对皇上陈述自己想法时用的谦辞。随着语言和用字的逐渐规范，现写作“维”。

恭维亦作“恭惟”。《汉语大词典》对于恭维的解释有两个：一是一般用于行文之始。如宋朝苏轼《杭州谢放罪表》中:“恭惟皇帝陛下，睿哲生知，清明旁达。”另一个解释是称颂、奉承。《辞源》对“恭维”的解释:“谓恭敬思之也。世人往来信牍，于恭惟字下，必缀以尊敬颂扬之语，俗因称谀人曰恭惟。”《现代汉语词典》对“恭维”的解释:“为讨好而赞扬。”《新华词典》对“恭维”的解释:“奉承，以好听的话捧人。”

近年来，一些学者也对恭维语进行了相关的研究。徐美兰曾经这样给恭维语下定义:“恭维语是这样一个言语行为：说话者因为听话者或第三者的某个或多个好的特征而给予他们直接或间接的赞美。”“因他人尤其听话者具有听话者或说话者均予以肯定评价的某种良好东西（拥有物、性格或技能等），以隐含或明示的方式向其表示的一种言语行为。”①

可见，恭维语是一种具有目的性的言语行为（这种目的可以为不单纯的目的或者只是单纯地为了交际的顺利进行的目的），其表现方式是积极的、正面的话语。

（二）恭维语的性质

恭维语是人们在交流沟通中常会使用的言语交流形式，具有本民族特有的表现模式和内容。人们选择恭维语进行交际，主要是为了找到与他人共同的话题，或者能够在短时间内营造一种良好的社会交际氛围，方便与周围人建立长久稳定的交际情感。恭维不是为了传递中心思想或者重要信息，只是为了调节交际方式，创造更有助于两者交流的环境。

---

① 徐美兰:《跨文化交际中的英汉恭维语差异研究》,《湖北广播电视大学学报》2011 年第 12 期。

恭维语具有评价性、目的性、民族性、非真实性的特点。

恭维语具有积极评价性，也可以叫作夸赞性。恭维语的核心部分几乎都是褒义词，都是夸赞性语词，是一种赞美，表达了对别人的正面评价。

但是这种正面评价又有程度上的不同：符合客观事实、发自内心的正面评价会使人易于接受且心情愉悦；反之，就会招致厌恶或反感的后果。奉承作为一种称赞语，与其他称赞语在某些方面存在共性特点。首先，说话者都是对某人或某事件进行一种积极的价值评价。它们都反映了一定社会的价值观念，而且表示同一价值判断的命题内容在不同的语境下可以分别表示不同的言语行为。例如就“你的字写得真漂亮”这一命题内容，在不同的语境下，可以施行奉承、恭维和赞扬等不同的言语行为。

恭维是一种具有目的性的言语行为，说话者在言语上恭维对方，以求达成自己现在的或未来的目的。贾玉新在《跨文化交际学》一书中提到恭维语的功能：“一是使对方感觉良好，二是欣赏对方，三是利用别人。”[①] 所以说话人往往具有如下目的：一是为了取悦听话人，二是为了讨好听话人，三是使听话人感觉良好，四是为了利用听话人。

恭维者使用恭维语来表示请求，常常会对被恭维者进行称赞，这样可使被恭维者更容易接受恭维者提出的要求。如：

(1)黛云跟那个老太太说：“老太太的心肠真好，求您答应我们在您这儿过一夜吧。明儿早晨我们就走。”(林语堂《京华烟云》)

(2)和珅：“不过你放心，我一定会尽快通知皇上派人来搭救于你，再者说了，如果咱们俩一块走了，她看见这一个人都没有了，你看看这，是吧，相信纪先生一定会以大局为重的。”纪晓岚：“走吧走吧。”(邹静之《铁齿铜牙纪晓岚》)

① 贾玉新：《跨文化交际学》，上海外语教育出版社 1997 版，第 370 页。

例（1）中，是化作难民的黛云和陈三逃跑至一老太太家门口时说的一番恭维话。黛云知道，在当时战乱的情况下，收留不认识的人是一件非常冒险的事，所以在向老太太提出要求前，先对老太太进行恭维可以让老太太的心理防线减弱，更容易让老太太接受收留的请求。在这个会话语料中，黛云和老太太之间没有地位落差，所以恭维后就直接提出请求。例（2）中，和珅和纪晓岚同时被杜小月当作坏人困于一个小岛上，如果两个人都逃跑，就会引起杜小月的注意。和珅为了自己能提前达到成功脱身的目的，也是恭维了纪晓岚是“以大局为重”者，之后才达到了自己脱身的目的。

可见，在交际过程中，请求性恭维语的使用，可使听话者感知到说话者的礼貌和恭敬态度，并进而直接地表达出说话者的交际目的。

在某种情况下，如果听话者不熟悉背景知识，隐性恭维语就可能无法实现目标，所以恭维人应努力想出恰当话语来实现恭维的目的。

恭维语具有民族性的特点。中华民族已经构建出以儒家文化思想为核心的道德规范体系，包括“三纲”（君为臣纲、父为子纲、夫为妻纲）和“五常”（仁、义、礼、智、信），讲究“尊卑有等、亲疏有序”，等等。因此，人们在交际时，恭维者的语言往往是迂回间接、隐晦烦琐的，有时也通过对自己的贬损来表示对对方的正面评价，如“我不行，跟您相比差多了”。被恭维者在应答时，往往也是谦虚接受，卑己尊人，如“哪里哪里”“没有没有”。中国文化中称赞的重点在于人品、修养、才能、智慧等内在的品质。“君子风范”是人们以道德为衡量尺度希望做人达到的境界。赞美女性更多地会选择诸如“大家闺秀”之类的才情与美貌并重的词汇。英语文化背景下回避的一些话题，如有关个人的年龄、家庭生活、婚姻状况、工资收入，在汉语文化背景下却经常被提及，甚至常被用为恭维话题。其次，恭维他人的场合不同。英国人通常是上级恭维下级，长辈恭维晚辈，这种恭维语一般是对下级或晚辈所做出的努力的肯定，也表达了对其能力的赞赏和信任。而在中国，情形恰好相反，中国人习惯于下级恭维上级，如“张经理真是有大将风范”，用这种明显的溢美之词夸赞对方，以博取上级好感或达成有求于人的目的。而且，中国的长辈一般鲜有在外人面前恭维自己晚辈的言行，即使是赞美也会用词谨慎，以避免给人留下狂妄轻浮的印象。另外，汉语恭维语除了使用的形容词比外语多外，用名词表达恭维的情况也很常见，一般用“天才、神童、名家、权威”等名词进行恭维，而英语中很少使用名词进行恭维，英语中形容词的使用频率较高。

恭维语有非真实性。利奇在谈论交际语法的开篇中说过这么一段话：“你可以尽遣你脑海中的虚伪之言，比如说你可以像其他人那样对他人说，先生，我是你最谦卑的仆人，而事实上你不是。你也可以跟别人讲，真是倒霉，旅行最后一天碰上这种大雨，以致全身淋透，而实际上，你才不真正关心他是否淋透没有，但你可以这么说话，它是社会中一种说话的方式，但你千万别把它当真。”[①] 恭维语所做出的积极评价是否真实，是否代表的是真情实意，这是言语交际困扰人的一大难题。恭维语有时会夸大其词，使正面评价成为吹捧、阿谀奉承之词，会使人感到虚伪，甚至反感。历史学家丹尼尔·布尔斯丁（Danniel Boorstin）也强调说，“吹捧是一种宣传，其中信息‘被有意’歪曲。像宣传一样，信息依赖于我们愿意相信的情感吸引。吹捧是一个面具，在抬高被吹捧者的伪装下保护和抬高吹捧者自己”[②]。明初翰林学士解缙，19岁中进士，后来主持编纂《永乐大典》，为一代雄才，同时也因会阿谀奉承而闻名。一次他和明太祖朱元璋一块儿钓鱼，朱元璋没钓着，心里不高兴。他即刻献诗一首：“数尺丝纶入水中，金钩抛去荡无踪。凡鱼不敢朝天子，万岁君王只钓龙。”这个吹捧不但虚假，还有点肉麻。一位西方哲学家曾说：“许多吻你手的人，也许就是要砍你手的人。”这样的教训，从古到今不胜枚举。蒲松龄的《循良政要》中有一善于逢迎的衙役就是这副嘴脸：

---

① Leech, Geoffrey: *Principles of Pragmatics*: London and New York:Longman Press, 1983, p.152.

② ［美］斯坦格尔：《奉承史》，于卉芹、李忠军译，中央编译出版社2002年版，第9—13页。

凡为衙役者，人人有舞文弄法之才，人人有欺官害民之志。盖必诱官以贪，而后可取溪壑之盛；诱官以酷，而后可以济虎狼之势。若少加词色，则必内卖官法，外诈良民，倚势作威，无所不至。往往官生之损，半由衙蠹，良可惜也！但其人近而易亲，其言甘而易入；又善窥官长之喜怒，以为逢迎。若居官数年而无言听计从之衙役，必神明之宰，廉断之官也。①

(三)恭维语语俗

日常言语交际中，人们也常使用称赞性的话语，称赞听话者值得赞扬的某一方面，对听话者表达一种正面性的评价态度，同时伴有非常夸张的话语。如恭维对方容貌姣好时，常用“沉鱼落雁”“闭月羞花”等褒义词。从古至今，上至达官贵族，下至黎民百姓，或多或少都会使用恭维语。恭维语是言语交际中不可或缺的一部分，是社会习见的言语习俗，蕴含着中华民族独特而深厚的文化习俗。

追溯“恭维”的语言形式，应肇始于《诗经》中的《颂》。《颂》即配合舞蹈的祭祀乐歌。《毛诗序》说：“颂者，美盛德之形容，以其成功告于神明者也。”《诗·曹风·鸤鸠》就是一篇奉承君王的诗歌。鸤鸠俗称布谷鸟，传说布谷鸟哺育小鸟，朝从上下，暮从下上，平均如一。诗云：“鸤鸠在桑，其子七兮。淑人君子，其仪一兮。其仪一兮，心如结兮。”意思是布谷鸟在桑树上筑巢，哺育着七只小鸟。那些贤人君子，时时都是一样的仪表，用心专一是何等的坚牢。这里用布谷鸟的平均如一，恭维君王的公正、公平。最后一句诗云：“鸤鸠在桑，其子在榛。淑人君子，正是国人。正是国人，胡不万年。”意思是布谷鸟在桑树上筑巢，小布谷鸟在榛树上欢唱。那些贤人君子，是国人的好榜样，何不祝他万寿无疆。这里“万寿无疆”是对君王长寿的祝颂。事实上，人怎么能活一万岁呢？不过是对君王的恭维罢了。朱熹在他的《诗集传》里说：“美君子用心均平专一。”方玉润在《诗经原始》中也说：“诗中纯美无刺

① 盛伟编：《蒲松龄全集》第2册《聊斋文集》，学林出版社1998年版，第359页。

意。”总而言之，这并不是一首真诚地赞美曹君功德的诗，而是对君王的恭维。

《昭明文选》中收录有颜延之的一首庄严肃穆的颂歌《天地郊夕牲歌》：

> 夤威宝命，严恭帝祖。表海炳岱，系唐胄楚。
> 灵鉴浚文，民属睿武。奄受敷锡，宅中拓宇。
> 亘地称皇，罄天作主。月竁来宾，日际奉土。
> 开元首正，礼交乐举。六典联事，九官列序。
> 有牷在涤，有洁在俎。以荐王衷，以答神祜。

诗中前一句指明祭天的起因、礼仪，后两句说供奉牺牲、酬答神祐，其余各句为赞颂武帝刘裕的世系、功业、开国、典治等内容。

古代，大臣们为了取悦君王，达到个人功利的目的，常使用一些溢美之词。臣子所呈奏折的开头和结尾都有着固定的恭维格式，比如奏折开头常使用“恭折仰祈圣鉴事”或“仰祈圣鉴事”等恭维语，奏折结尾一般要加上“伏乞皇上圣鉴谨呈”或“皇上圣鉴训示谨奏”等恭维语。臣子通过开篇的敬称和结尾的自谦有意地抬高皇上地位，体现君臣之别，以此恭维君王至高无上的权位。康有为的《应诏统筹全局折》开篇为“奏为应诏陈言，乞统筹全局以救危立国，恭折仰祈圣鉴事”，结尾为“时阽国危，谨竭愚诚，伏乞皇上圣鉴。谨呈”。《战国策·齐策》所载的“邹忌讽齐王纳谏”的故事更是成为恭维语使用的经典案例。

> 邹忌修八尺有余，而形貌昳丽。朝服衣冠，窥镜，谓其妻曰：“我孰与城北徐公美？”其妻曰：“君美甚，徐公何能及君也？”城北徐公，齐国之美丽者也。忌不自信，而复问其妾曰：“吾孰与徐公美？”妾曰：“徐公何能及君也？”旦日，客从外来，与坐谈，问之客曰：“吾与徐公孰美？”客曰：“徐公不若君之美也。”明日，徐公来，孰视之，自以为不如；窥镜而自视，又弗如远甚。暮寝而思

之，曰：“吾妻之美我者，私我也；妾之美我者，畏我也；客之美我者，欲有求于我也。”

这个故事给我们的启示固然是告诉人们要能听取不同的意见，要有自知之明，为人需自谦。但是，邹忌之妻、邹忌之妾、来访之客，或有私，或有畏，或有求，都用溢美之词夸赞邹忌，这就是奉承。

《战国策》中“齐助楚攻秦”的故事，也是一则恭维君王的故事，讲述的是楚怀王听信秦人张仪的恭维语，使得楚国失去齐国的帮助，最终战败的史实。齐国帮助楚国攻打秦国，夺取了秦国的曲沃之地。不久，秦国想要攻打齐国，但又担心齐楚邦交亲善，于是派张仪出使楚国，离间齐楚关系。张仪到了楚国，面见楚王，先是对楚王进行了一番言语上的恭维。张仪曰：“弊邑之王所说甚者，无大王。唯仪之所甚愿为臣者，亦无大王。”张仪恭维楚王是秦王最敬重的人，自己也最愿意当楚王的臣子，如此一番恭维之词，使得楚王心情大悦，失去理智的判断，误中了张仪的计谋。

由于文化习俗的影响，民间社会的恭维、夸赞现象也十分普遍。如：

（1）刘姥姥又听见给他二十两银子，喜的眉开眼笑道：“咳，我们也知道艰难的。但是俗语说的：‘瘦死的骆驼比马还大呢。’凭他怎么样，你老拔根寒毛比我们的腰还壮哩！”（清·曹雪芹《红楼梦》）

（2）在床上，新娘告诉她：“妹妹，这次多亏你大力相助。若不是你和你父母，我和我妈就不知如何是好了。”（林语堂《京华烟云》）

（3）顾尔谦的兴致倒没有低减，嚷成一片：“我想今天全船的人都靠李先生的福——李先生，有你在船上，所以飞机没有光顾。”（钱锺书《围城》）

例（1）中，刘姥姥带着自己的外孙去贾府打秋风，王熙凤给了刘姥姥二十两银子。刘姥姥用“瘦死的骆驼比马还大呢”“拔根寒毛比我们的腰还壮哩”恭维王熙凤很是富有，同时也表达了对王熙凤的感谢之情。例（2）中，曼妮在出嫁前住进了木兰家，对于曼妮出嫁的事，木兰和木兰的父母给予了曼妮许多帮助，曼妮心存感激，在言语上使用“多亏”这样具有恭维之意的言辞，表达了对木兰及其父母的感谢。例（3）中，顾尔谦言语上是恭维李先生乃有福气之人，实则也从侧面表达了自己对李先生的感谢之情。

民间流传着许多奉承、阿谀、戴高帽的笑话，反映了恭维的社会习俗。

> 有个在朝廷做官的要放到外地任职，临走时向老师告辞。老师告诫道：“地方官可不好做呀，要小心谨慎。”学生回答说：“我已经准备了‘高帽子’100顶，逢人便送一顶，想来不至于出什么岔子。”老师生气地训斥道：“我们要用正义来待人，哪能这样？！”学生马上说：“天下像老师这样不喜欢戴高帽子的人，能有几个啊！”老师微微点头道：“你这话说得还有点见识。”这人辞别了老师，对人说：“我这100顶高帽子，如今只剩99顶了。”①

这一则笑话名曰“百顶高帽”，是较为典型的一个恭维语案例。唐代李延寿《北史·熊安生传》还有一个关于“戴高帽”的记载：北齐有一位名叫宗道晖的儒士，总是自我感觉极好，但行为方式有些怪异。他平时喜欢头戴一顶很高的帽子，脚上穿一双很大的木屐。每当有官员到来，他都要以这身打扮去迎接。见到官员时，又总是向上仰着头，举着双手，然后跪拜，一直把头叩到木屐上，说：“您的功德可比三公。”这种怪异的行为和夸张的言语在北方广泛流传。后来，人们便把恭维对方的言语行为叫作“戴高帽”，把妄自尊大、喜欢别人恭维自己的言语行为叫作“好戴高帽”，而把吹捧别人，恭维别人的言语行为叫作“给别

① 欣悦编著：《中外幽默故事精华》，内蒙古大学出版社2003年版，第221页。

人戴高帽”。

《中华谚语志》中收录了“平津人吃捧”的谚语，说的是在平津两地，主顾们在茶座、饭庄、澡堂、戏园以及一应商店受到茶房、店员、掌柜们的礼遇，侍候周到，言语奉承，且确具诚意，并非职业性装作出来的笑脸与卑躬屈节。常常是几句话就恭维得主顾们心花怒放，便毫不在乎地甩小费，有时候吃完喝完一算账是四块八，便叫跑堂的到柜上记五块钱账，而外赏小费一块都是现钱。有的饭馆子，当熟座儿光临，或者看这主顾大方，点菜又多，饭馆为争取主顾的欢心，还要敬一两个菜，所敬的菜，都是别致或应时的。当您正吃得得意的时候，跑堂的笑嘻嘻地端一盘菜来，摆在桌上说：“这是我们掌柜的（或灶儿上）孝敬您的炝青虾。”说着，把盘口扣的盖儿一掀，两寸上下的活虾，还在乱蹦。这样一来，在被请的客人面前，做主人的面子是多大呀！

民间有“说大话，用小钱”的谚语，有时还说成“喝蹲酒，吃蹲烟，说大话，使小钱”。北京为清朝京城时期，官僚阶层不免于声势夸张。起初，必由于仆役奉承，希望多得赏赐，在钱数上常加十倍述说，一串钱称十串，这是娱乐场所喊出来的。民间办丧事时也有此习俗，出殡路上，凡遇难走地处，谓之过关，要加钱给杠夫，先由本家加钱。杠夫得了钱，又加一百倍来叫喊致谢。后来用银圆，一个铜板就喊为一百元了。当时老百姓，凡以十倍虚数道说钱财的事，他心意上并不虚夸说，而是朴朴实实地述说。习惯如此，不这般述说，反而感到不合适了。

（四）恭维语的语言观照

汉语恭维语经常使用古诗词、典故来称颂、夸赞他人。例如：“听君一席话，胜读十年书”“两弯似蹙非蹙罥烟眉，一双似喜非喜含情目”“回眸一笑百媚生”。此外，在语言形式上呈现出的最大特点就是汉语恭维言语行为多是通过具有丰富传统文化意蕴的熟语得以实施完成的。

恭维得当是一种言语行为艺术，而恭维的程度过分就变成了阿谀和谄媚，为人们所不齿。因此，我们一定要注意区别“恭维”与“阿谀”“奉承”“谀辞”“戴高帽”“灌迷糊汤”“阿谀奉承”“曲意逢迎”等词语语义的差别。

“恭维”是为讨好而赞扬，“奉承”是用好听的话恭维人，如向人讨好，说奉承话。而过分迎合别人，说好听的话被称为“谀辞”或“阿谀”“谄谀”“逢迎”“谄媚”。《说文解字》解释“谀”为“谄也”。《庄子·渔夫》：“不择是非而言谓之谀。”《荀子·修身》：“以不善和人者谓之谀。”西汉刘向《说苑·臣术》：“从命病君谓之谀。”东汉班固《汉书·韦贤传》：“唯囿是恢，唯谀是信。”颜师古注：“谀，谄言也。”唐代韩愈《师说》：“官盛则近谀。”唐代柳宗元《柳河东集》：“诬谀之徒。”明代归有光《项脊轩志》：“谄谀之臣。”明代薛瑄《从政录》：“恭而不近于谀，和而不至于流，事上处众之道。”在民间，“谀辞”俗称为“奉承话”“拍马屁”。

汉语反映“阿谀”语义的成语数量不少，主要有“阿谀奉承”“曲意逢迎”“阿顺取容”“阿谀谄媚”“阿其所好”“溜须拍马”“阿谀顺旨”“阿谀苟合”“阿谀曲从”“谄谀取容”“面谀背毁”等，这些成语大多是贬义的，不度理之所在，曲意奉承，迎合别人，竭力向人讨好，取悦于人，或指当面称赞、背后诽谤。

汉语表达恭维语义，具有褒义色彩的熟语数量多，使用呈现类型化、程式化的特点。“颂德咏功”“颂德歌功”“赞不绝口”“赞叹不已”“参天赞化”“啧啧赞美”就是对赞美的高度概括。具体赞美还有形式多样的方式。如恭维人权位的，有“九五之尊”“泰山北斗”“高居庙堂”“驷马高门”；恭维人形貌的，有“沉鱼落雁”“闭月羞花”“倾国倾城”“貌似潘安”“器宇不凡”“仪表堂堂”“气宇轩昂”；恭维人学识的，有“学富五车”“龙驹凤雏”“博古通今”“博览群书”“博学多才”“博大精深”；恭维人名声的，有“大名鼎鼎”“名扬四海”“千古流芳”“驰名中外”；恭维人德行的，有“功德无量”“大贤大德”“德高望重”“德厚流光”；恭维人财富的，有“荣华富贵”“朱门绣户”；恭维人言语的，有“侃侃而谈”“出口成章”“高谈雄辩”“伶牙俐齿”“一言九鼎”“金口玉言”“语妙天下”“对答如流”“能言巧辩”“能说会道”“妙语连珠”；恭维人技艺的，有“多才多艺”“无所不能”“登峰造极”“鬼斧神工”“巧夺天工”“良工巧匠”“妙手回春”“心灵手巧”“炉火纯青”“运斤成风”“出神入化”；等等。

恭维夸赞人的歇后语数量也特别多。夸赞人能力的歇后语有：小孩掰竹笋 —— 拔尖；头上站鸭子 —— 顶呱呱；打兔子捉到黄牛 —— 格外好；剩下九十九个 —— 百里挑一；花园里的牡丹 —— 出类拔萃；俏媳妇戴凤冠 —— 好上加好；钉耙戴斗笠 —— 尖上拔尖；冠军和亚军 —— 数一数二。表示夸赞人格的歇后语有：池塘里的荷花 —— 出淤泥而不染；包袱皮当毛巾 —— 大方；飞机上扔铃铛（半天云中吊铜锣）—— 落到哪里都响当当；竹筒倒豆子 —— 爽快；浪子回头 —— 金不换；西天路上的孙行者 —— 劳苦功高；萧何月下追韩信 —— 为国操劳；包公铡驸马 —— 为民做主；包公放粮 —— 为穷人着想；海瑞上书 —— 为民请命。

中国古代有“雁过留声，人过留名”“豹死留皮，人死留名”的说法，名声是对一个人品德成就的社会评价，名声之重，不同凡响，而中国人对名声的重视从另一个方面印证了对人格、才能的重视，渴望自己能够名垂青史，成就历史。夸赞人名声的歇后语有：大门楼里敲锣鼓 —— 里外有名（鸣）声；山顶上打铜锣（山顶上放大炮）—— 名（鸣）声高；半天云里金钟响 —— 声名（鸣）远扬；古庙里的大钟 —— 远近闻名（鸣）；喜马拉雅山上鸡儿叫 —— 远近闻名（鸣）；高音喇叭上山头 —— 远近闻名（鸣）；半空中响锣鼓 —— 远近闻名（鸣）；山顶上敲锣 —— 远近闻名（鸣）；南天门敲鼓 —— 名（鸣）声在外；关门打锣 —— 名（鸣）声在外；深山里敲钟 —— 名（鸣）声在外；家里请吹鼓手 —— 名（鸣）声在外；门旮旯吹喇叭 —— 名（鸣）声在外；门里放鞭炮 —— 名（鸣）声在外；窗户眼吹喇叭 —— 名（鸣）声在外；隔门缝吹喇叭 —— 名（鸣）声在外；骑在屋脊上吹螺号 —— 名（鸣）声在外；庙里的和尚撞钟 —— 名（鸣）声在外；对门缝吹号 —— 名（鸣）声在外。

汉语中有不少讥讽阿谀奉承的歇后语，如：老鼠给猫捋胡子 —— 舍命巴结脸；马屁股上挂蒲扇 —— 拍马屁；拍马拍到蹄子上了 —— 让尥了一蹶子；骑马不带鞭子 —— 猛拍马屁；两个人吹笙 —— 你吹我捧；老王婆卖瓜 —— 自卖自夸；孔明夸诸葛亮 —— 自夸自；抬轿的吹笙 —— 连抬带吹；十个手指头搔痒 —— 加倍奉承；茶缸子打掉把 —— 捧了起来。

二、恭维语的内容与形式

恭维文化是中国特色文化的表现内容之一。中国人热衷于使用恭维语，不过是求得一种生活的宁静，不希望因为交际中的某些因素打破固有的生活状态，当然也是为了寻求某些切身利益。这是中国人只求安稳平静、不求大起大落的人生哲学的具体体现。在日常生活与交际中，恭维语内容所涉及的话题通常包括八种类型：第一类是权位恭维语，第二类是形貌恭维语，第三类是学识恭维语，第四类是名声恭维语，第五类是德行恭维语，第六类是言语恭维语，第七类是技艺恭维语。

（一）权位恭维语

权位恭维语就是对对方权势、地位进行恭维的语言，这类恭维语在恭维人权位的同时，也流露出对权位的追求与渴望。汉文化中，恭维对方的权位是常见的恭维话题，而且多出现于下级对上级权势、地位的恭维，其中也有同级之间的互相恭维，鲜有上级对下级的恭维。恰当的奉承和恭维是交流中一种很有效的方法，可以用来满足别人的虚荣心，赢得别人的好感和协作。长期以来，中国传统文化中凝结了大量关于权位的恭维语，典型的有“九五之尊”“至高无上”“受命于天”“位极人臣”“位高权重”，以及“一人之下，万人之上”等。

九五之尊

“九五之尊”是汉语成语，旧指帝王的尊位，象征着至高无上的尊贵，现常用于恭维语，恭维人位高权重。出自《周易·乾》：“九五，飞龙在天，利见大人。”在《周易》中，乾卦九五爻既居中，又位正，处在乾卦最重要的位置，而乾卦又是所有六十四卦中最重要的一卦。于是，乾卦九五爻便堪称吉中之吉、贵中之贵。

（1）司天监道："臣启我主，娘娘身子平空而起，主高一级，应为国母；金龙五色，主九五之尊；后又聚成一条金龙，罩定娘娘身子，主生太子，定是一统天下。"（清·雪樵主人《双凤奇缘》）

（2）魏昌言："我看着王爷三天吃、喝、拉、撒、睡，可有取贵之处。"果然看了三天，辨别言道："王爷有九五之尊。"（清·佚名《小五义》）

（3）巡按一看，高厅坐个后生少年，身高七尺左右，三角眼睛，麻化桶嘴，晓得是丁其，弯腰奉揖忙行礼，二公子连连口内称，"二少爷，我看你格相貌，不是等闲之辈，你是禹肩汤臂，龙行虎步，按你相貌观看，你是帝王之相，有九五之尊。"（佚名《靖江宝卷》）

例（1）中，"九五之尊"是司天监对汉王权位的恭维语。例（2）中，"九五之尊"是魏昌为了保命，恭维王爷有帝王之相。例（3）中，"九五之尊"是巡按为了打探二少爷丁其是否私藏军火、有意谋反而故意恭维丁其有帝王之相。

至高无上

恭维语中，"至高无上"的意思是高到顶点，再也没有更高的了，形容地位很高，因此常用来恭维人的权位极高。语出自《淮南子·缪称训》："道至高无上，至深无下，平乎准，直乎绳，圆乎规，方乎矩。""至高无上"经常与"至深无下"连用。这句话中"道至高无上，至深无下"的意思是说，道高到了顶点，再也没有比它更高的了；深到底部，再也没有比它更深的了。

（1）起初，匈奴呼韩邪单于来朝见，皇上令公卿讨论其礼节仪式，丞相黄霸、御史大夫于定国商议说："…… 陛下至高无上的德行充满天地，光明普照四海，匈奴单于闻风仰慕圣朝的教化，进献珍宝来朝贺，自古以来第一例。"（白话《汉书》）

（2）纪晓岚从桌子底下爬了出来，然后很从容地道："皇上万寿无疆，难道不叫'老'吗？您至高无上，难道不叫'头'吗？"（韩

震《明清故事》）

（3）我连忙道：“小姐，你可知道，使一个病人感到你是他的天使，这便是一种至高无上的荣耀么？”（卫斯理《蓝血人》）

例（1）中，“至高无上”是大臣对君王德行地位的恭维语。例（2）中，纪晓岚修《四库全书》时，因天气太热，光着膀子审稿，乾隆帝突然驾到，纪晓岚一时慌乱找不到衣服，于是藏到了桌子下面。过了一会儿，以为乾隆帝已经离开了，钻出桌子问：“老头子走了吗？”不料，乾隆帝正坐在他面前。纪晓岚为了免于责罚，用“至高无上”恭维乾隆帝地位之高。例（3）中，“至高无上”是“我”为了让护士小姐帮忙，有意恭维她在病人心中的地位。

受命于天

“受命于天”指顺从天意，接受天命，常用作恭维语。出自《庄子·内篇》：“受命于地，唯松柏独也正，在冬夏青青；受命于天，唯尧、舜独也正，在万物之首。”在古代，统治阶级为巩固统治地位，宣扬“君权神授”论，说他们做帝王是“受命于天”。秦王嬴政统一全国后，命李斯用小篆雕刻传国玉玺，印文曰“受命于天，既寿永昌”，以作为“皇权天授、正统合法”之信物。所以，臣子也常用“受命于天”迎合帝王心理。

（1）于穆显考，时惟武皇，受命于天，宁济四方。（三国·曹植《责躬》）

（2）颂曰：于皇烈祖，受命于天。笃生明圣，以抚八埏。维此明圣，大德光前。翕受如地，行健体乾。诞享遐纪，春秋八千。云过其历，于万斯年。于赫我皇，受天眷命。（明·许獬《许钟斗文集》）

（3）不胜区区，敢献颂曰：于皇惟后，受命于天。时来于今，兆是厥先。既定乃日，允叶斯年。赫赫光明，应于上玄。（唐·张九龄《开元正历握乾符颂并序》）

上述三例中，“受命于天”都是为了讨好帝王，恭维帝王的权位来自上天。古人认为人受命于天地，植物、矿物等很多东西都受命于天，唯有人受命于天地之正气。

位极人臣

封建时代，“位极人臣”指大臣中地位最高的人。语出自晋朝陈寿《三国志·吴志·孙綝传》：“臣伏自省，才非干国，因缘肺腑，位极人臣。”中唐名将郭子仪，位极人臣，且子女众多，有八子七婿，可谓家大业大，史称“权倾天下而朝不忌，功盖一代而主不疑”，举国上下，享有崇高的威望和声誉。对于仕途之人来说，能够位极人臣、政绩突出，是最令人羡慕的事情，因而后来人们就用“位极人臣”作为恭维语，使对方感到开心。

（1）晋太傅谢安，时为吴兴太守，见黄白光，以问昺，昺曰：君先世有阴德于物，庆流后嗣，君当位极人臣。（宋·张君房《云笈七签》）

（2）操召入。…… 慈曰：“…… 大王位极人臣，何不退步，跟贫道往峨眉山中修行。”（明·罗贯中《三国演义》）

（3）宋炯用指掐算一番，说道：“此乃位极人臣之命，除了陕西一友，并无别个比得上了。”（清·松滋山人《铁冠图》）

例（1）中，“位极人臣”是杜昺对谢安未来权位的恭维语。例（2）中，“位极人臣”是左慈对曹操现有权位的恭维语。例（3）中，“位极人臣”是宋炯对李岩未来权位的恭维语。

位高权重

“位高权重”，指地位高、权力大，许多人的财政命脉，甚至掌握着许多人的“生杀”大权。常常用于恭维对方的地位和权力。语出自《宋书》：“晦时位高权重，朝士莫不加敬，炳之独与抗礼，时论健之。”古代时，等级制度很明显，因此人们往往对位高权重、身份尊贵之人非常的尊重和敬畏，于是就出现了像“位高权重”这样的恭维语。

（1）吕不韦暗笑阳泉君嘴硬，但是依然笑着恭维道："现在大人位高权重，府中家仆无数，无数名士也投奔到大人府上，而且大人的姐姐贵为太子宠妃，日后一定能当王后……"（林若初《秦始皇全传》）

（2）谢安则一本正经地回答："您位高权重，连皇上见了都要行跪拜之礼，我不过是一个臣子，当然也应该向您行礼。"（杜辉《什么都是博弈论》）

（3）石榴听得很认真："老爷您位高权重的，还有什么办不成的事？"（刘和平《李卫当官》）

例（1）中，"位高权重"是吕不韦对阳泉君权位的恭维语。例（2）中，"位高权重"是谢安故意贬低自己，抬高桓温，以达到恭维的目的。例（3）中，"位高权重"是下人石榴对老爷权位的恭维语。

一人之下，万人之上

"一人之下"的"一人"原指老婆，后来词义演变成地位崇高、权势显赫的大臣。一般指一个人的地位十分高贵，是可以理解成在某某地方的地位。在古代，"一人之下，万人之上"一指丞相的地位，这一位置仅次于皇帝，而在亿万百姓之上，形容官阶很高。现在用来恭维对方的地位极高，是权势显赫之人。语出自《六韬》："屈一人下，伸万人上，圣人自行之。"

（1）"丞相爷一人之下，万人之上，谁敢议论？"（明·沈受先《三元记》）

（2）"大人说哪里话来，大人官居宰相，位列三台，有佐理皇猷，参赞化育之才。一人之下，万人之上，察吏安民。"（清·王梦吉《济公全传》）

（3）潘益民拿腔傲调："阁下非帝王之相，乃卿相之相。一人之下、万人之上之相也！"（陈廷一《孔祥熙大传》）

例(1)、例(2)中,“一人之下,万人之上”都是恭维丞相位高权重。例(3)中,“一人之下,万人之上”用于现代恭维语中,是用丞相之位象征权位之高,潘益民恭维孔局长日后定然可居高官之位。

(二)形貌恭维语

恭维语可选择的恭维对象有很多,形貌是恭维语中的一个非常重要的恭维对象。形貌恭维语是对对方外形、容貌进行恭维的语言,这类恭维语表现出了人们对于美貌的追求,也体现出了人们对于个性的追求和身份的彰显。在形貌的恭维,恭维外表会使对方有个好心情,同时也表达了对对方的关注与赞美之意,这样就容易传递美好的情感,更容易达到交际效果。在这种交际的过程中,就出现了很多关于对人形貌进行恭维的恭维语,主要有“沉鱼落雁”“倾国倾城”“天生丽质”“如花似玉”“美如冠玉”“器宇不凡”等。

沉鱼落雁

“沉鱼落雁”是一个汉语成语,意思是鱼见之沉入水底,雁见之降落沙洲,形容女子容貌极为美艳惊人,也可用来恭维人的样貌。语出自《庄子·齐物论》:“毛嫱、丽姬,人之所美也;鱼见之深入,鸟见之高飞,麋鹿见之决骤,四者孰知天下之正色哉?”这一成语有意用夸张的手法称赞女子的形貌。“沉鱼落雁”也常与“闭月羞花”并列使用,恭维对方为“沉鱼落雁之容,闭月羞花之貌”。

(1)洞宾思曰:“广寒仙子,水月观音,吾曾见过,未有如此妖态动人者。倾国倾城,沉鱼落雁,宜颂矣。”(明·吴元泰《四游记》)

(2)“那小姐有沉鱼落雁之容,闭月羞花之貌,不惟女工针黹,件件过人,至于诗词一事,尤其所长,就是雪府尊刻的《啸雪集》,倒有大半是小姐吟咏的,难道不是才色兼全钟情女子么?”(清·樵云山人《飞花艳想》)

(3)同声称赞:“这位新娘品貌不凡,真有沉鱼落雁,闭月羞花,张兄好艳福也。”(清·佚名《守宫砂》)

例（1）中，“沉鱼落雁”是吕洞宾对歌舞名妓山牡丹优美形态的恭维语。例（2）中，“沉鱼落雁”是对小姐姣好容貌的恭维语。例（3）中，“沉鱼落雁”是客人们对新娘品貌不凡的恭维语。

倾国倾城

“倾国倾城”用来形容妇女容貌极美，常用作恭维语。《汉书·孝武李夫人传》中：“（李）延年侍上起舞，歌曰：‘北方有佳人，绝世而独立，一顾倾人城，再顾倾人国。宁不知倾城与倾国，佳人难再得！’”这个典故本指君王过分迷恋女色会使国家倾覆灭亡，后以“倾国倾城”四字，形容女子极其美丽，是一个褒义词。恭维对方容貌“美之极”，近义词有“国色天香”“天姿国色”“绝色倾城”等。

（1）宝玉忘情，脱口笑道：“我就是个‘多愁多病的身’，你就是那‘倾国倾城的貌’。”（清·曹雪芹《红楼梦》）

（2）乐和道：“玉芝公主有倾国倾城之貌，更兼知书识礼，爱习武事，温柔聪慧，是东京萧妃所生，不是蛮种。”（清·陈忱《水浒后传》）

（3）骆可显一见便心动，叹曰：“此等红颜，真个倾国倾城，古今稀有。”（清·李春芳《海公案》）

例（1）中，“倾国倾城”是宝玉对黛玉美丽容貌的恭维语。例（2）中，“倾国倾城”是对玉芝公主面容姣美的恭维语。例（3）中，“倾国倾城”是骆可显对冯氏俊秀容貌的恭维语。

天生丽质

“天生丽质”中的“天生”是天然生成的意思，“丽质”指美丽的姿容，是一个成语，用来形容女子妩媚艳丽。这样美丽的容貌是女子生来就有的，是一种自然、未经修饰的美。古往今来，在中国人的审美认知中，“天生丽质”是对女性形貌的最高评价。语出自人们耳熟能详的《长恨歌》中：“天生丽质难自弃，一朝选在君王侧。”在这里，“天生丽质”是对杨玉环美貌的形容。

（1）有人上言说寿王妃容貌秀美，天生丽质，可以充入后宫，便召她进入禁中，玄宗大为称异，便命杨玉环自请度为女道士，给予宫中女官之职，号为“太真”。（宋·欧阳修、宋祁《新唐书》）

（2）陈琳道：“原来乃大人令妹。果然天生丽质，非凡美所及，倘注上册名回朝，如经圣上青目，必然大贵，福分非轻的。”（清·李雨堂《万花楼》）

（3）原来虞孝因和武当七女中的石氏双珠交厚，这日相见，缥缈儿石明珠说道：“…… 本门七姊妹均有美名，便小师妹司青璜也是天生丽质，丰神俊秀。……”（还珠楼主《蜀山剑侠传》）

例（1）中，“天生丽质”是大臣对杨玉环秀丽容貌的恭维语。例（2）中，“天生丽质”是陈琳对同僚妹妹姣好容貌的恭维语。例（3）中，“天生丽质”是缥缈儿石明珠对小师妹司青璜容貌的恭维话。

如花似玉

“如花似玉”形容女子姿容出众，像花和玉那样美好，常用作恭维语。汉语中，人们常喜欢用“花”来比喻女子的容貌，如“花容月貌”“花颜月貌”“闭月羞花”“玉软花柔”等。也用某一种花比喻女子的形貌，如“国色天香”，是以牡丹花比喻女子形貌出众、气质高贵；“面若桃花”，是以桃花比喻女子娇美艳丽的形貌，“出水芙蓉”和“远山芙蓉”则以荷花比喻女子清新脱俗的形貌。

（1）“他那女儿今年十九岁，相貌长得如花似玉。”（清·刘鹗《老残游记》）

（2）“他的太太是一个如花似玉的女人，永远抱着一只猫。”（靳以《邻居们》）

（3）满朝文武百官无不交口称赞：“真是如花似玉又武功过人的艾吉阿姆啊！”（王跃、袁文惠、胡玉玺《中国跤术》）

例（1）中，“如花似玉”是对对方女儿相貌的恭维语。例（2）中，“如花似玉”是对对方太太容貌的恭维语。例（3）中，“如花似玉”是大臣对公主艾吉阿姆的恭维语。

美如冠玉

“冠玉”是我国古代男子装饰在冠帽上的一块玉片，“美如冠玉”谓漂亮如同帽子上的美玉，原比喻陈平像帽子上的玉石一样，外表好看，内里空虚。后用以形容男子长相英俊、美貌出众，像冠上的玉一般。经常用来赞美或者恭维男子的容貌，也能转用以比喻人的美貌。语出自《史记·陈丞相世家》：“绛侯、灌婴等咸谗陈平曰：‘平虽美大夫，如冠玉耳，其中未必有也。’”

（1）卢梦梨道：“仁兄青年高才，美如冠玉，自多掷果之人，必有东床之选，何尚求凤未遂，而只身四海也？”（明·荻岸散人《玉娇梨》）

（2）众人齐声道：“看令郎美如冠玉，举止老成，曾先生所说必然不错。”（清·花溪逸士《岭南逸史》）

（3）林仲蔚亦笑道：“吾看晓生，风流倜傥，美如冠玉。”（清·鸳湖烟水散人《珍珠舶》）

例（1）中，“美如冠玉”是卢梦梨对好友苏友白形貌的恭维。例（2）中，“美如冠玉”是众人对对方儿子形貌的恭维语。例（3）中，“美如冠玉”是林仲蔚对晓生形貌的恭维语。

器宇不凡

“器宇”指仪表，气度；“不凡”指不平凡，不寻常；“器宇不凡”形容仪表、风度很不平常。语出自罗贯中《三国演义》：“玄德视其人，松形鹤骨，器宇不凡。”“器宇不凡”的近义词是“器宇轩昂”，二者都有形容一个人的仪表、气质不平凡的意思，但也有区别。“器宇不凡”强调的是“不凡”二字，指不是普通人；“器宇轩昂”强调的是“轩昂”二字，指的是一个人精神气质，这里还有指代男子俊朗不凡的意思。两个成语都可以用作恭维语。

（1）三缄又曰："吾观老丈器宇不凡，举止大方，其殆文人学士欤？"（清·魏文中《绣云阁》）

（2）朱贵儿在旁说道："赵王器宇不凡，若得如此，是陛下无限深恩，沙夫人有何不美，妾等亦有仰赖矣。"（清·褚人获《隋唐演义》）

（3）李爷与柏爷赞道："公郎器宇不凡，日后必成大器。老夫辈与有荣施矣！"罗爷称谢。（竹溪山人《粉妆楼》）

例（1）中，"器宇不凡"是对老丈仪表风度的恭维语。例（2）中，"器宇不凡"是朱贵儿对赵王仪表风度的恭维语。例（3）中，罗爷家的两位公子外出归来，向家中客人李爷、柏爷、秦爷一一行礼。李爷作为客人，出于礼貌，不免要恭维罗爷家公子们几句，故用"器宇不凡"恭维两位公子的形貌。

（三）学识恭维语

言语交际中，恭维对方的知识、经验和智慧，是再好不过的话题。学识恭维语就是对对方学术上的造诣和修养进行恭维的语言。在这类恭维语中，说话者除了直接恭维听话者是有学识之人，比如恭维对方"学富五车""才高八斗"；也会以间接的方式恭维对方，如恭维对方家中子孙为"龙驹凤雏"。对内在品德和学识的追求是从古代到现代人们一直都关注的内容，如果缺少了内在的修养，外在的美不但不会长久，还会黯然失色，而在人们对学识的恭维中，我们也能窥见这种心理。在中国人的恭维文化中，也出现了很多对人学识方面的恭维语，最常见的有"智多星""文曲星""学富五车""才高八斗""龙驹凤雏"，以及"子房在世，诸葛重生"，等等。

智多星

"智多星"是《水浒传》中吴用的绰号，指计谋多、有智慧的人，后用以形容或者恭维足智多谋的人。出自《水浒传》第十四回："这人乃是智多星吴用，表字学究，道号加亮先生。"在这个句子中，"智多星"的含义不难理解，“智多”就是足智多谋，“星”是天神，意谓吴用的才智像天上的神仙，知前晓后，看透世上芸芸众生。因此，用“智多星”一词时，经常是对对方才识的称赞和恭维。

（1）琢渠道：“那就难了。”枢世道：“为此我们才找你智多星设法呢。”（朱瘦菊《歇浦潮》）

（2）老孙婆忙帮腔：“我儿子夸先生见多识广，有办法有门路，今日一见，先生真是智多星的长相！”（王振海《无影碑》）

（3）“宋会长真是智多星！”“嘻嘻，要捞世界，还必须大开烟赌，招引良民入城，我们坐地收饷。”（张富文《乱世浮生》）

例（1）中，“智多星”是枢世对琢渠智慧的恭维语。例（2）中，“智多星”是老孙婆对“先生”智慧的恭维语。例（3）中，“智多星”是下人对宋会长智慧的恭维语。

文曲星

文曲星是北斗七星中的天权星。在我国古代民俗中，主管功名利禄的神灵，除了禄星及由其演变而来的文昌帝君外，还有所谓的魁星或称为“文曲星”。它是文昌帝君的重要随从之一。文曲星即魁星崇拜，同样来源于远古星辰崇拜中的奎宿。东汉时期，社会上便开始流传“奎”主文章的说法。在科举考试盛行的时代，魁星崇拜对于参加科考的士子们，具有非凡的意义。旧时小说中往往把文官中的贤臣说成是“文曲星”下界，后人多用“文曲星”比拟著名的文人。现在人们常用“文曲星”恭维对方是有学识的人。

（1）那老虔婆跪了半日，已是筋软骨酥，见新贵人来问，也不敢就答应，先直了腰，左右开弓便打了自己十几嘴巴，自骂道：“…… 您老爷天上文曲星下凡，生就的贵相贵人，只可怜见我老了，权当听见狗叫唤了 ……”（二月河《雍正皇帝》）

（2）高青子说：“可是，我哪能跟沈先生比，您是天才，是文曲

星下凡。”（陶方宣《最后的士大夫：沈从文与汪曾祺》）

（3）客人走后，刘大用和辜鸿铭说，大人，您真是文曲星转世，不然不会有这么高深的学问。（刘怀远《给良心打个补丁》）

例（1）中，“文曲星”是老鸨子对刘墨林才学的恭维语，老鸨子得知刘墨林中了探花，一改之前谩骂的嘴脸，转而贬低自己，抬高刘墨林，为的是刘墨林不追究自己的过错。例（2）中，“文曲星”是高青子对沈从文才学方面的恭维语。例（3）中，“文曲星”是刘大用对辜鸿铭学识渊博的恭维语。

学富五车

“学富五车”是一个成语，形容学问渊博。《庄子·天下》中有一句庄子评价惠施的话：“惠施多方，其书五车，其道舛驳，其言也不中。”惠施是战国中期宋国人，是当时著名的政治家、辩客和哲学家，是名家思想的开山鼻祖和主要代表人物。这是在中华典籍中首次出现了“其书五车”这个词，后逐渐演变成“学富五车”这个成语，现人们多用“学富五车”恭维对方是博学且多能之人。

（1）过了片刻，丁香接着道：“听说二位佳士学富五车，天才敏捷，本帮主信疑参半，故有廷试之举，但不知尊意如何？”（楞严阁主《神魔列国志》）

（2）宗道台向谢廷问及古今典籍、诗词歌赋、诸子百家，谢廷问一答十，应答如流，三人称羡不已。说：“果然胸藏二酉，学富五车。”正是：胸藏锦绣人人爱，腹隐珠玑个个夸。（清·佚名《聚仙亭》）

（3）“顾先生，这莫非是武夷山的云雾茶‘大红袍’？”马寅初虽然没有喝茶的习惯，但对几种名茶还是略知一二。“马先生真是学富五车，博知四海。”顾祝同拊掌赞道。（钱杭瑛《风骨劲节》）

例（1）中，“学富五车”是丁香对两位佳士学识的恭维语。例（2）

中，“学富五车”是众人对谢廷多识的恭维语。例（3）中，“学富五车”是顾祝同对马寅初学识的恭维语。

才高八斗

“才高八斗”的原义是形容曹子建文才出众，天下文才总共一石，他一人独占了八斗；后比喻才学极高，形容人富有才华。《南史·谢灵运传》中谢灵运曾评价曹植：“天下才有一石，曹子建独占八斗，我得一斗，天下共分一斗。”后人据此概括出成语“才高八斗”。现在人们经常用“才高八斗”称赞或者恭维对方是有才之士。文章多，谓之“八斗之才”。

（1）到了次日早晨，日清同小姐彩驾来到厅前见员外，叩礼已毕，员外开口道：“贤婿才高八斗，诗对皆能，小女得配，实出意外。”（清·佚名《乾隆游江南》）

（2）美士笑道：“老兄何必自谦，我素知你才高八斗，学富五车，日后教育总长一席，除了你实无第二人可以担承。”（朱瘦菊《歇浦潮》）

（3）当姚鼐终于写到“与知府朱孝纯子颍”时，朱子颍立刻眉飞色舞，说：“姬传兄真是才高八斗，学富五车啊！”（叶濒《桐城风情》）

例（1）中，“才高八斗”是员外对女婿才学的恭维语，也是二人见面时的客套话。例（2）中，“才高八斗”是美士对友人才能的恭维语。例（3）中，“才高八斗”是朱子颍对姚鼐才学的恭维语，为的是让姚鼐在文中写颂扬自己的话。

龙驹凤雏

“龙驹凤雏”中的“驹”是指小马，“雏”是指幼鸟，即幼小的龙和凤，比喻聪明英俊的少年，经常用作恭维语。《晋书·陆云传》中有这样一句话：“云字士龙，六岁能属文，性清正，有才理。少与兄机齐名，虽文章不及机，而持论过之，号曰‘二陆’。幼时吴尚书广陵闵鸿见而奇之，曰：‘此儿若非龙驹，当是凤雏。’”“龙驹凤雏”就是由此演变而来的。现常用“龙驹凤雏”比喻下一代更有才能。

(1)北静王见贾宝玉语言清朗，谈吐有致，就向贾政笑道：“令郎真乃龙驹凤雏，非小王在世翁前唐突，将来‘雏凤清于老凤声’，未可量也。”(清·曹雪芹《红楼梦》)

(2)武安王心中微诧，垂眸恭敬道：“各位皇子哪一个不是龙驹凤雏，个个皆是我大庭朝百姓之福。”(海飘雪《紫蕖连理帝王花》)

(3)少傅复伸手挽住道：“真乃龙驹凤雏。非敢世兄前唐突，将来雏凤清于老凤声，未可量也。”(清·无名子《九云记》)

例(1)中，“龙驹凤雏”是北静王与贾政谈话中对贾宝玉的夸赞，是一种“戴高帽”的言语行为。例(2)中，皇上让武安王评价各位皇子，武安王用“龙驹凤雏”一词来恭维帝王及各位皇子。例(3)中，“龙驹凤雏”是少傅与少游父亲交谈中对少游的夸赞，也是一种“戴高帽”的言语行为。

子房再世，诸葛重生

“子房在世，诸葛重生”是惯用语。“子房”是张良的字，张良是汉高祖刘邦的谋士，辅佐刘邦打下江山；“诸葛”指诸葛亮，三国时期刘备的军师，辅佐刘备治理江山。人们常常用“子房在世，诸葛重生”夸赞人足智多谋，可与子房、诸葛相媲美。现用“子房再世，诸葛重生”形容人才华出众、智力超群，常用作恭维语，恭维对方有智慧、有雄才大略。

(1)“体仁兄足智多谋，真犹如张良再世，诸葛重生！”(赵云声《崇祯王朝》)

(2)卜成仁大喜道：“好妙计！ 好妙计！ 强兄真子房再世，诸葛重生矣。即当遣人进京禀知家父，且遣去管老，其余后事，再当请教。”(天花藏主人述，周有德点校《玉支矶》)

（3）（曹瘦脸儿为盐官献计）盐官一听，连连说：“曹先生真乃张良再世，诸葛重生，学生当永报大恩大德。”（赵志毅《曹瘦脸儿打官司》）

例（1）中，“张良再世，诸葛重生”是对温体仁智谋的恭维语。例（2）中，“子房再世，诸葛重生”是卜成仁恭维强之良是有计谋之人。例（3）中，“张良再世，诸葛重生”是盐官对曹瘦脸儿的恭维语。

（四）名声恭维语

名声，是对一个人品德或成就做客观公正的社会评价，世人在心目中对此是极为看重的。名声恭维语是对对方名誉声望进行恭维的语言，这类语言在社会交往中是很客套而文雅的语言，表明在人们心里对名声的重视，其实质是反映人们对荣誉、名声等精神方面的追求。古往今来，没有人不想博取名声，也没有人不重视自己的名声。古代就有“雁过留声，人过留名”“豹死留皮，人死留名”等谚言，形象生动地诠释了名声的重要性。所以，在恭维语中，恭维对方的名声好也是一个习见的话题。典型的对对方名声进行恭维的有“名垂后世”“名不虚传”“名扬四海”“大名鼎鼎”“功成名就”，以及歇后语“隔着窗户吹喇叭——名（鸣）声在外”等。

名垂后世

“名垂后世”，即好名声流传于后代，形容一个人的好名声流传久远。语出自西汉司马迁《史记·越王勾践世家》中：“范蠡三迁皆有荣名，名垂后世。”意谓范蠡三次迁居都有美好的声名，其声名将永传后世。成语“名垂后世”就由此得来。在汉语中，“名垂后世”亦作“名垂千古”“名垂青史”等，这三个成语都可以作恭维语，用来恭维对方的成就和名声。

（1）袁廷玉相之曰：“公大贵人也，当秉忠致命，名垂后世，公必勉之。”（清·钱谦益《牧斋初学集》）

（2）万仞道："知节兄，你乃是红尘中之福将，名垂千古。就是那一班众弟兄，人虽死了，亦流芳百世，如同不死一般，如何说得似梦？"（如莲居士《薛刚反唐》）

（3）一个英俊的青年军官响亮地说："您是第一个击败流风霜的紫川家将领！流风霜十年不败的战绩在您手上终结了，您将名垂青史！"（老猪《紫川铁腕统领》）

例（1）中，"名垂后世"是袁廷玉对黄公好名声的恭维语。例（2）中，"名垂千古"是万仞对好友知节名声的恭维语。例（3）中，"名垂青史"是青年军官对上级的恭维语。

名不虚传

"名不虚传"，是一个成语，意思是传出的名声与实际相符合，不是虚假的。语出自"名不虚传"的近义词有"名副其实""当之无愧"等，有"不是空有虚名"之意，都是经常用于夸赞和恭维对方的语言。

（1）莱驹见其神勇，不觉赞叹一声道："好孟明，名不虚传！"（明·冯梦龙《东周列国志》）

（2）秦、窦二将一钻天，一入地。宝树、若虚二人见了大惊，满口称赞说："唐将果然有法术，名不虚传。"（清·无名氏《说唐三传》）

（3）白菊花细瞧，说："哈哈，好张兄，怪不得人称你叫小韩信，真是名不虚传，可称得有先见之明。"（清·石玉昆《续小五义》）

例（1）中，"名不虚传"是莱驹亲眼所见孟明的神勇后，对孟明的衷心赞叹。例（2）中，"名不虚传"是对唐将法术高强名声的恭维语。例（3）中，"名不虚传"是白菊花对好友张大连足智多谋名声的恭维语。

名扬四海

"名扬四海"，意同"名满天下"。"四海"即天下，谓名声传扬到天下，形容名声很大。语出自元代关汉卿《五侯宴》第四折："雄赳赳名扬四海，喜滋滋笑满腮。”“名扬四海”是对人名声的恭维。无论何时，名声都是非常重要的，在大多数情况下，人们总是会注意在人前规范自己的言行，为的就是在别人面前留下好的声誉，希望自己身后留下好的名声。

（1）大鹏道：“徐兄名扬四海，哪个不知？焦某是个粗莽之夫，休得过誉！”（清・唐芸洲《七剑十三侠》）

（2）欧阳德知道是本山为首之人，连忙抱拳拱手说：“吾久仰寨主名扬四海，今日特来拜访。”（清・贪梦道人《彭公案》）

（3）“老先生啊，你不要客气，久闻你先生天下第一，名扬四海，要请你跟我同上苏州。”（佚名《靖江宝卷》）

例（1）和例（2）中，“名扬四海”分别是“焦大鹏”对“徐鸣皋”、“欧阳德”对“寨主”的恭维语，都是双方见面时，一是出于礼貌，二是为了快速进入话题而选择的互相恭维的言语交际方式。例（3）中，“名扬四海”是对“老先生”名气的恭维语。

大名鼎鼎

“鼎鼎”就是盛大的样子，这一成语形容人的名气很大，在某一领域内极其有名。语出自清代李宝嘉《官场现形记》：“你一到京打听人家，像他这样大名鼎鼎，还怕有不晓得的。”“大名鼎鼎”的近义词有“赫赫有名”“名扬天下”“举世闻名”等。“大名鼎鼎”和“赫赫有名”两者都形容名气很大，有时可通用，都可以作恭维语。“赫赫有名”另含有“显赫”的意思。

（1）“这便是你从前的乡邻，现在的房客，大名鼎鼎的傅彩云。”（清・曾朴《孽海花》）

（2）老头一听：“啊呀，原来是大名鼎鼎的杨家少爷。”（张贺芳《小五虎演义》）

（3）小叫天站起身说：“…… 来，妈妈，这位就是大名鼎鼎的

关八爷。”（司马中原《狂风沙》）

上述三例中，“大名鼎鼎”分别是对傅彩云、杨世汉和关八爷的恭维语，恭维他们都是颇有名气的人物。

功成名就

“功成名就”，指功业建立了，名声也有了。现代汉语中，“功成名就”这一成语应演变自“功成名遂”。语出自《墨子·修身》：“名不徒生，而誉不自长，功成名遂，名誉不可虚假。”意思是功绩建立起来，名声也就随之而来，可谓水到渠成。由此可见，功与名是相辅相成的，“功成”则“名”自来，“名遂”或“名就”则在于“功成”。后“功成名就”常用作恭维语。

（1）众未有言，子高年最少，对曰：“公功成名就，‘急流勇退’，是其时矣。”众为愕然，国藩善之。（马叙伦《石屋续渖》）

（2）吴公忙用手相扶说道：“恭喜贤婿，职膺侯封，功成名就，奉旨荣归，老夫亦有荣焉，为何不寄一信，令老夫朝夕盼望，老夫仍颇不以为然。此是何故？”（清·吴毓恕《仙卜奇缘》）

（3）现在大王功成名就，百姓爱戴，宣扬佛法，收效必宏，劝大王在这上面积些功德，将来机缘到了时，再来相度。（清·曼陀罗室主人《观音菩萨传奇》）

例（1）中，“功成名就”是对曾国藩功名的恭维语。例（2）中，“功成名就”是吴公对女婿功名的恭维语。例（3）中，“功成名就”是对大王功名的恭维语。

隔着窗户吹喇叭——名（鸣）声在外

“隔着窗户吹喇叭——名（鸣）声在外”是一个歇后语，字面意思是在房内隔一道窗户吹喇叭的声音，窗户外面也听得清楚。“鸣”谐“名”，“名声”就是名誉，声望，谐音“名声在外”是指好的名声在很远的地方也有人知道，也就是说，人出名后，名声在外流传，为众人所知。

因此，这一歇后语形容名气很大，一般用作赞美那些声誉好、名气大的人，经常用作恭维语。

（1）“耀祖兄，幸会幸会。愚弟听说贤兄生了一个麒麟儿，聪明机智是隔着窗户吹喇叭——名声在外呢！……”朱文举诙谐风趣，连连施礼，兴奋之情，溢于言表。（王益庸《施肩吾传说》）

（2）（二排长）“你现在可是隔着窗户吹喇叭——名声在外，在教导大队你拔头发的事迹，在水警区医院没有不知道的。……”（王殿南《片蓝的海》）

（3）“谈不上高论，白眉大侠和玉面小达摩两位的本领是隔着窗户吹喇叭——名声在外，我打算让二位当堂献艺，把绝活儿拿出来让我们开开眼，让大家心服口服，然后再把王顺交给你们……”（单田芳、单子惠《白眉大侠》）

例（1）中，“隔着窗户吹喇叭——名声在外”是朱文举对好友耀祖儿子的恭维语。例（2）中，“隔着窗户吹喇叭——名声在外”是二排长对大海打仗勇猛名声的恭维语。例（3）中，“隔着窗户吹喇叭——名声在外”是恭维白眉大侠和玉面小达摩有武艺高超的名声。

（五）德行恭维语

“德行”就是指道德品行的素质。语出自周代《易经·坤卦》：“地势坤，君子以厚德载物。”美好的德行是人们从古到今的一致追求，是根植于我们内在品质的外在彰显。德行恭维语是指对对方道德品行进行恭维的语言，这类恭维语在体现中国恭维文化的同时，也表现出世人对高尚品行的追求。因此，人们在交际中如果发现对方在道德、品行方面有值得尊重的特点，马上就会恭维他，以表示敬重。为此，就出现了很多关于恭维对方美好德行的恭维语，主要有“活菩萨”“功德无量”“大贤大德”“德高望重”“大公无私”，以及“宰相肚里能撑船”等。

活菩萨

“菩萨”是“菩提萨埵”的简称，意译梵文为“觉悟有情、道心众生”，意即求道求大觉之人，求道之大心人。它是大乘佛教的一个果位。大乘佛教是修菩萨道的，菩萨道是解脱生死但不离生死，以便于度化有缘的众生。“菩萨”，有凡夫也有圣人，共分五十一个阶位，将来都可以成就佛果。而“活菩萨”是用来比喻心地善良、能解救别人急难的人。因此，当我们赞美或者恭维那些心肠慈善、救苦救难、心地善良的人时，经常会用到这个词。

（1）“小伙子不相信好人——就像廉大爷那么个活菩萨，他们也忌恨他。”（张天翼《儿女们》）

（2）“算了，哪一个跟你比？”倩儿也小声笑起来。“你们三太太是一尊活菩萨，连话也不肯多讲，还说骂人？我没有你那种好福气。我看你快要当小姐了。”（巴金《激流三部曲》）

（3）“你真是救命的活菩萨！”（杜鹏程《延安人》）

例（1）中，用“活菩萨”恭维“廉大爷”是善良之人。例（2）中，“三太太”不骂人，心善，故恭维她为“活菩萨”。例（3）中，恭维对方是救苦救难的“活菩萨”，而且运用感叹句的表达形式加深了语气。

功德无量

“功德无量”中的“量”指计算，这一成语的意思是功劳或者恩德非常大，无法形容，无法度量。语出自《汉书·丙吉传》：“所以拥全神灵，成育圣躬，功德已无量矣。”品德高尚的君子虽然贫穷，不能在物质上接济别人，但是遇到有人困惑不解的时候却能用言语点化他，遇到别人有急难之事的时候能凭着几句话解去他人的燃眉之急，这样做也是功德无量的。现人们常用“功德无量”恭维对方是行善事之人。

（1）鲍自安道：“……今被二位老师一同除此一方之害，功德无量矣！”（清·佚名《绿牡丹》）

（2）詹氏忙叩头道：“青天大老爷，小妇人的丈夫实是冤枉，求青天大老爷详察，得昭覆盆，大老爷功德无量。”（清·黄南丁《杨乃武与小白菜》）

（3）忽然一晚梦见凤姐到来，满面欢容，笑颜可掬，行近叫声：“嫂嫂，多蒙超荐，实乃功德无量。”（清·乌有先生《绣鞋记》）

例（1）中，“功德无量”是鲍自安对打老虎为民除害的“两位老师”的恭维语。例（2）中，詹氏含冤，在申诉时恭维知县“功德无量”，祈求他帮助自己的丈夫沉冤昭雪。例（3）中，“功德无量”是对凤姐德行的恭维语。

大贤大德

“大贤”的意思是形容道德才能出众的人，出自《孟子·离娄上》：“天下有道，小德役大德，小贤役大贤。”“大德”的意思是大的功德。出自《左传·昭公二十六年》：“陈氏虽无大德，而有施于民。”“大贤大德”则是指人品性甚为贤良、忠厚。出自《初刻拍案惊奇》卷二〇：“王夫人大贤大德，小姐到彼，虽则权时落后，尽可快活终身。”因此，“大贤大德”常用来恭维他人德行高尚。

（1）金桂道：“好姑娘，好姑娘！你是个大贤大德的。你日后必定有个好人家，好女婿，决不像我这样守活寡，举眼无亲，叫人家骑在头上来欺负的。……”（清·曹雪芹《红楼梦》）

（2）辛楣释然道：“方——呃——孙小姐，你真好！将来一定是大贤大德的好太太，换了旁的女人，要把鸿渐看守得牢牢的，决不让他行动自由。……”（钱锺书《围城》）

（3）芸香：“卞夫人，夫人，您真是大贤大德，无人可比！”（罗聪文《罗聪文戏剧集》）

例（1）中，“大贤大德”是金桂对宝钗的恭维语。例（2）中，“大贤大德”是赵辛楣对孙小姐的恭维语。例（3）中，“大贤大德”是芸香对卞夫人的恭维语。

德高望重

“德高望重”是指一个人品德高尚、声望很高，多用来称颂或者恭维年纪大且有名望的人。这一成语出自《晋书·司马元显传》：“元显因讽礼官下仪，称已德隆望重，既录百揆，内外群僚皆应尽敬。”“德高望重”的近义词有“众望所归”“年高德劭”等，都有品德高尚、声名显赫之意，经常用作恭维语。

（1）苗凯同志用手摸了摸自己的头发，笑眯眯地环顾了一下四周，说：“还是先让常委同志们发言吧！总之，高老是我党德高望重的老首长，在‘四人帮’时期又遭受了不白之冤和残酷折磨，我们一定要让高老此次故乡之行，高兴而来，满意而去！”（路遥《平凡的世界》）

（2）“这也难说。乐山先生是一位德高望重的长者，他的学问在省城里也是数一数二的。”克明忽然正经地说。（巴金《春》）

（3）定大爷，咱们这一带可就数您德高望重，也只有您肯帮助我们。（老舍《正红旗下》）

此三例用“德高望重”这个成语，分别是对高首长、乐山先生、定大爷进行了恭维，是对他们的德行的肯定与推崇。

大公无私

“大公无私”，指办事公正，没有私心，现多指从集体利益出发，毫无个人打算，多用作恭维语。《汉书·贾谊传》中有这样的记载：“为人臣者，主而忘身，国而忘家，公而忘私。”“大公无私”的近义词有“光明正大”“冰清玉洁”“为国捐躯”“大义灭亲”“公事公办”等，都含有公正廉洁之意。

（1）众人齐声恭维：“总舵主如此处事，大公无私，没一个心中不服。”（金庸《鹿鼎记》）

（2）韦小宝道："教主叫你跟我开个玩笑，也是有的。可是你说教主为了报仇，杀了青龙使和赤龙使。教主大公无私，大仁大义，决不会对属下记恨！"（金庸《鹿鼎记》）

（3）"帝向来大公无私，处处以天下为重，以百姓为心，现在忽然有这个念头，莫非因为妾患重病，要想拿这个来安妾的心吗？"（钟毓龙《上古秘史》）

例（1）中的"大公无私"是众人对总舵主的恭维。例（2）中是韦小宝对教主的恭维。例（3）中，"大公无私"是对皇帝的恭维。

宰相肚里能撑船

"宰相肚里能撑船"是一句俗语，一般形容一个人气量大、有涵养、能容人、不斤斤计较，也即人们常说的"大人有大量"的意思。经常用作恭维语。"宰相肚里能撑船"倡导人们为人处世要豁达大度，待人处事要宽厚仁慈。语出自"将军额上能跑马，宰相肚里能撑船"的典故。上句说的是蔺相如位尊人上，廉颇不服，屡次挑衅，相如以国家利益为上，处处忍让而终使廉颇负荆请罪。下句为民间传说，说的是王安石谅解娇妾出轨，成全一段姻缘的故事。两个典故的主人公都是宽宏大量的人。

（1）李国良外头哭着就进来了，如丧考妣。"哥哥，我二哥在您这儿了吗？昨晚上酒喝多了，我说了一些胡话，二哥您大人不记小人过，宰相肚里能撑船。"（清·常杰淼《雍正剑侠图》）

（2）"算了，冒大爷！"那人说，"大人不记小人过，宰相肚里能撑船。您就饶他们这一回也就罢了！庆云铺包房里的唐副师座，或许烧了泡儿在候着您呢？！"（司马中原《狂风沙》）

（3）"李克用派人求朱温高抬贵手，大人不计小人过，宰相肚里能撑船，能放小儿一命，做牛做马也使得。"（姜狼豺尽《五代十国风云录》）

例（1）中，李国良酒后失言，为取得二哥焦秋华的谅解，故用“宰相肚里能撑船”恭维二哥焦秋华是宽宏大量之人。例（2）中，“宰相肚里能撑船”是恭维冒大爷是包容大度之人。例（3）中，李克用为救小儿，故用“宰相肚里能撑船”恭维对方的德行。

（六）言语恭维语

在人际交往和各种活动中，语言表达是重要的交际工具。语言表达能力反映的是一个人的思维能力、社交能力以及性格、风度，它是一个人一项重要的处世能力，也是一种个人修养基本功。日常生活和交际中，人们常常会把言语表达能力作为一个很好的恭维话题。言语恭维语就是对对方交谈时的口才以及举止仪态进行恭维的语言，表现出人们对拥有高超语言能力者的尊敬以及对语言能力提升的追求和向往。在中国人的恭维文化中，出现了很多对人语言表达能力方面进行恭维的语言，常见的有“侃侃而谈”“出口成章”“高谈雄辩”“伶牙俐齿”“一言九鼎”“金口玉言”等。

侃侃而谈

“侃侃而谈”是指人理直气壮、从容不迫地说话。语出自《论语·乡党》：“朝，与下大夫言，侃侃如也；与上大夫言，訚訚如也。”春秋末期的大思想家孔子大力提倡“仁政”，并认为“仁”必须要以“礼”为规范，因此他日常的一举一动都力求按周礼去做。上朝的时候，与下大夫谈话时，显得温和而快乐；跟上大夫谈话时，正直而恭敬，十分谦逊。“侃侃而谈”就来源于此。恭维语中，多用“侃侃而谈”恭维对方善于交谈，交谈中举止仪态很有风度。

（1）鸾吹附耳说道：“…… 世兄侃侃而谈，词严义正，孩儿汗下通体！”（清·佚名《野叟曝言》）

（2）吴俊回到云南，向贝子道：“若不是尊夫人侃侃而谈，此举也难就范。（费只园《清朝三百年艳史演义》）

（3）“我也不会像你们那样侃侃而谈。我只会结结巴巴 —— 我

准结结巴巴。”（杨绛《洗澡》）

上述三例运用直接陈述的方式，以“侃侃而谈”恭维对方的口才能力。

出口成章

“出口成章”，指话说出来就是一篇文章，形容文思敏捷或擅长辞令，多用于恭维人的口才好。语出自《诗经·小雅·都人士》：“彼都人士，狐裘黄黄，其容不改，出言有章。行归于周，万民所望。”意思是说：那些京都的人们，身穿黄色的狐皮袍子。他们的容貌不曾改变，谈吐风雅。他们的行为遵循着西周的礼数，这正是万民所希望看到的呀。其中的“出言有章”就是“出口成章”的来源。

（1）月卿道：“都老爷好才学，出口成章，求你老人家赐副对子，以为终身之荣，不知赏脸不赏脸？”（清·吟梅山人《兰花梦奇传》）

（2）匡胤笑道：“壮士，你出口成章，真乃文武全才，小弟委实心爱。”（清·吴璿《飞龙全传》）

（3）贵妃笑道：“出口成章，不愧神童。”遂将晏抱置膝上，亲为理发。（蔡东藩《唐史演义》）

例（1）中，月卿恭维都老爷，称他有才学，能够“出口成章”。例（2）中，匡胤恭维对方文武双全，“出口成章”，表达了对对方的赞许和喜爱。例（3）中，贵妃用“出口成章”称赞神童的口才能力。

高谈雄辩

“高谈雄辩”，指言辞高妙广博，辩论充分有力，形容能言善辩。语出自杜甫《饮中八仙歌》：“焦遂五斗方卓然，高谈雄辩惊四筵。”意思是说：平日口吃得厉害的焦遂，喝过五斗酒后神态飘然不同凡响，高谈又阔论，席间满座皆惊叹。“高谈雄辩”的近义词有“高谈阔论”“侃侃而谈”“能言善辩”“滔滔不绝”等，都有大发议论的意思，但“高谈雄辩”指能言善辩，指长于说理的才能。

（1）李翼：“是啊。培元同志，您高谈雄辩，精神不减当年，真了不起！”（田汉《十三陵水库畅想曲》）

（2）丁兰吉曰：“听尊驾所言，高谈雄辩，是有才学之人，为何做这等脚色？”（清·邵彬儒《俗话倾谈》）

（3）杨遂想一想道：“焦遂他无事实之可仿，只云‘焦遂五斗方卓然，高谈雄辩惊四筵’。五斗、四筵、高谈，不知那个合于起号？哥哥为我定定罢。”（清·无名子《九云记》）

例（1）和例（2）是说话人对听话人的直接恭维，用“高谈雄辩”形容他们的能言善辩和高谈阔论。例（3）是说话人在与听话人的交流谈话中，对别人的恭维之语，恭维“焦遂”的高谈雄辩。

一言九鼎

“一言九鼎”是成语，其中的“九鼎”是古代国家的宝器，相传为夏禹所铸。这个成语的意思是一句话抵得上九鼎重，形容所说的话分量很重，作用很大。出自司马迁《史记·平原君列传》：“毛先生一至楚，而使赵重于九鼎大吕。”这句话的意思是“毛遂在楚王面前讲的那番话，使赵国的声望比最珍贵的宝器九鼎大吕还贵重”。由此可见，毛遂的话有重要作用。后多用“一言九鼎”来恭维对方说话的分量。

（1）李瞻岱来学中备了一份礼，央前任寅兄与我说：“二位老师，一言九鼎。”（清·李绿园《歧路灯》）

（2）唐子韶近乎哀求地说：“你就算交我一个朋友。我知道你在马大老爷面前一言九鼎，只要你说一声，他就高抬贵手，放我过去了。”（高阳《胡雪岩》）

（3）她喜出望外，即刻站起身来，向监丞深深一揖，感激地道：“多谢你老人家一言九鼎，诸多照拂，容后图报，现在，这点小意思，孝敬你老人家……”（楞严阁主《神魔列国志》）

例（1）中，李瞻岱用“一言九鼎”来恭维两位老师。例（2）和例（3）

都是有求于人，用“一言九鼎”恭维对方言语有分量，不可反悔。

金口玉言

“金口玉言”是一个成语，形容极难得的可贵的话，封建社会多称皇帝讲的话，现在指说出口不容改变的话。出自晋代夏侯湛《抵疑》：“今乃金口玉音，漠然沈默。使吾子栖迟穷巷，守此困极。”成语“金口玉言”就是由“金口玉音”演化发展而来。做到金口玉言、遵守诺言的人是会被信任的，这是一种非常好的品质。因此，人们经常用“金口玉言”来称赞或者恭维别人说话坚定、值得信任。

（1）熊忠霸见他跟忠云叽里咕噜一阵子，虽然以为他在劝忠云，可到底等得有点不耐烦，走到床边，一屁股坐到紫檀太师椅子上：“金魁：你可真是金口玉言，欲说又止啊！ 有何妙策，快讲！”（岳啸《武当山传奇》）

（2）朝见天子，拜舞已毕，天子金口玉言，问道：“卿是许武之弟乎？”晏、普叩头应诏。（明·冯梦龙《醒世恒言》）

（3）活死人不觉爽然自失，道：“小姐金口玉言，教我怎敢不依头顺脑。”（清·张南庄《何典》）

上述三例都是用“金口玉言”直接恭维对方，这也间接表明了对方的地位比较高，说出来的话是难得的、可贵的。

（七）技艺恭维语

技艺恭维语是对对方所拥有的技术和艺能进行恭维的语言，这类恭维语，体现了中国历史悠久的恭维文化的深刻内涵。在中国文化中，有许多传统的技艺，如剪纸技艺、纺织技艺、工匠技艺等，而且还形成了“尚巧”“求精”“道技合一”的“工匠精神”。由技艺理解生活世界，进而形成严谨细致的态度与精益求精的职业操守，在“道技合一”中实现圆满，正是中国工匠的至高追求。从古至今，人们非常重视“工匠精神”，注重一个人技艺方面的能力。因此，在日常生活中，高超的技艺常常受到人们的称赞与恭维，出现了恭维对方技艺的恭维语，典型的有“多才多艺”“无所不能”“登峰造极”“鬼斧神工”“巧夺天工”等。

多才多艺

“多才多艺”亦作“多材多艺”“多艺多才”“多能多艺”，是指具有多方面的才能和技艺。在《尚书·金滕》中有这样一句话：“予仁若考能，多材多艺，能事鬼神也”，“多才多艺”这个成语便出自于此。“多才多艺”的近义词是“无所不能”，都是形容一个人很有才能。“多才多艺”强调一个人有多方面的技艺与才能。这两个成语都可以用作恭维语，恭维人的技艺全面。

（1）“伏惟陛下诞睿膺图，登庸历试。多才多艺，道著于匡时；允文允武，功成于纂祀。”（唐·吴兢《贞观政要·尊敬师傅》）

（2）“公嗣子怀璧，同州节院使，多才多艺，乃文乃武，白日千里，青天一飞。”（宋·宋白《宋故恒农杨公墓志铭》）

（3）“她多才多艺，简直可以入‘艺术院’当会员呢。”（杨沫《芳菲之歌》）

例（1）中，“多才多艺”是臣子对皇帝的恭维之语。例（2）中，“多才多艺”是对怀璧才学和技能的恭维语。例（3）中，说话人用“多才多艺”来恭维对方。

无所不能

“无所不能”是一个成语，指没有什么不能做的，样样都能做，形容人在某一范围内有多方面的才能。在恭维语中，常用于恭维对方在任何一个领域都是佼佼者。出自宋代沈括《梦溪笔谈》卷二十一：“近岁迎紫姑者极多，大率多能文章歌诗，有极工者，予屡见之，多自称蓬莱谪仙，医卜无所不能，棋与国手为敌。”在这句话中，“无所不能”就是形容人有多方面的技艺。

（1）赵三姑笑道：“师父实实无所不能，无所不晓。”（明·张

岱《瑶华传》）

（2）朗照便奏道：“陛下征求大众，实系道高德重，法行俱全，无所不能，无所不晓，施济之事，俱可轮流。”（清・天花藏主人《梁武帝演义》）

（3）伊蒲子笑道：“尹先生是天下奇才，无所不能的人。”（钟毓龙《上古秘史》）

例（1）中，“无所不能”是赵三姑对其师父的恭维之语。例（2）中的“无所不能”是朗照作为臣子对皇帝的恭维语。例（3）中，“无所不能”是伊蒲子对尹先生的恭维语。

登峰造极

“登峰造极”的意思是登上山峰，走上最高点，比喻学问、艺术、技能等造诣达到了极高的境地，经常用于恭维他人的技艺之高。南朝刘义庆《世说新语・文学》中关于“登峰造极”有这样一段描述：“佛经以为祛练神明，则圣人可致。简文云：‘不知便可登峰造极不？然陶练之功，尚不可诬。’”其中的“登峰造极”就是学问精深、技艺精湛、达到最高境界的意思。

（1）玄真说：“……等一个个全都上床之后，外面立即风雨交加，跟我们出发之前一模一样，大家这才敬服师傅的奇妙道术真已登峰造极。”（宋・李昉主编《太平广记》文白对照全译）

（2）她片刻之间想到十几种法子，却没一条顶事，听欧阳锋如此说，瞪眼道：“若是师父身上没伤，他外家功夫登峰造极，加上他的掌力，咱们四人必能将这巨岩推开。”（金庸《射雕英雄传》）

（3）“好！中国戏好听！‘女形’表演真是登峰造极！”小陈把他的话翻译一遍。（李碧华《霸王别姬》）

例（1）和例（2）中，“登峰造极”是徒弟对师父技艺高超的恭维语。例（3）中，“登峰造极”是青木大佐对程蝶衣的恭维语。

鬼斧神工

“鬼斧神工”，也说“神工鬼斧”，意思是好像是鬼神而不是人工所为，形容技艺高超，巧夺天工，常用于恭维人的技能高妙。《庄子·达生·梓庆》中有这样的记载：“梓庆削木为鐻，鐻成，见者惊犹鬼神。”梓庆是古代一位木匠，他擅长砍削木头制造一种乐器，那时人们称这种乐器为鐻。梓庆做的鐻，看到的人都惊叹不已，认为是出鬼神之手。后常用“鬼斧神工”形容建筑、雕塑等的技艺非常精细巧妙，好像不是人工所能制成。

（1）韦自东问段将军这条小路通往什么地方，段将军说：“从前有两个和尚住在这个山顶，山上有一座庙，庙里的殿宇很宏伟，附近的山林泉水也很好，这庙是唐开元年间万回大师的弟子建造的，真是鬼斧神工，不是几人所能建得了的。”（宋·李昉主编《太平广记文白对照全译》）

（2）江彬惊骇道：“石头能凿得这样细致，真是鬼斧神工了。”（许啸天《明代宫闱史》）

（3）闵雅如看着洞里的结构走了一圈，边欣赏边惊叹地自语：“这是谁设计的呢？真是鬼斧神工呀。”（秋林《当日南京》）

例（1）中，“鬼斧神工”是对万回大师弟子技艺的恭维语。例（2）中，“鬼斧神工”是江彬对凿刻石头匠人的恭维语。例（3）中，“鬼斧神工”是闵雅如对飞石技艺者楚绍南的恭维语。

巧夺天工

“巧夺天工”是一个成语，“夺”就是胜过的意思，“巧”意为精巧，“天工”则指自然形成的。因此，这一成语专指精巧的人工胜过天然，形容技艺极其高超。出自晋代郭璞《葬书》：“微妙在智，触类而长；玄通阴阳，巧夺造化。”成语“巧夺天工”就是由“巧夺造化”演化发展而来。此成语经常用作恭维语，用来赞扬或者恭维人工的精巧胜过天然，即言人的技艺高超、精致巧妙。

（1）王爷很惊叹：“秋老侠，真是巧夺天工啊，做得太好啦！”（清·常杰淼《雍正剑侠图》）

（2）炀帝仔细瞧视，方始察出了破绽，真个是赝鼎。便向梁夫人笑道：“似卿这般的灵思慧想，真可称为巧夺天工了。”（张恂子《隋代宫闱史》）

（3）春风看见前面灯火通明，如海市蜃楼一般。叹服道：“妹妹妙手，巧夺天工呀！”（郭平安《唐僧译经记：西游续记》）

例（1）中，“巧夺天工”，是对秋老侠簪花技艺的恭维语。例（2）中，“巧夺天工”是对梁夫人苑中布置技艺的恭维语。例（3）中，“巧夺天工”是春风对睐妹法术技艺的恭维语。

三、恭维语的文化阐释

“任何言语行为，都大量反映了某种文化标准及其价值观念，并服务于这些价值的表达和维持。恭维尤其体现了这一点。”[①] 恭维语是长期相沿、积久成俗反映社会风尚的话语表现形式，是一定时代、一定社会群体的心理表现，它所携带着的社会观念、文化心态、审美趣味值得我们细细品味。

（一）恭维语体现了尊人卑己的价值观

“恭维原则”是言语交际中的普遍原则。但是，从语用的实际情况来看，不同民族之间，不同的文化语境下，恭维存在着相当大的文化差异。

汉语的言语表达方式有一重要原则——敬谦原则。敬谦原则是一种极具文化内涵的语言现象，核心要义是尊人性、卑己性。它是指采用“尊人卑己”的方式称呼对方。如《儒林外史》中有这样的描写：

① Manes, Joan. *Compliments: A Mirror of Cultural Values. In* N.Wolfson & J.Manes eds. Sociolinguistics and Language Acquisition. 1983: 7.

两公子出来相见，礼毕，奉坐。那人道："久仰大名，如雷贯耳，只是无缘，不曾拜识。"三公子道："先生贵姓台甫？"那人道："晚生姓陈，草字和甫，一向在京师行道。昨同翰苑鲁老先生来游贵乡，今得瞻二位老爷丰采。三老爷'耳白于面，名满天下'；四老爷土星明亮，不日该有加官晋爵之喜。"两公子听罢，才晓得不是杨执中。（清·吴敬梓《儒林外史》）

陈和甫与两位公子初次相见，三公子问起陈和甫的姓氏及表字时，尊称他为"先生"，还使用敬辞"贵姓"，以示礼貌。陈和甫自称为"晚生""草字"，尊称两位公子为"三老爷""四老爷"，尊称公子的家乡为"贵乡"，还使用了"久闻大名，如雷贯耳"等赞许之词。

"贬己尊人"是中国礼貌文化的一个重要方面。中国古人有鲜明的尊卑观念，在称呼他人时，往往采用尊敬的称谓来指称对方，以示对他人的尊敬，同时又含有表示亲近的意味，由此折射出明显的尊人特征，这是一种非常突出的道德倾向。《礼记·曲礼上》："夫礼者，自卑而尊人。虽负贩者，必有尊也，而况富贵乎？"《墨子·经上》解释"礼"为"敬也"。"春秋时，尚礼观念在人们的思想中根深蒂固，这种思想观念在人们生活的各个方面都表现尤为突出，称谓作为生活必不可少的一部分，也自然受到晕染，表现出极强的道德倾向性，称谓表达中集中表现为：对他人使用尊称，于自身则使用谦称，这是古代汉语称谓使用的一个重要特点。"① 比如，《左传》一书出现大量谦称、卑称代替第一人称代词，尊称、敬称代替第二人称代词的用法，这是《左传》委婉含蓄表达的集中体现，也是《左传》称谓表达的道德倾向性的集中展示。

中国人在恭维对方时，往往会有意地贬低自己，抬高对方，形成一种地位差距，这正体现了中华民族"尊人卑己"的文化价值体系。例如：

（1）陆徵祥答道："自贵国用兵青岛，敝国人民，损失甚巨，应

① 张弘：《〈左传〉中的称谓表达及特点分析》，《北方文学》2017年第8期。

向贵国索偿，难道还转加敝国吗？”（蔡东藩《民国演义》）

（2）“贤弟，你这‘阴阳宅’‘风水’虽好，若依愚兄拙见，还有点美中不足啊！”（郭澄清《大刀记》）

（3）阿母白媒人：“贫贱有此女，始适还家门。不堪吏人妇，岂合令郎君。幸可广问讯，不得便相许。”（南北朝·徐陵《玉台新咏·古诗为焦仲卿妻作》）

例（1）中，陆徵祥恭维对方国为“贵国”，自己国为“敝国”。例（2）中，说话者恭维对方为“贤弟”，自己为“愚兄”。例（3）中，阿母恭维媒人所介绍的男子为“令郎君”，自己的女儿为“贫贱女”。

从对恭维语接受的角度来看，恭维语的使用也存在着相当大的文化差异。谦虚在中国文化中是传统美德，中国人不但较少表扬自己，对于别人的赞美也多表现出推辞的态度，并且愿意把属于自己的成绩归功于集体或是领导，而很少说自己是如何努力和付出的，否则会让人觉得不谦虚，从而引起别人的反感。在面对别人的赞美时，中国人常用的是“过奖”，尽量表露自己不足的地方，以示谦虚。而西方人在面对赞美时会欣然接受，并面带微笑说：“Thank you!”（谢谢！）

（1）不敢，不过偶吟前人之句，何期过誉如此！（清·曹雪芹《红楼梦》）

（2）董娜秀用有英文腔调儿的中国话向辜先生说：“久仰。”平仄的声音差不多算对了。辜先生用英文对她说：“你也说中国话？幸会，幸会。”（林语堂《京华烟云》）

（3）曼妮的母亲说：“我是个不中用的人，又不懂北京城的礼节。在这大喜的日子，我也不会做什么。什么事都是亲家公亲家母给我们母女准备的，他们两位太好了。我只希望这个孩子做个孝顺的儿媳妇，不要辜负长辈的疼爱。”（林语堂《京华烟云》）

例（1）中，甄士隐夸赞贾雨村“雨村兄真抱负不凡也”，贾雨村听后连忙用谦虚的口吻说“不敢”。“不敢”“过奖”都是接受恭维时的谦辞。例(2)中，董娜秀是外国人，她第一次见辜鸿铭先生，为了表示敬仰之情，使用“久仰”表示恭维。“久仰”是中国人之间特有的恭维表达方式，“久仰”蕴含的意义为“对方的名声威望十分高，我已经仰慕已久了”。这是在贬低自己从而抬高对方的一种恭维表达方式，被恭维者用“幸会幸会”这样的叠音词来回敬恭维，也是同理。例(3)中的背景为，曼妮出嫁当天，曼妮的母亲想起了自己过世的丈夫不禁落泪。基于此背景，桂姐为了缓和尴尬的气氛，恭维曼妮的母亲。曼妮的母亲深知自己的地位，赶忙恭维曾老爷和曾太太。“我是个不中用的人”，“在这大喜的日子，我也不会做什么”是贬低自己的地位和作用，“什么事都是亲家公亲家母给我们母女准备的，他们两位太好了”是抬高曾老爷和曾太太的地位。选用贬己尊人的策略既可以体现出自己的谦逊态度又可抬高被恭维者，使被恭维者从鲜明的对比中明白自己的地位作用，让被恭维者获得心理上的满足。

(二)恭维语是人际交往中的一种礼貌言语行为

赞美是极具效率的人脉语言。他人有美德、善行，有值得夸赞的地方，对之适度地诚心诚意地赞美，乃是一种适宜性的鼓励。俗语“福从赞欢生”“有花当面插”说的就是这个道理。明代唐顺之《荆川先生右编》卷三十六《礼类》引郑介夫《论僧道疏》中就说：“民生安乐便是好事，狱讼无冤便是布施，何必张浮费，事繁文，泥金检玉，而谒之于虚无也?一僧一道之祝延，不若百姓群黎之同愿；一寺一观之祈祷，不若千门万户之齐声。古谚云：‘福从赞欢生’，正此调也。”能够得到人们由衷的赞叹，才是真正的幸福，这个观点是很有启示作用的。俗话还有“声声叫好，石头变宝”的说法，说明赞美有积极的作用。一句赞美的语言，就能缩短人与人之间的距离；一次公正的褒奖，就能让勤奋的人得到鼓舞；一次真诚的祝愿，就能在陌生之中搭起友谊的桥梁。恭维语是人际交往中使用频率较高的一种礼貌言语行为，是人际沟通中的一种语言策略，也被称为人际交往的“润滑剂”。说话者通过恭维语向对方表达一种积极的评价，借此有助于融洽人际关系。在人际交往中，恭维语主要有开启话题、创造或保持和谐的人际关系、表达共性、尊重或鼓励对方等交际功能。

社会交际的展开，建立关系是最重要的一环。人们使用恭维语的过程实际上就是利用恭维言语行为来建立社交关系。在这一过程中，人们往往会使用相对尊敬和礼貌性的用语。特别是陌生人之间如果要切入一个话题，一般会使用恭维语来快速建立彼此的关系。如：

（1）婆子满脸赔笑地说："小姐！"这是多少天来木兰第一次听见人叫她小姐，"你真有福气。我找到你们家的人了，今儿你就去找他们。我不是说过带你找他们吗？我对你不坏吧？"（林语堂《京华烟云》）

（2）刘神仙点点头答道："令郎额骨神气，耳有重珠，可谓是有福之男相，恐怕以后将是人中龙凤、世之枭雄也。"（赵华《魔血》）

（3）贾珍道："先生不必过谦。就请先生进去看看儿妇，仰仗高明，以释下怀。"（清·曹雪芹《红楼梦》）

例（1）中，木兰走失后，被一个"红灯照"扣押着。曾家看到了姚家寻找木兰的寻人启事，多方打听并出重酬将木兰赎回。婆子与木兰原本是陌生人，但婆子收了曾家的酬金后，对木兰非常客气，并以"小姐"相称，用"你真有福气"对木兰进行夸赞，接着多次奉承木兰，以此希望达到与曾家建立关系并且得到好处的目的。例（2）中，刘神仙以"人中龙凤""世之枭雄"恭维对方孩子。例（3）中，贾珍以"仰仗高明"恭维看病先生的医术高明。这些话语方式都是希冀与对方快速建立友好关系，加速沟通的进程。恭维语更重要的作用是用一个前奏来开始一段对话。

"面子"是中国文化传统中一个十分重要的概念，它象征着一个人的尊严、身份，甚至是名誉，等等。在某些情况下，面子比名利更加重要。每个人都需要面子，而且也都希望自己有面子，有面子就能被别人看得起，表明他在众人中间有威信尊严。恭维也经常用来降低批评以及保护听者的面子。懂得这个道理，交友就方便许多，只要去恭维人，给朋友一个面子，人际关系就会和谐融洽很多。的确，恰当地使用恭维语的人也是一种礼貌的行为。在言语交流过程中，人们常常选择先用恭维的方式作铺垫，然后再来批评一个人或一件事，即先褒后贬，先对一个人的优点或长处加以肯定或褒奖，再对其缺点或错误进行批评指正。这样做可以缓和批评的语气，使被批评者不至于感觉特别尴尬，进而使其较容易接受批评，从而成功地达到批评指正的目的。对于既想要让对方改进又想维护良好的人际关系来说，这不失为一种有策略的交际方式。如：

（1）（秦可卿托梦给王熙凤）可卿："婶婶，你是脂粉队里的英雄，连那些束带顶冠的男子也不能比过你，你如何连这两句俗语也不晓得？"（清·曹雪芹《红楼梦》）

（2）金桂再把矛头对住宝钗："好姑娘，好姑娘，你是个大贤大德的。你日后必定有个好人家，好女婿，决不像我这样守活寡，举眼无亲，叫人家骑在头上来欺负的。我是个没心眼儿的人，只求姑娘我说话别往死里挑拣，我从小儿到如今，没有爹娘教导。再者我们屋里老婆汉子大女人小女人的事，姑娘也管不得！"（清·曹雪芹《红楼梦》）

（3）甄宝玉便说道："世兄高论，固是真切……幸会世兄，定当有以教我。适才所言，并非虚意。"（清·曹雪芹《红楼梦》）

社会地位较低的人对社会地位较高的人展开的恭维言语行为，目的性极强，往往带有奉承、讨好的功能。例（1）中，王熙凤是缺乏文化的人，秦可卿在批评王熙凤的无知之前，为了维护对方的面子，先恭维她能力极强，"是脂粉队里的英雄，连那些束带顶冠的男子也不能比过你"，后一句才点出王熙凤的无知。例（2）中，金桂以"大贤大德"的言语恭维宝钗。例（3）中，甄宝玉以"高论"一词恭维好友的才学。

语言的运用是语言使用者在交际中不断做出语言选择的过程。语言使用者在做出语言选择之前总是会自觉、不自觉地根据交际目的及语境的需要从交际双方的心理需求和社交目的等方面出发对语言的选择做出相应的变通。恭维语是在社交世界中实施和进行的，它受到多种文化的约束。在汉语语境中的恭维语是语言使用者动态顺应心理世界和社交世界的结果，包括对传统中国文化的顺应。为了顺应交际双方的心理世界，满足交际需求，说话人在运用恭维语时，会根据交际双方的心理世界来选择特定的言语。如：

（1）这熙凤携着黛玉的手，上下细细打量一回，便仍送至贾母身边坐下，因笑道："天下真有这样标致人儿！我今儿才算看见了！况且这通身的气派竟不像老祖宗的外孙女儿，竟是嫡亲的孙女儿似的，怨不得老祖宗天天嘴里心里放不下。"（清·曹雪芹《红楼梦》）

（2）刘姥姥听了，喜得忙跑过来，拉着惜春说道："我的姑娘！你这么大年纪儿，又这么个好模样儿，还有这个能干，别是个神仙托生的罢？"（清·曹雪芹《红楼梦》）

（3）和珅："奴才是怕有损皇上的一世英名啊。"

乾隆："何为一世英名？朕近日不断在想，临朝二十年有余虽殚精竭虑，并非都是可圈可点，也有差错啊！有道是金无足赤、人无完人，朕虽贵为天子毕竟也是人啊。是人怎么会没有错呢？"

和珅（哭道）："自盘古开天地，三皇五帝到如今，中国的老百姓有您这样的好主子吗？我们当臣子的当百姓的，有幸活在万岁爷您当主子的好时候。这是我们前世几辈子修来的福啊！现在有歌谣出了，街头的小把戏都会唱哩。"

乾隆："哦，如何唱的？"

和珅（比画着唱起了昆曲）："乾隆天子在皇城，河清海晏舞升平……"

乾隆听了哈哈大笑，竟然笑出了眼泪。（邹静之《铁齿铜牙纪晓岚》）

例（1）中，王熙凤以“标致”称赞黛玉的容貌，既是对黛玉的恭维语也是对其外貌的欣赏，更是为了讨好贾母。例（2）中，刘姥姥称惜春是“神仙托生”，以“好模样儿”“能干”称赞惜春的外貌与能力，既是恭维，也表达了对惜春的欣赏。例（3）中，语言使用者和珅作为发话人和听话人乾隆之间的社会地位及权势关系是不对等的。这样就会影响到发话人所做出的语言选择。发话人在“权势关系不对等”这一语境中往往要比在“亲密关系”的语境中更多地使用恭维语。当发话人臣子和珅处于“权势”话语语境下，适时地向乾隆皇帝使用恭维语，顺应威严的皇权，以博得皇帝的青睐。可见，说话者对听话者使用积极性的言语进行恭维，直接表达了对听话者的欣赏，从而使听话者获得心理满足感，使得交际双方的关系更加亲密。这样的言语行为也能够使交际环境和谐，并使交际者产生愉悦的心理。

（三）谄谀宜惕

乐于受到恭维，乃是普通人很正常的心理反应。历代先贤、持身严谨的君子，也难拒恭维。从这个角度来看，恭维赞誉文化有积极的一面。但过分恭维和赞誉，动辄阿谀求容、颂德咏功也是旧的社会积习。“人人爱戴高帽子”“人人总要人奉承，总是向火不向灯”“万般皆下品，只有奉承高”“顺嘴打歪歪”“好谀恶直”“但沾一口蜜，满口都是甜”，这些都是不可取的。

过度的恭维、空洞的吹捧、逢场作戏历来受到人们的鄙夷和唾弃。有一《乞儿求教》的民间故事便讥讽了这种行为。

明朝嘉靖年间的某晚。宰相严嵩坐在内厅，义子们纷纷求见。准许他们进来后，一个个跪在地上用膝行走，磕头声像山崩一样响，满嘴都是阿谀奉承的话。严嵩洋洋得意，说：“某部侍郎（各部的副官）有缺，派你去。某处给谏（辅助皇帝处理奏章等事）有缺，派你去。”众人听后又磕头致谢，各种拍马形态千变万化。

过了一会，屋瓦片响，忽然一人跌落在地。拿灯一照，是个破衣烂衫的穷人，自称乞丐。严嵩喝道："既是乞丐，为啥夜里来此？"乞丐说："小人名叫张禄。有个钱秃子和我一同当乞丐，可我讨的钱始终不及他多。问他是啥道理，他说：'我们乞丐，要有谄媚的骨头和花言巧语的舌头。你没抓住要领，所得钱米能和我比吗？'我求教窍门，他坚决不肯。我便想到，您相公门下有许多夜来乞求的官吏，他们的媚骨巧舌要比钱秃子高明十倍。因此，我便从家乡郑州，不辞路远迢迢来到此地，偷偷爬到您屋上偷听，从缝隙里偷看，已经三个月了。谁知刚刚摸到一点门道，就不幸失足摔下，败露了马脚。望大人从宽处理。"

严嵩对众人笑道："你们这些人天生的媚骨巧舌，真够得上当乞丐的先生了！"便赦免了那个乞丐，命令众人带他回去，日夜轮流教他阿谀奉承的技巧。从此，张禄的乞讨水平远远超过了钱秃子。[①]

还有许多古代笑话对阿谀奉承行为给予了辛辣的讽刺。

（1）富贵人家的人最喜欢别人奉承他，而那些善于看相的人却绝对不肯奉承人。一天，一位喜欢被别人奉承的人，恰好碰到了一个不愿奉承别人的相士，叫家中仆人唤那位相士来给他相面。相士登门入室，看到那位得到大富大贵的老爷巍然高坐，非常傲慢地待人，也不搭理相士。相士看了很久，然后说："贵人的面相清峻奇特，绝不是平凡之辈，两耳长而头小，但眼睛很是没有神采，眼睛里面红线盘绕，嘴唇开裂露出牙齿，好像一个……往下不敢说出口了。"那位富贵人问道："到底像个什么？"相士说："好像一只兔子。"富贵人听罢异常愤怒，命令左右仆人道："把相士给我捆绑起来，押在一间空屋之中，让他活活地饿死。"他手下的仆人把相士捆起来，押送到了一间空房里，他家的仆人还在一旁劝说相士："你

① 文雅主编：《世界五千年幽默总集》卷三，内蒙古大学出版社 2002 年版，第 72 页。

这个人真的是很不在行，我们老爷最喜欢的是听别人奉承话，你如果奉承他几句，他一定给你非常丰厚的答谢礼物。”相士听后说：“请你把我带到老爷那里，我再给他相一次面。”

仆人来到主人的面前，告诉老爷说：“刚才，那相士害怕老爷您的虎威，一时张皇失措给相错了，为什么不叫他来再相一相呢？”那位富贵人说：“把他放了，带来再给我相相。”仆人把相士放了，带到了主人的面前。相士站在富贵人的面前看了又看，相了又相，仔仔细细地端详了好一段时间，说：“还是把我捆绑起来算了，我看来看去怎么还是一只兔子啊。”①

（2）从前有个秀才，特别喜欢对人说恭维的话。后来秀才死了，阎王认为他是个“马屁精”，要割去他的舌头，打入十八层地狱。他命小鬼拘来秀才阴魂，对秀才大声斥责：“我最痛恨你这种专事恭维拍马的人，所以要割去你的舌头，将你打入地狱！”秀才连忙叩头说：“大王息怒，小的实在出于无奈，世人都爱听奉承话，小的不得不如此。如果世人都像大王您这样公正廉明、明察秋毫，谁敢说半句恭维话呢？”阎王听罢得意地说：“对我说恭维话，谅你也不敢！既然这样，那就免去你割舌之刑，留在殿中听候调用吧。”②

（3）某甲善于逢迎人意，说东就东，说西就西，就是所谓“打顺板”的人。这天有兰花会，朋友打算去观看，问甲：“我想坐马车去，好吗？”甲说：“又快又出风头，很好很好。”友又问：“我想坐东洋车去，可好？”甲说：“可以代步，且又省费用，很好很好。”友又说：“然而我又想徒步前往，好吗？”甲说：“可以运动身体，又可以沿路随时停下来观看风景，很好很好。”朋友因为甲事事都说好，心里便鄙视他，故意对甲说：“我再问你，倘若我爬着去，你说好不好？”甲说：“亏你想得到！这个方法很特别，包你不会跌跤，很好很好！”③

---

① （清）游戏主人纂辑，王丙杰主编：《笑林广记》，北京燕山出版社 2009 年版，第 96 页。

② 张荣秀、胡果、张燕：《旅游商品导购》，中国旅游出版社 2017 年版，第 216 页。

③ 刘二安主编：《笑话灯谜大观》，中原农民出版社 2008 版，第 15 页。

例(1)题为《喜奉承》，例(2)题为《马屁精》，例(3)题为《打顺板》。这三则笑话都揶揄讥讽了那些不讲原则刻意奉承人的人。同时，从另一个角度也说明了人人爱听赞美之词，即便是阎王那样刚正不阿的人，也会在有意无意之间被人“灌迷汤”，接受了别人的赞美。阎王正是听了秀才对他的赞美之词，才免去了对秀才的刑罚。

《明清笑话集》中收录了一则笑话曰《清客》。

清客惯奉承大老。忽大老放一屁，客曰：“哪里响？”大老曰：“是我放个屁。”客曰：“不见得臭。”大老曰：“好人的屁不臭，就不好了。”客以手且招且嗅曰：“才来才来！”[①]

千臭万臭，马屁不臭。奉承到如此地步，着实令人作呕。当然，面对阿谀奉承，也还是有清醒之人，不是人人都会上当。《祝寿》的笑话就是明证。

猫与耗鼠庆生，安坐洞口，鼠不敢出，忽在内打一喷嚏。猫祝曰：“寿年千岁”！群鼠曰；“他如此恭敬，何妨一见。”鼠曰：“他何尝真心来祝寿啰。骗我出去，正要狠嚼我哩。”[②]

还有一则笑话曰《猫逐鼠》，也是同理。

昔有一猫擒鼠，赶入瓶内，猫不舍，犹在瓶边守候。鼠畏甚，不敢出，猫忽打一喷嚏，鼠在瓶中曰：“大吉利。”猫曰：“不相干，凭你奉承得我好，只是要吃你哩！”[③]

---

① （明）赵南星、冯梦龙，（清）陈皋谟、石成金著，周作人校订，止庵整理：《明清笑话集》，中华书局 2009 年版，第 112 页。

② 《笑林广记》，光明日报出版社 1993 年版，第 215 页。

③ 《笑林广记》，光明日报出版社 1993 年版，第 215 页。

“巧言令色，鲜矣仁”“面谀者不忠”“受了卖糖公公骗，至今不信口甜人”“事非亲见，不要滥赞”“希望好人赞声好，不望市人捧臭脚”，这些都是古人对历史经验的总结。

陀思妥耶夫斯基论阿谀奉承时曾这样说：“世界上没有什么比直言不讳更难，也没有什么比阿谀奉承更容易的了。直言不讳，即使其中只有百分之一的音调是虚假的，那么立刻就会产生不和谐，随之而来的是争吵。而阿谀奉承，即使从头至尾全部音调都是虚假的，可还是让人高兴，听着不会觉得不愉快；哪怕这愉快有点儿肉麻，可还是感到愉快。而且不管阿谀奉承多么肉麻，其中却至少有一半让人觉得好像是真实的。对于各种不同文化程度的人，对于社会上的各个阶层来说，都是如此。”[①] 对面谀无所警惕，甚或甘之如饴是万万不可取的。套用《墨子·亲士》中的一句古话以警示世人：“谄谀在侧，善议障塞，则国危矣。”

① ［俄］陀思妥耶夫斯基：《罪与罚》，钟涛译，载《世界名著宝库》第16卷，延边人民出版社1998年版，第649页。

第三章　承诺语

承诺语是言语交际过程中说话人对听话人应允、承诺、保证性的话语，是日常生活中常见的言语交际行为，也是人与人沟通交流的重要方式之一。

中国从古至今有恪守信义、遵守诺言的文化传统。“一诺千金”“一言九鼎”“一言为定”“君子一言，驷马难追”“人而无信，不知其可”“得黄金百金，不如得季布一诺”等就是这种文化传统在语言中留下的印记。

一、诺言、誓言的性质与语俗

（一）承诺语的概念

承诺语包含着应允、承诺、保证、发誓等内容。诺言和誓言是承诺语的两种主要表现形式。

“诺言”意为应允别人的话，兑现承诺后叫“履行诺言”。“誓言”是发誓时表示决心的话，也指极其庄重的承诺，决心一定依照所说的话去做的行为。

在古汉语中，“允”为“诚信”之意。例如《诗经·小雅·车攻》：“允矣君子，展也大成。”在现代汉语中，“允”有“允许”“应允”之意。“诺”在古汉语中首先是答应之声。例如《鸿门宴》：“张良曰：‘谨诺。’”其次是一种行为，即“答应”“允许”。例如《老子》：“夫轻诺必寡信。”现代汉语中，“诺”有“答应”“允许”之意，如“诺言”“许诺”。现代汉语经常把“允诺”作为一个合成词，是“应许”的意思。“恪守允诺”就是指为人诚实讲信用。“誓”字在甲骨文中已经出现，右边是斧子，左边是断开的木，后来断木演变为手，意为用手拿斧弄断东西，表示如果主张不能实现，发誓人就会像木头一样被折断，即以生死立言。《说文解字》："誓，约束也，从言折声。"在许慎看来，"誓"是由"言"和"折"组合而成的；"言"就是用言语说出自己的意志；"折"既是声符，又具有实义，折断之意，意谓违背誓言就会受到惩罚。清代段玉裁《说文解字注》中说："誓，约束也，《周礼》五戒。一曰誓，用之于军旅。按凡自表不食言之辞皆曰誓。亦约束之意也。"可见，段玉裁对"誓"的解释就更为具体详尽了。所谓"誓"，就是古代军事行动前要先进行宣誓活动，由御史举矢行灌鬯之礼，随后举弓矢进行宣誓。古代"矢"与"誓"为通训之字。[①] 举弓矢宣誓有折矢之意，即表示决心、不食言、信守诺言之意，意为不可更改，如有反悔，视同折矢。

（二）承诺语的性质

承诺语具有允诺性、约束性、神秘性、欺骗性、情感性的特点。

承诺语是一种话语行为，用于承诺人表明对自己未来行动的一种态度，其承诺可分为肯定的与否定的，即对承诺人做或不做某事的一种表达。在社会生活中，承诺或立誓时说出来的话最为常见的或是简单应承应答，或是为了达到说服听者，使听者相信、安心之类的目的，说话比较诚恳、真切，是一些允诺、保证性的话语。宣誓是一种庄严而郑重的发誓行为，常见于政府部门或正规组织之中。比一般性的宣誓更重的承诺是发毒誓，这是带有极强发誓约束的一种发誓行为，旨在表明发誓人做某事的或不做某事的奖惩。例如，"我从来没有干过那种缺德事，我发誓，如果那件事是我做的，天打五雷轰"，或"不得好死""死无葬身之地"之类的话。这里的"天打五雷轰""不得好死""死无葬身之地"就是毒誓中的发誓约束，表示自己若违约做了某事而甘愿受罚。

承诺语除了允诺性外，还具有很强的约束性。它是承诺人为了获得

---

① ［日］白川静：《甲骨金文学论丛》初集"释史三"，立命馆大学中国文学研究室 1955 年版，第 41—42 页。

他人的信任、尊重，表示愿意遵守诺言，实践成约，取信于人的行为，有很强的伦理性和约束性。它反映了人与人之间真诚交往、相互信任与尊重的愿望，以及某种社会契约精神。

古人的盟誓之礼往往以神明信仰和诚信道义为根基，立誓、发誓、订盟往往有隆重的仪式。立誓者发誓时会以神、要人或圣物为自己的承诺做见证和担保，违背承诺时，发誓者会付出某种代价或遭受某种惩罚。因此，盟誓之礼带有一定的神秘性。“歃血为盟”，近代称作喝“血酒”，就具有这种性质。

参加“歃血为盟”“歃血为誓”的人将动物血液涂在口唇之上的动作被称为“歃血”，用以表示诚意。上古时期的人们对血液有着独特的理解，人们看到人和动物都会因为失血过多而失去生命，因而把“血看作一件神奇的、非常奥妙的事物”[①]。人们认为血可以赋予人类生命，同时也可以剥夺人的生命，通过歃血盟誓，可以令不同血缘之人相互沟通，即成为异姓“兄弟”。《春秋左传正义》：“凡盟礼，杀牲歃血，告誓神明，若有背违，欲令神加殃咎，使如此牲也。”“既告乃尊卑以次歃，戎右传敦血，以授当歃者，令含其血。既歃，乃吹其牲，加书于上而埋之。此则天子会诸侯，使诸侯聚盟主乱世。”《史记·平原君列传》：“毛遂谓楚王之左右曰：‘取鸡狗马之血来。’毛遂奉铜盘而跪进之楚王，曰：‘王当歃血而定从(纵)，次者吾君，次者遂。’”

承诺语是承诺人向承诺对象就承诺内容所进行的一种意向性表达。一般情况下，这种意向性表达的言语行为是真实的、可信的。但实际上，承诺语有时具有虚假性、欺骗性。虚假誓言、诺言以虚假或者引人误解的内容欺骗、误导受众，受众可能会暂时被虚假誓言或诺言说服，从而上当受骗。《晋书·赫连勃勃载记》借乌洛孤和沮渠蒙逊的誓词评论说：“然晋楚之成，吴蜀之约，咸口血未干，而寻背之。”《左传·郑伯克段于鄢》中，郑伯设计驱逐了弟弟共叔段，还怨恨偏爱弟弟的母亲，就对

① 江绍原著，王文宝、汪小蕙编：《江绍原民俗学论集》，上海文艺出版社1998年版，第145页。

母亲发誓说："不及黄泉，无相见也。"后来郑伯后悔，却又不愿违誓。颍考叔启发他："君何患焉？若阙地及泉，隧而相见，其谁曰不然？"于是掘地及泉，母子相见，其乐融融。此为纯属玩弄文字游戏，自欺欺人。

成语"信誓旦旦"说的就是承诺的欺骗性。"信誓"是表示诚意的誓言，"旦旦"是诚恳的样子，整个成语的意思是指誓言说得真实可信，但其实是伪誓。成语出自《诗经·卫风·氓》："总角之宴，言笑晏晏。信誓旦旦，不思其反。"说的是一位美丽、温和而多情的女子，跟一个男子（诗中的"氓"）从小就相识，但他虚情假意，甜言蜜语，骗取了姑娘纯真的爱情。当姑娘带着嫁妆，满怀对未来幸福生活的憧憬嫁到他家之后，"氓"却变了心。虽然女子温顺贤惠，为他早起晚睡，操持家务，他却冷漠无情，凶狠残暴。女子悔恨万分，无处诉说自己的苦痛，得不到任何同情和理解，连自己的兄弟，也对她咧着嘴嘲笑。经过一番深刻的反思之后，这位女子变得坚强起来，她不顾未来将会遭到的歧视和冷落，毅然决定结束眼前这种不堪忍受的痛苦生活，离开了那个负心汉。林语堂《中国人》谈道："在汉口的南北，所谓华中地区，是信誓旦旦却又喜欢搞点阴谋的湖北人，被其他省市的人称作'天上九头鸟，地下湖北佬'，因为他们从不服输，他们认为辣椒要放在油里炸一下，否则还不够辣，不好吃。"张平《抉择》写道："表面上一个个情恕理遣、信誓旦旦、善气迎人、道貌岸然，背过弯却是这般利欲熏心、欲壑难填、依官仗势、无法无天！"这里的"信誓旦旦"都含贬义，意为貌似诚恳，实则言而无信。"信誓旦旦"也说成"旦旦信誓"。

造成承诺语的虚假性有时与发誓对象有关。一般而言，发誓时若没有发誓对象时发誓约束就会减弱，发誓者有可能会违誓。在场见证发誓的其他人越多，发誓者越不会随意违背誓言。基于一种人与人之间的诚信关系，承诺语具有浓郁的情感性。

以情感为支撑的诚信观念承载着中国传统社会的乡土文化和人文气息。誓言、诺言在产生之初就带有很大的亲情、友情、人情等情感因素，是承诺人的带有情感性的话语。誓言、诺言发出以后，会对他人的思想、情绪产生影响，会使他人产生认同感和归属感。

（三）承诺语的习俗传承

每个民族都有自己不同于其他民族的文化，它们构成本民族独特的表现模式和内容，反映着自己民族在发展中走过的不同道路及截然不同的生活背景。

诚信作为一种道德活动，萌芽于原始社会的末期。“诚”的观念起初体现的是人们对神灵虔诚的态度。《尚书·太甲下》中就有“鬼神无常享，享于克诚”的记载。《中庸》有“天地文章之道，可一言而尽也”。朱熹注曰：“天地之道，可一言而尽，不过‘诚’而已”，即万物之理可用一个“诚”字概括。“信”的本义是“言语真实，不说谎”。《老子》有“信言不美，美言不信”之语，讲的就是真言和美言之间的矛盾对立。

发誓习俗可简称为誓俗、盟誓，是原始部落时期人们用来相互约束的一种手段。远古时代，在诸民族中间，流行一种以语言为纽带，并借用神灵的力量来约束人们的行为方式。盟誓者发誓要把遵守诺言作为行为的最高准则，把信守诺言的行为视为一种高尚的美德。这种“以言为盟”是一种古老的民俗风习。

当然，在没有文字的社会里或文字没有普及的社会里，只有口头许诺和口头宣誓。文字产生以后，盟誓作为一种重要的政治活动，与占卜具有同样重要的地位，所以盟誓也被刻录在牛骨、龟甲等载体上得以保存了下来。“不论是在文明未开的远古社会，还是在今天复杂化、多样化的现代社会，人都不可能孤立地、个体地生活，人类是一种社会的存在。当个体或某一集团出现了反社会性，即非道德、非常规行为的时候，就产生了对这种非常态行为的否定诉求；而在一个相对的社会范围里，规范人们的行为并对反社会的背叛性行为予以强制性、灾难性惩罚的感情之产生，便导致了盟誓行为的出现。”[①] 如《晋书·赫连勃勃载记》引用

① 吕静：《春秋时期盟誓研究——神灵崇拜下的社会秩序再构建》，上海古籍出版社2007年版，第1—2页。

乌洛孤与沮渠蒙逊的誓词说："爰自终古，有国有家，非盟誓无以昭神祇之心，非断金无以定始终之好。"《魏书·许谦传》："昔殷汤有鸣条之誓，周武有河阳之盟，所以藉神灵，昭忠信。"

誓言体起源于军旅中，成熟于西周。《周礼·秋官·士师》曰："一曰誓，用之于军旅。"《尚书·甘誓》孔疏曰："马融云：'军旅曰誓，会同曰诰。'"《墨子·非命上》云："所以整设师旅，进退师徒者，誓也。"《尚书》中直接以"誓"命名的篇章共有六篇，分别为《甘誓》《汤誓》《泰誓》《牧誓》《费誓》和《秦誓》。另外，在《尚书·大禹谟》中还保留了大禹出征有苗之前的一段誓师词：

> 禹乃会群后，誓于师曰："济济有众，咸听朕命！蠢兹有苗，昏迷不恭，侮慢自贤，反道败德。君子在野，小人在位。民弃不保，天降之咎。肆予以尔众士，奉辞伐罪。尔尚一乃心力，其克有勋。"

这里，大禹传达王命，也是代天发言，奉辞伐罪。

中国古代历史上，当共举大事时，多有盟誓。春秋时期，盟誓大兴，其频繁程度可谓空前绝后。"春秋时期盟誓活动的频繁是由周王朝衰落、诸侯国崛起争雄引起的，而诸侯之间结盟的频繁举行又加速了各诸侯国间利益集团的形成，促进了诸侯争霸的发展。"[①] 后来，盟誓由浓郁的政治色彩逐步拓展到了日常生活中，有了世俗化的倾向。相应地，发誓除了战誓，还有婚誓、义誓、君臣誓等发誓行为和习俗。

《墨子·明鬼下》讲述了诉讼过程中发誓及誓言应验的情况：

> 昔者，齐庄君之臣有所谓王里国、中里徼者，此二子者，讼三年而狱不断。齐君由谦杀之，恐不辜；犹谦释之，恐失有罪。乃使之人共一羊，盟齐之神社。二子许诺。于是泏洫，㨯羊而漉其血。读王里国之辞，既已终矣；读中里徼之辞，未半也，羊起而触之，

① 王颖：《〈左传〉中的盟誓研究》，硕士学位论文，西北大学，2013年。

折其脚，祧神之而槁之，殪之盟所。

齐庄君的臣子王里国、中里徼在齐国的神社盟誓，他们在神前挖了一条小沟，杀羊，将血洒在里面。读王里国的誓词没什么事。读中里徼的誓词不到一半，死羊跳起来触撞他，把他的脚折断了，祧神上来敲他，把他杀死在盟誓之所。这段内容生动地记载了春秋时期的一次诉讼，从中我们可以看出，当时的盟誓在日常生活中是有特定作用的。

《左传》中还记载了两次男女之间的婚姻之盟与爱情之誓。一次在庄公三十二年：

初，公筑台临党氏，见孟任，从之。閟，而以夫人言许之。割臂盟公，生子般焉。

当初庄公建造高台，可以看到党家。在高台上望见党氏的女儿孟任，就跟着她走。孟任闭门拒绝。庄公答应立她为夫人。她答应了，割破手臂和庄公盟誓，后来就生了子般。

另一次在昭公十一年：

泉丘人有女，梦以其帷幕孟氏之庙，遂奔僖子，其僚从之。盟于清丘之社，曰："有子，无相弃也。"

泉丘人有一个女儿，梦见用她的帷幕覆盖了孟氏的祖庙，就私奔到孟僖子那里，她的同伴也跟着去了。在清丘的土地神庙里盟誓说："有了儿子，不要丢掉我！"

从这些记述中我们可以看出，发誓已成为当时人们表达个人决心和意愿的普遍行为。在时人看来，誓言是一种重要的承诺语。

从发誓行为涉及的主体来看，有单方的誓俗与多方的誓俗。单方誓俗可体现为个人发誓，我们可以称之为自誓。自誓所做出的承诺只是针对发誓者自己，而不针对他方。汉乐府诗《孔雀东南飞》中，刘兰芝被焦仲卿的母亲赶回家后，“自誓不嫁”。刘兰芝的“自誓不嫁”，仅约束到刘兰芝自己。同样，《晋书·王羲之传》中，王羲之在官场耻居人下，遂称病去郡，于父母墓前自誓曰：

> 谨以今月吉辰肆宴设席，稽颡归诚，告誓先灵。自今之后，敢渝此心，贪冒苟进，是有无尊之心而不子也。子而不子，天地所不覆载，名教所不得容。信誓之诚，有如皦日！

中国古代有桃园结义的美谈。异姓男子结为兄弟，祸福与共。两人可结义，也可多人结义。此法好人用，坏人也用。《旧唐书·田承嗣转》记载，唐安史之乱后，田承嗣家族割据地方。其侄田悦兵败，感激将士不弃，“悦乃自割一髻，以为要誓，于是将士自断其髻，结为兄弟，誓同生死”。

《三国演义》中对民间发誓结义活动和誓言有具体的描述：

> 次日，于桃园中，备下乌牛白马祭礼等项，三人焚香再拜而说誓曰：“念刘备、关羽、张飞，虽然异姓，既结为兄弟，则同心协力，救困扶危；上报国家，下安黎庶。不求同年同月同日生，只愿同年同月同日死。皇天后土，实鉴此心，背义忘恩，天人共戮！”誓毕，拜刘备为兄，关羽次之，张飞为弟。

刘备、关羽、张飞三人通过结盟成为异姓兄弟，这与《左传》中所记载的个人之间的盟誓是一脉相承的。“不求同年同月同日生，只愿同年同月同日死”，就是具有典型意义的誓词。

允诺是允诺人以某种合理的方式所表达出来的，他将以特定方式作为或不作为的意思表示，这种方式会使受诺人对允诺人的履行产生合理的预期和信赖。与盟誓一样，许诺也是由来已久的社会文化行为。关于遵守允诺、诚实信用的史实、寓言、历史故事特别多，充分反映了这一社会文化行为的根深蒂固。

《庄子·盗跖》中记有尾生抱梁柱而死的寓言故事："尾生与女子期于梁下，女子不来，水至不去，抱梁柱而死。"《战国策·燕策一》里也有记录："信如尾生，期而不来，抱梁柱而死。"《史记·苏秦列传》记载："信如尾生，与女子期于梁下，女子不来，水至不去，抱梁柱而死。"《汉书·东方朔传》也有"信若尾生"句。唐代颜师古注曰："尾生，古之信士，与女子期于梁下，待之不至，遇水而死。"时隔两千多年，这一惊心动魄的故事在不少人看来可能认为有些固执迂腐，本来遇水至则人上岸，悲剧即可避免，但他居然为了约会之事而如此轻易地付出了生命的代价，似乎不值得。但是，寓言也从另一个角度肯定了重然诺、轻生死和忠于爱情、誓死守信的精神，这一故事因而感动了一代又一代的人。"尾生""抱桥""尾生抱柱""尾生桥下""抱柱信""尾生期""抱柱之信""尾生之信""柱下期信"等典故词语流传至今。

（四）承诺语的语言观照

语言和文化密不可分，一个民族的社会历史和文化无不在它的语言中留下印记。汉语中有大量体现承诺和立誓的成语、谚语和俗语，如"誓天指日""山盟海誓""誓无二志""折箭为誓""刑马作誓""歃血为誓""慨然允诺""一诺千金""一诺无辞""尾生之信""徐庶进曹营——一言不发"和"身在曹营心在汉"等，生动地反映了汉民族信守诺言的特点和历史文化传统，为我们从语言的角度观照承诺文化提供了有力的支撑。

誓天指日

对着天、日发誓，表示意志坚决或对人表示忠诚。明代方孝孺《正俗》："而其臣抱君之遗孤，奔走海岛，誓天指日，拥立为帝。""誓天指日"有许多变体，如"誓日指天""矢天誓日""指天誓日""指天誓心""指日誓心""对天发誓""指天为誓"。

山盟海誓

山海为盟誓，形容男女爱情的坚定。宋代赵长卿《惜香乐府·贺新郎》词："终待说山盟海誓，这恩情到此非容易。"元代高栻《集贤宾·怨别》套曲："早忘了山盟海誓，更和那星前月底。"明代袁于令《西楼记·缄误》:“草素札,订他中夜偷来话,把山盟海誓再四申罚。”“山盟海誓”又作“誓海盟山”“誓山盟海”。

誓无二志

立下誓言绝不变心。形容意志坚定专一。《东周列国志》:“倘蒙矜厄之仁,退师三十里,寡君愿以国从,誓无二志。”冯梦龙《警世通言》:“田氏道:‘先生休要多心!妾读书知礼,从一而终,誓无二志。先生若不见信,妾愿死于先生之前,以明心迹。’”与“誓无二志”相关的词条还有“誓无二心”。

折箭为誓

折断箭以示自己的决心和誓约。《金史·杨仲武传》:“及仲武至,与其酋帅相见,责以负约,对曰:‘边将苦我,今之来,求诉于上官耳。今幸见公,愿终身不复犯塞。’乃举酒酹天,折箭为誓。”明代施耐庵《水浒传》:“智深道:‘大丈夫做事,却休要翻悔。’周通折箭为誓。”宋代岳珂《桯史·二将失律》:“虏既得俊迈,折箭为誓,启门以出二将。”

刑马作誓

古代结盟,杀马饮血,立誓为信。比喻庄重的誓言。《战国策·齐策三》:“且臣闻齐、卫先君,刑马压羊,盟曰:‘齐、卫后世无相攻伐,有相攻伐者,令其命如此。’”

歃血为誓

歃,饮,古代举行盟会时口含牲畜血,一说是以牲血涂于口旁起誓,以示决心。《云笈七签》:“受金液,经投金人八两于东流水中,歃血为誓,乃告之。”《玉镜台记·新亭流涕》:“我自愿漆身吞炭,尝胆卧薪,同心协力期雪耻,须歃血为誓,歃血为誓。”相关词条还有“歃血为盟”“歃血而盟”。

慨然允诺

形容毫不犹豫地答应下来。慨然,慷慨、爽快。明代无名氏《杨家将演义》有:“孟良慨然允诺,自令人缚己于柱上”。“令婆召孟良入与言其事,孟良慨然领诺。”清代黄世仲《洪秀全演义》:“谭绍洸听了,自念若能联合各地保良会互相救助,原属共保乡闾之妙策,况自己新与黄文金捐释前嫌，正好借此联络，因此慨然允诺。”清代钟毓龙《上古演义》：“有一天，天下大雨，他的邻居少女因墙坍了，跑到他这里来，请求避雨。那圣人慨然允诺。”

一诺千金

诺，许诺。许下的一个诺言有千金的价值。楚国称赞季布的俗谚“得黄金百斤，不如得季布一诺”，就是后代成语“一诺千金”的最初语源。唐代李白《叙旧赠江阳宰陆调》诗：“一诺许他人，千金双错刀。”宋代杨万里《答隆兴张尚书》中有“一诺千金，益深谢臆”的词语。元代王实甫《西厢记》第二本第二折金圣叹批语有：“夫人而诚一诺千金，更无食言也者。”清代文康《儿女英雄传》二十五回：“姑娘纵然不便一诺千金，一定是两心相印。”

“一诺千金”也作“千金一诺”“一诺千金重”。与其相关的词条还有“诺诺连声”“一诺无辞”“一呼百诺”“不轻然诺”“慨然允诺”“季布一诺”“百金诺”“黄金诺”“黄金约”“季布金”“季布诺”“季布千金诺”“季布一言”“季布重然诺”“季诺”“季诺如金”“季氏千金诺”“季心然诺”“金诺”“诺金”“诺如金”“千金诺”“千金轻一言”“千钧诺”“然诺重黄金”“无二诺”“一诺”“一诺重”“重诺”。

如明代兰陵笑笑生《金瓶梅》：“酒后一言，就果然相赠，又不惮千里送来，你员外真可谓千金一诺矣。”明代陆采《明珠记·吐衷》：“昔聂政一言而破面自决，季布一诺而千金不移。”林语堂《京华烟云》：“土匪的规矩是一批货物的通行税只征收一次，比当时的政府还有信用。他们是一诺千金，说一不二。”

一诺无辞

一口答应，没有二话。清代张南庄《何典》：“再没有再荐便宜的了，如何不肯？一诺无辞，就同六事鬼去拣了一个黄道好日。”清代庾岭劳人《蜃楼志》：“申公向来原佩服庆公的，从前祝寿诗中曾有‘我非干谒偏投契，公有经纶特爱才’之句，所以一诺无辞。”钱锺书《围城》：“我想女人的心肠软，请孙小姐去走一趟，也许有点门路，这当然是不得已的下策。孙小姐一诺无辞道：‘我这时候就去。’”

"守信"为中国儒家思想的人伦之道，傅玄《傅子·信义》云："君以信训其臣，则臣以信忠其君，父以信诲其子，则子以信孝其父，夫以信遇其妇，则妇以信顺其夫。"谚语"徐庶进曹营一言不发"和"身在曹营心在汉"也是广为传颂的遵守诺言的经典范例。三国时的徐庶因老母被曹操所囚，不得已前往曹营，与刘备分别时承诺"终身不（为曹操）设一谋"，以谢刘备知遇之恩。后刘备联合孙权与曹操大战于赤壁，周瑜打黄盖的苦肉计、庞统诈献连环计都被徐庶识破，但他信守诺言，终不道穿，留下"身在曹营心在汉"的千秋史话。

"语言本身就是一种文化力量和文化模式，人们自幼习得了这种语言，也就把其中包含一切文化观念、文化价值、文化准则、文化习俗的文化符号深深地融进了自己的思想行为之中。"[①] 承诺语的形成和流传以及诚信文化在人际和代际之间的经验性传播中起了积极的作用。

二、承诺语的类型及表现形式

承诺语是中华民族传统文化的一部分，至今仍有相当稳定的结构。这类语言是中华民族礼仪传统在语言上的一种具体体现，也是语言表达经长期积累沉淀而形成的一种较高的语言境界。所以，它带有很强的文化色彩。诺言、发誓皆表示一种诚信的态度和文化。中国人自古以来就重承诺、讲诚信，一个人若是不守诺言、随意许诺，那么就说明此人一定是寡信之人，不值得信任和托付。故有楚谚曰："得黄金百斤，不如得季布一诺。"这样的谚语也说明了在中国人心中，一个诚信之人的诺言比黄金更为珍贵。承诺语的类型有应答类承诺语、保证类承诺语、诅咒式承诺语、宣泄式承诺语。

（一）应答类承诺语

"应答"是指对答，答话，是交际双方进行沟通交流的一种方式。《汉书·艺文志》："《论语》者，孔子应答弟子、时人及弟子相与言而接闻

① 戴昭铭：《文化语言学导论》，语文出版社1996年版，第26页。

于夫子之语也。”应答语适用于回应他人之时，在交际过程中，交际双方须及时做出回应，以保证交流继续进行。应答类承诺语就是表示应答、许诺的较为简短的词，主要是对方提出了某要求，说话人用此类诺言答应自己一定尽力而为、遵守诺言。应答类承诺语使用频繁，形式与意义均有不同程度的固化，这类语言主要有“诺”“唯”“遵命”“放心”“一定”等。

诺

“诺”字本义是指应答的声音“喏”，表示接受、顺从，愿意按照对方的要求去做某事。现在，“诺”也指答应、应允，如“承诺”“允诺”等。“诺诺”为“诺”的重言形式，是表示恭顺的连连应答声。“唯唯”“尔尔”意同“诺诺”，“唯唯”“尔尔”也可与“诺诺”连用表应答。汉朝时“唯”与“诺”皆为象声词，皆为应答之声。“诺”指地位或者辈分高的人对下级或者小辈的应答。

(1)“日月逝矣，岁不我与。”孔子曰：“诺，吾将仕矣。”(《论语·阳货》)

(2)“优笑侏儒，左右近习，此人主未命而唯唯，未使而诺诺，先意承旨，观貌察色，以先主心者也。”(战国·韩非子《八奸》)

(3)予始大骇，还语妇曰：“兵入城，倘有不测，汝当自裁！”妇曰：“诺。”(刘斯奋《白门柳》)

例(1)中，孔子说：“好，我将要去做官。”“诺”表示回应、答应，相当于我们现在的“嗯”“好的”。例(2)中“诺诺”则表示连声应答，语气更为顺从，类似于现在的流行语“嗯嗯”。例(3)中的“诺”指答应之声，同例(1)。

唯

《说文解字》：“唯，诺也。从口，隹声。”“唯”也表示答应之声，但语气上较“诺”更加委婉恭敬，如成语“唯唯诺诺”表示恭敬顺从。“唯”是指地位或者辈分低的人对地位高或者辈分高的人的应答。“诺诺”

在先秦作品中已出现，如《韩非子·八奸》："人主未命而唯唯，未使而诺诺，先意承旨，观貌察色以先主心者也。"其中"唯唯诺诺"均表现了应答者一种完全理解对方心态意图，无任何违逆之意的恭顺情貌。

（1）"父召无诺，先生召无诺，唯而起。"（《礼记·曲礼上》）

（2）予虽知事不济，然不能拂众议，姑应曰："唯唯。"于是改易服色，引领而待。（刘斯奋《白门柳》）

（3）有人曰：此颇似取径《红楼梦》，可曰"新红楼梦"。吾曰：唯唯。又有人曰：此颇似融合近代无数朱门状况，而为之缩写一照。吾又曰：唯唯。仁者见仁，智者见智，孰能必其一律？（张恨水《金粉世家》）

例（1）中说到，若父亲和老师召唤时，不能只说一句"诺"，而是应当起立并回答"唯"，说明"唯"在语气上更为谦卑恭顺。例（2）和例（3）中两个"唯"字连用，都表示连声应答，不持异议。

遵命

《说文解字》："遵，循也。""遵"的本义是顺着、沿着。"遵命"表示答应对方的要求，依照对方的嘱咐（办事），有承诺、接受的意思。陈夔龙《梦蕉亭杂记》卷一："余曰：谨遵命。惟此琐屑细事，致劳中堂调停，心颇歉悚。"意思是遵照上级或对方的嘱咐办事。口语中常单用"遵命"表示对对方命令要求的应答，犹言"是"，亦作"遵令"，不仅是一个敬辞，还是应答类承诺语。

（1）知县听了这话，叫臧岐原帖拜上二位少爷，说："晓得，遵命了。"（清·吴敬梓《儒林外史》）

（2）韩毓英当下接了柬帖，说了一声"遵命"，转身就往内走。济公见大事已毕，也就不再入席，大踏步往外就走。（清·坑余生《续济公传》）

（3）贾端甫一听如奉了玉旨纶音，满心欢喜，连连答应道："遵

命、遵命！”一面吃着酒一面心中细想：好生侥幸。（清·云江女史《宦海钟》）

例（1）和例（3）是知县和贾端甫遵照上级的吩咐办事，语气较为恭敬。例（2）中的“遵命”是韩毓英接了柬帖后对对方的回复。

放心

本身表示一种心情安定、没有忧虑牵挂的状态，也表示给对方承诺，让对方安心地把这件事交给说话人办。“你办事，我放心。”此“放心”之“放”，舍置也。舍置即不承担，故此“放心”云云，犹不担心，不忧心也。孟子曰：“学问之道无它，求其放心而已。”此“放心”之“放”，放纵也。“求其放心”，意谓不要“一心以为鸿鹄将至”，而是心无旁骛、专注执着、锲而不舍。

（1）赵甲眼窝子热辣辣地，眼泪差点儿流出眼眶，他低声道：“请大人放心。”（莫言《檀香刑》）

（2）岫烟道：“尽管放心！学生和儿女一个样，自然会当心照应的。”（清·王兰沚《绮楼重梦》）

（3）“你放心，我一定办得周到。可是，表叔，你吩咐完了罢？”（茅盾《子夜》）

例（1）中，“放心”包含了说话人给对方坚定的承诺，想让对方放心，打消顾虑，语气较强，具有信服力。例（2）和例（3）也表示一定会将答应对方的事情做到并将其做到最好，让听话人放心。

一定

“一定”一般作副词，放句中表示确定地、肯定地，也可作应答语单独成句，表示答应对方的要求一定会做到。汉代贾谊《论时政疏》：“地制一定，宗室子孙，莫虑不王。”在这里，“一定”是一经制定、一经确定的意思。《警世通言·拗相公饮恨半山堂》：“因他性子执拗，主意一定，佛菩萨也劝他不转，人皆呼为拗相公。”“一定”指固定不变、注定。明代薛瑄《道论》中篇："人之子孙，富贵贫贱，莫不各有一定之命。"其中，"一定"的意思是规定的、确定的。由这些意义引申，"一定"包含了肯定、承诺之意。

（1）他满怀厚爱地瞥了她一眼，像父亲对出远门的孩子那样嘱咐她："路上多加小心，别感冒了；到了北京不要忘了给我写信。""一定。""好，再见。"（路遥《平凡的世界》）

（2）吴蔼芳将杯子向卫壁安一举，笑道："饭来了，干了罢。"卫壁安连道："一定一定。"（张恨水《金粉世家》）

例（1）中说话人用"一定"答应对方一定会写信联系。例（2）中两个"一定"连用，语气更为真挚、恭敬。

（二）保证类承诺语

《汉语大词典》中对"保证"一词的解释是"担保、担保做到"。人们在发誓时，若不以具有普遍价值的某事物作为担保，那么就凸显不出该誓言的重要性和真实性，如此便出现了以天地等自然为担保、以祖宗为担保、以重要人物为担保、以自己为担保等多种形式的保证类誓言。典型的保证类承诺语有"向天发誓""向祖宗保证""向毛主席保证""我保证""我以我的人格担保""我以性命担保""我誓不与""保证完成任务""我发誓""向你保证""提头来见""写包票、打包票""包在我身上"等。

向天发誓

与西方人信仰上帝不同，中国人自古便以日月山川等自然为神，而与西方的"上帝"最为接近的概念就是"天"。《说文解字》中对"天"是这样解释的："天，颠也，至高无上，从一大。"这种对天至高无上的崇敬始终影响着中国人，于是"天"被人们近乎理解为一切自然变化与万物命运的主宰者，就像西方人总说"I swear to God"，中国人则说"我对天发誓"，因而出现了"誓天指日"这样的成语。

(1)田永年来到村主任家,张耀谦已经念完了名单,开始喝茶吃千层油馍馍。田永年跪在地上磕了一个响头说:“我把你叫张家爷呢,我向天发誓,我田永年要是没有交贷款,给你耍赖皮,就让天打雷劈……”(杨华《红蜻蜓》)

(2)父亲说:“我才不上你的当呢,前边我给你枪了,后边你就把我给毙了。”连长说:“决不,我对天发誓。”“你甭发誓,发誓我也不信。”(莫言《红高粱家族》)

(3)“现在,我当着你的面向天发誓、向地保证,今后再也不赌了。这事由你作证,今后你如看到或听说我去赌钱了,就用那把菜刀剁掉我的手。”(周清《青春梦》)

例(1)中,说话人向天发誓后又紧跟一系列诅咒,语气较重,说明其对自己许下的誓言有极大的决心将其实现。例(2)中,说话人表明决不会开枪的立场。例(3)增加了“向地保证”,进一步强化了说话人誓言的约束性。

向祖宗保证

“向祖宗保证”是以自己的祖宗作担保来承诺不会违背誓言。受“家国同构”封建宗法制度和儒家思想的影响,中国自古以来就有祖先崇拜的传统,几乎已经上升到宗教信仰的高度,古代皇家、民间广建宗庙、祠堂,时至今日,清明时节人们都要敬祖扫墓,祭奠先辈。人们认为,秉承祖训,重要的起誓发愿,只要是向祖宗保证的就不会错,所以中国人除了对天发誓外,还常以祖宗起誓,证明自己不会违背誓言。

(1)家族中的执事上来拉他:“去,向祖宗保证!”孔祥熙没有动。有人嚷起来:“瞧这样子,以后定是个背叛祖亲的主儿,不动家法他怎听劝?”(陈廷一《山西首富:孔祥熙》)

(2)出院以后,老久看见啤酒广告白酒广告都想吐,对天发誓对祖宗发誓再也不碰酒了,不碰酒不算,连烟也不碰了。(杨世祥《走出筲箕坪》)

例(1)中，以人物不向祖宗保证而判定其一定是“背叛祖亲”的人，从反面证明了向祖宗保证这一誓言的重要性。例(2)也是通过这一誓言来表达自己绝不违背誓言的决心。

我保证

在“我保证”中，“保证”是一个动词，意思为担保，而“我”则是起担保作用的人。故“我保证”是以自己为担保发誓的保证类承诺语，是最普遍的一种说法，所指对象是“我”这一个体，较为笼统。比较具有针对性的说法是“我以我的人格担保”“我以我的性命担保”等，此数条誓言相较于上文的以天地等自然为担保、以祖宗为担保、以重要人物为担保等程度较轻。

(1)权衡轻重，镇元子和太白金星势所必然地答应教主的要求。“我们愿意保证!”天使们异口同声道。(楞严阁主《神魔列国志》)

(2)“哎呀呀，我的好老爷，这事您就交给我办好了，您批一千两银子给我，我保证把事情办得熨熨帖帖！”(唐浩明《曾国藩》)

(3)小魏：公民，包龙图今天不在，你先把问题告诉我，我负责将你的问题向包龙图汇报，你看如何？陈眉：你保证？小魏：我保证！(莫言《蛙》)

上述三例均表示说话人给对方承诺，保证自己说的话的真实性，保证自己能完成某事。

我以我的人格担保

“我以我的人格担保”是以自己的人格为担保发誓的保证类承诺语。“人格”是指个体在对人、对事、对己等方面的社会适应中行为上的内部倾向性和心理特征，体现了一个人的性格、气质、能力、品德等各方面的特点，失去人格的人只能是一副躯壳。中国人自古以来便重视行君子之道，所以若有人以自己的人格起誓，便说明了发誓之人对誓言的真挚态度，同时使自己的誓言更加具有可信度。

（1）我以实事求是的科学态度，对快快快所发现的毛及脚印进行了研究、鉴定，得出的结论是：毛来自狐狸，脚印也来自狐狸，并且我以我的人格担保这两样实物共同出自一只鲜活的狐狸。（王巨成《故事呼啦啦地飞》）

（2）我知道外面有很多关于霄春梅的传闻，很多同学因此看不起她，在这里，我以我的人格担保。霄春梅还是那么纯洁，她还是二十多年前那个淳朴的霄春梅……（苏丽梅《用我的温柔为你疗伤》）

（3）郭大厨慌得立马站起身，"哎呀，葛主管，咱们的菜里可从来没用过地沟油啊！我以我的人格担保！要是有一滴地沟油，我立马卷铺盖走人！"（孟庆勇《外星人接待办》）

例（1）和例（2）均表示说话人以人格起誓，证明自身观点的正确性，例（3）在说话人起誓后，又有一个如若不然、将如何处置的后果性发言，进一步说明了其誓言的真实性。

我以性命担保

"我以性命担保"是以自己的生命为担保发誓的保证类承诺语。"生命"是指一种"东西"的存在，同时也是人类对生命现象存在的诠释，就像光能在诠释光现象或声能在诠释声现象，是一样的道理。人最宝贵的是生命，生命是人进行一切活动的前提和基础，若以性命为担保起誓，相当于说话人用自身唯一的、最为珍贵的东西来保证誓言的真实可靠。

（1）王大刀急了，大叫："狗官，我因为敬佩石相公为人，才前来为他祝寿。我以性命担保，石相公一清二白，没有任何通匪行为。"（罗尔《那些义盖云天的人儿》）

（2）顾婆清劈头盖脸将他训了一顿，柴国军正欲接着骂，柴有良从远处气喘吁吁地跑来拉住他："叔伯，叔伯，你别再为难二娘了，那把火真的不关二娘的事，我以性命担保！"（赵雨希《蓝关砂》）

（3）赖科问："你说的是真的吗？""我以性命担保，句句是真

的，你们可要给我做主啊。”（陈法贤《马在相谁》）

例（1）和例（2）是说话人为证明他人清白而以自己的生命为担保，让对方信服。例（3）则是让对方相信自己的话句句属实而发誓。

我誓不与

“我誓不与”的意思就是我发誓不做某件事或者不同意某件事，前面的保证类承诺语一般是说话人自证誓言的可靠性，“我誓不与”则是从否定的方面发誓，反向保证，证明说话人不会做某事。明代马中锡《中山狼传》：“仁陷于愚，固君子之所不与也。”其中，“不与”的意思就是不赞成、不做的意思。一个人发誓，一定要达到某种目的，不达目的誓不罢休。“我誓不与”就是一种非常坚定的保证和承诺。

（1）童喜连忙扶起来，用手指抚着嘴唇说：“昆儿醒来！”叫家人取了滚水灌下，有一个时辰才叹了一口气，骂道：“奸贼，奸贼！我誓不与你共戴天！”（清·崔象川《玉蟾记》）

（2）蒙贼狂叫一声，连爬带滚向草地里跑进树林里去了，远远地大骂道：“我誓不与你这负心贼干休！”（清·李亮丞《热血痕》）

（3）于霈愤然曰：“请大家不要害怕，我誓不与这伙贼人一同活在这个世界上。大家暂且回去，且看我如何处置这伙贼人！”大家这才逐渐散去。（蒲林德《阆中古代贤官良将》）

例（1）和例（3）是说话人表明自己的立场，发誓不与贼人为伍。例（2）是说话人发誓不会善罢甘休，要与贼人抗争到底。

保证完成任务

“保证完成任务”是解放军战士在接受任务时的标准回答，体现了他们坚决执行上级命令的态度以及要出色完成任务的信念。这一誓言体现了军人的责任、忠诚、服从、纪律和勇敢。正是这种“保证完成任务”的态度和信念，使得解放军常常在敌众我寡、装备落后、环境恶劣的条件下力挽狂澜，反败为胜。当普通人以其为誓言，也代表着说话人勇于完成任务的决心。

（1）郭祥上去，紧紧握住刘大顺的手说："大顺同志！祖国人民正在后边望着我们哪！祝你一定成功！""参谋长！你放心吧，我保证完成任务！"（魏巍《东方》）

（2）杨兆国从王风手中接过手令揣好，两腿一并拢打个立正："保证完成任务！"转头飞身上马。（张延河《高天长风》）

（3）秦汉川说："我想请你帮个忙，你把小区内的保安都召集起来，在小区里帮我找到这只猫。"保安队长说："行，没问题，保证完成任务。"（岳勇《暗夜行》）

例（1）和例（2）是军人接到上级命令后，表示完成任务的决心。例（3）则是普通人受到他人委托，答应不负所托，一定完成交代给自己的任务。

我发誓

"发誓"就是庄严地说出表示决心的话或对某事提出保证，出自《法苑珠林》卷一二："齐文宣皇帝时，有先师统上，家世凉州。年至十三，发誓西行。"俗话说"誓言虽小如霜露，霜露虽小能湿鞋"，人们十分重视誓言，把誓言作为衡量个人行为是否端正的标准。"我发誓"是说话人对他人许下承诺时较为普遍的一种说法，表示有决心按自己所说的那样实行，含有约束之意。

（1）想到孩子还没有开始就已经结束的生命，我不由得黯然神伤。我发誓，如果上帝再给我一次机会，我将加倍付出。（陈冲《我的母亲梦》）

（2）鹿兆海却豁朗地说："……我还是恪守誓言，非你不娶。你嫁了人我发誓再不娶妻……你可以验证我的话。"（陈忠实《白鹿原》）

（3）强伸对韩帅说："我本是一个军卒，现在贵为留守，我发誓以死报国。"（白话《金史》）

例（1）是说话人发誓一定加倍付出以了今生完不成之愿。例（2）则是说话人向对方承诺，保证非“她”不娶，否则孤独终老。例（3）的誓言表达了说话人誓死保卫祖国和不惜为国捐躯的决心。

向你保证

“向你保证”是保证类承诺语，是对对方的诺言、承诺，对象较有针对性，说话人不是泛泛而谈，而是直接郑重向对方保证、承诺自己一定遵守诺言，这种有直接承诺对象的表达方式更具有约束力。这一承诺语非常直白、简单，说话人坦率地将自己的承诺表达出来，虽然并没有像上面一些承诺语那样以“祖宗”“人格”或者“性命”等作担保，但这种自然流露的情感，让人感到更加真挚。

（1）蛟魔王面现喜色，说道：“俺现在就向你保证，永远只做好事。”水上郎君道：“口说无凭，谁相信你。”（愣严阁主《神魔列国志》）

（2）为了繁荣、为了强大——为了你神圣的名字，祖国呀，我向你、这样地向你保证！（刘新洲《祖国，我这样向你保证》）

（3）“如你所愿，博雅参与你的工作了”？她说，“有了他的钱，我们不但可救十几个难民，说不定可救上好几百人，你记得那夜在张华山旅社我曾向你保证——用那些钱来助人？”（林语堂《风声鹤唳》）

例（1）说话人提出向对方保证，成功地增加了对方对自己的信任感。例（2）诗人表达出建设祖国的坚定决定。例（3）是说话人回忆自己先前做的保证，以提醒对方自己有完成诺言的决心。

提头来见

“提头来见”的意思并不是说真的会提着自己的头来见别人，而是誓言中的一种假设说法。人当然不可能提着自己的头来见别人，这只是以性命为担保发誓的另一种说法。军谣《民兵大比武》：“民兵比武漳水滨，八仙过海各显能。百发百中神枪手，‘提头来见’老英雄。”“提头来见”是指土枪手在规定时间内打飞禽，按头数比输赢。现在“提头来见”是承诺一定完成任务的“军令状”，表现了承诺者的责任和担当。

（1）看见徐帅严肃的神情，许世友郑重地说道：“了解了，我许世友要是夺不回阵地，提头来见！”说完之后，徐帅脸上终于露出了满意的笑容。（徐向前《历史的回顾》）

（2）然而，江渭清话音未落，王必成立即补充说：“江政委是粟司令亲自为我们旅选派来的，他的话代表了粟司令的命令，完不成任务，团长、政委提头来见！”（伺枫《虎啸血野：华东野战军征战录》）

（3）吴王说：“我吴国怎么会没有上好的精铁，限你三个月，采集上等精铁，炼出比越国还要好的宝剑来。不然，提头来见。”（臧瀚之《中华典故故事》）

例（1）是说话人自己承诺，若不成事就“提头来见”，是用自己的性命作担保。例（2）和例（3）则是说话人给他人下命令，吩咐其必须完成任务，否则就提着自己的头来见，言外之意是让其用性命承诺，保证一定完成命令。

写包票、打包票

“写包票、打包票”本义是指写保证书，进行担保。后来也可以指对他人进行口头承诺，有信心将保证的事情办好，或对某件事能顺利完成十分有把握。任斌武《无声的浩歌》：“他们来到被征用土地的临江公社，从公社书记到大队书记，都是一个言词，还拍着胸口打包票，承担责任。”其中，“打包票”就是指对某事能按预期发展有绝对的把握，是一种口头承诺。

（1）“你今日去了，明天就见到他两位。这个俺给你打包票。”马扩就是在这一片起义声中到达敌后的，他直接或间接地听到这些议论。（徐兴业《金瓯缺》）

（2）但是何慎庵神色不变，靠前一步，又悄悄地说：“就只有

这条路好走了！你怕不成功么！不怕的！我写包票！”（茅盾《子夜》）

（3）外甥，黄胡子不是你的外公，我敢满打包票！（莫言《食草家族》）

例（1）是说话人有信心保证二人能达到目的。例（2）是说话人向对方证明自己的想法没有错。例（3）是说话人为了向对方证明其外公另有其人，愿意写保证书承诺。

包在我身上

“包在我身上”是保证类承诺语，“包”指“包管”，“包在我身上”就是说话人让对方放心把某事交给自己办，并承诺一定完成任务。这句承诺语体现了承诺者对某件事情一定能够完成的自信心理，话语中就暗示了说话人心里有谱儿，好像所有事情都不成问题。“包在我身上”是一句非常坚定有力的承诺，可以使听话人觉得很安心，这样的承诺非常具有信服力。

（1）阿三看穿胡文卿的心思。“先生，没有问题的，万事包在我身上……”（吴浊流《亚细亚的孤儿》）

（2）王蛤蟆站起来说：“咳，不是我说的，你早就该出来自己干了。饭铺是一本万利，煮上两棵破白菜帮子放点酱油，就卖几毛钱，你放心大胆干吧。这赁房子的事儿，包在我身上了。”（李準《黄河东流去》）

上述两例都是说话人给对方的一个承诺，表明自己有信心将某事办好，并将其承包到自己身上，让对方放心。

（三）诅咒式承诺语

“诅咒”，一般是指祈求神明给所恨之人惩罚，让其面临灾祸，后来泛指咒骂之语，通过“祈神”咒人的形式来表现。 而在誓言中，一般是以诅咒自己的方式，向他人证明自身对誓言的重视，多用于加强语气，体现说话人对实现许诺的决心。诅咒式承诺语实际上既非“祈祷鬼神加祸于所恨的人”，也没有真正“咒骂”的含义，而是起誓赌咒。常见的诅咒式承诺语有“天打五雷轰、天打雷劈”“不得好死”“永世不得超生”“出门被车撞死”“誓不为人”“头顶生疮，脚底流脓”等。

天打五雷轰、天打雷劈

二者本来指人做了伤天害理的事必然会受到上天的惩罚，被雷电击死，是一种极恶的报应。传说雷公有兄弟五人，故称“五雷”。上天打雷击顶，这是很严厉的惩罚。人们常用这种凶狠的诅咒来发毒誓，证明自己若不兑现诺言，就遭此恶报。“天打五雷轰、天打雷劈”是诅咒式承诺语，表示决心已定，不再改变，也表示遵守诺言。

(1)《红楼梦》十二回：“我在嫂子面前若有一句谎话，天打雷劈！

(2)我是做下对不起乡亲的事了，能宽大我，一定洗心革面，报答恩典，要有二心，天打五雷轰。(周立波《暴风骤雨》)

(3)宝安顺从，他连连磕头，带着哭腔，说道：“……现在我发誓，一定戒烟，再不抽了！请列祖列宗看着，宝安若言而无信，天打五雷轰！”(赵建铜《华原春梦·烈风》)

例(1)例(2)说话人虽没提“发誓”二字，但可以看出这是他为自己的誓言“下注”，发誓必不二心。例(3)说话人先向祖宗起誓，又加了一句诅咒之语，有让先祖在天之灵，监督其完成誓言的意味。

不得好死

“不得好死”就是不得善终、非正常死亡，如死无全尸、生前经受非人折磨等，经常被认为是穷凶极恶之人的下场。也作一种诅咒，咒骂他人不得好死。“不得好死”是一种无尊严的死亡状态，是指人处于非常尴尬的生存境地。《红楼梦·第二十七回》就有一句起誓对话，“我要告诉一个人，就长一个疔，日后不得好死。”在誓言中，说话人以此来诅咒自身，足以证明其实现诺言的决心。

（1）小秋指着太阳道："太阳高照在头顶上，我就是今天这一次，以后我决计规规矩矩的，我若不规矩再来冒犯你，我就不得好死。"（张恨水《北雁南飞》）

（2）在妹妹中了肉毒死去那天，我对着天上的月亮发了重誓，永远不再吃肉，否则让我不得好死。（莫言《四十一炮》）

上述两例皆以"不得好死"这样的恶毒诅咒来向对方证明自己绝不违背誓言，也展现了说话人的决心和诚意。

永世不得超生

在宗教中，超生就是指人在死后灵魂重生为人，"永世不得超生"就是永远不能再投胎为人，是一种诅咒，也用于发毒誓。有些基督教徒给"永不超生"这个词语赋予新的内涵，就是听过纯正福音、始终不肯皈信基督、至死没有悔改自己罪孽的人，死后堕入地狱，无法得到上帝赦免，将要在世界末日接受永远的刑罚。"永世不得超生"作为承诺语，是承诺者以自己不能"超生"起誓，可见承诺之重。

（1）高菲探身向徐朗追问："你敢发誓吗？你敢发誓说，如果你背叛了自己喜欢的人，你就会天打雷劈，不得好死！罪有应得，永世不得超生吗？"（宋慰春、宋苏舒《我的清醒催眠之旅》）

（2）"我发誓，我会全力支持弟弟玄奘的天竺之行。以后，只要是他不愿意做的事情，我绝不会勉强他去做，如违此誓，我愿坠入十八层地狱，永世不得超生。"（彭绪洛《玄奘西游记》）

（3）李定国肃然道："欢儿，你现在就当着诸位师长的面发下毒誓，永远不再对康熙动心，与他一刀两断，势不两立。否则，便永堕无间炼狱，永世不得超生！"（李亚玲《龙珠传奇之无间道》）

例（1）是说话人质问对方，问他敢不敢发毒誓以证清白，从而判断对方的言行是否表里如一。例（2）是说话人自己发誓，若有违誓言则永世受地狱煎熬，无法重生为人。例（3）是说话人让别人发毒誓执行自己的命令。

出门被车撞死

“出门被车撞死”是一句比较现代化的诅咒，也可用作发毒誓。生活中，人们喜欢用“不得好死”“出门被车撞死”“天打五雷轰”“碎尸万段”之类咒语来咒骂对方，而对方也往往很在乎这些咒语。而在作承诺时，一些人为了表示自己的诚意，就会发类似“不得好死”“如若不然，自己就天打五雷轰，出门被车撞死”等毒誓，这些都是以诅咒自己来做出承诺，会让听话人觉得自己的承诺更为真实可信。

(1)夫妇俩急了，晚上来到陆丽妹家，还没说几句，夫妻双双“扑通”一声跪在地上，刘辉还发了毒誓：“我如果到时不还钱，出门被车撞死。”(郑玉珠《莆田杂文丛书·大眼瞪小眼》)

(2)周四平的得意不见了，一脸失落地说：“……我也是没办法了才出此下策，绝不敢害了兄弟们的性命，要是那样的话，让我出门被车撞死，死了不得超生……”(故事会编辑部编《中国当代故事文学读本·悬念推理系列》)

(3)“谁说赵小晚不是孩子啊？！我没有做出格的事情！我敢发毒誓，我，姜春雷，要做了伤天害理的事，我他妈出门被车撞死！”姜春雷急赤白脸地说道。(古筝《青果青》)

例(1)是说话人在情急之下发毒誓，证明自己能还上钱。例(2)和例(3)皆是说话人发此毒誓以证明自己清白。

誓不为人

“誓不为人”是指一个人若是有违誓言或达成不了某一目标，就愧对人生，愧生为人，是诅咒式承诺语。

(1)这天晚上，河子翻来覆去睡不着，不由自主将短剑藏在怀里，暗自发誓：“这辈子算是开眼哩！没想到鬼子剥人皮，抽人筋，比野兽还残忍百倍啊！我是大河侠，不杀了那坂垣行三，誓不为人！”

（张鸿疆《黄河谣》）

（2）我感到她捏着我的耳朵，将我的脑袋提正，我听到她说：……我杨玉珍今日剃不了你这个头，就誓不为人了！（莫言《四十一炮》）

（3）徐公子面带羞惭，热泪盈眶，点头称是，发誓求不到功名，誓不为人。（张水洲《横河民间故事集》）

例（1）表示说话人发誓要达成杀掉坂垣行三这一目标，否则就愧对自己。例（2）和例（3）同例（1），皆表示说话人决心要达成某个目标。

头顶生疮，脚底流脓

“头顶生疮，脚底流脓”出自歇后语“头顶生疮，脚底流脓——坏透了”，形容罪大恶极，坏到了极点；也作一种诅咒，用来咒骂恶人，或者用于发毒誓，说明自己不会违背誓言，或自己所说不会有假。

（1）不一会儿，朱老大追上来，他们二话没说，上去就是一顿拳打脚踢，打得朱老大在地上直打滚，求爷爷告奶奶饶命，发誓赌咒说他不知闺女家有枪，说他要诚心坑他们，就断子绝孙，头顶生疮，脚底流脓。（辽宁省丹东市振兴区三套集成编委会编《中国民间文学集成》）

（2）竹竿儿动情地说：“大家为我担了风险，我如果还出卖，那我就不是人，是畜生！我向大栗树神起誓：我若做不到，就头顶生疮，脚底流脓，天诛地灭，不得好死！”（杨植材《绿原文学·神树村奇事》）

（3）九色鹿说，不需要报答，只要今后不说出它的住地和行踪就行了。这个人发誓，如果他说出去，就头上生疮，脚底流脓，立即死亡。（祁玉江《踏遍青山》）

上述三例皆是说话人以诅咒自己头顶生疮、脚底流脓为代价做出信誓旦旦的保证，表明自己一定会遵守诺言。

（四）宣泄式承诺语

人是一种富有情感的动物，表达情感是基本的需要，所以承诺、发誓作为一种发泄情绪的方法也就显得很自然了。情绪宣泄，对于一个人来说很重要，“宣”是疏导之意，“泄”是指放出，所以宣泄在这里就是指把自己的消极情绪通过疏导而放出去。宣泄式誓言就是靠嘴巴宣泄，以承诺的方式表达自己的各种情绪，约束力较低，可看作是说话人在表达情绪。典型的宣泄式承诺语有“再也不理你了”“再也不和你好了”“我就和你一刀两断”“我跟你势不两立”“我和你不共戴天”等。

再也不理你了

“再也不理你了”一般用作宣泄情绪，大部分情况下不可能永远不理睬对方，只是用这种诺言来表达说话人的某些情绪，让听话人有所顾忌。通常是以承诺的方式表达自己的委屈情绪和不满心理，最主要的目的是引起听话人的注意，以“再也不理你了”来给对方施加一些压力，希望对方能够设身处地考虑到自己的心情，做某件事情或者实施某种行为时能够有所改观。

（1）李赢犹豫。此刻围观的路人也多了起来，甘少泠哭道：“我以后再也不理你了！”（八月薇妮《青云上》）

（2）他把马小翠推开，小声地说道：“小翠，你不要再这样，你再这样，我就走了，再也不理你了！”（黄幼中《如烟情愁》）

（3）他坚决地说：“你不收下，就是瞧不起我小九，你把东西扔到垃圾桶里好了，我就再也不理你了。”（吴新财《相逢何必曾相识》）

例（1）是说话人因对方犹豫而产生委屈情绪，进而大声宣泄，做出诺言，希望对方能按自己的心愿进行选择。例（2）是说话人让对方不要再做某事，否则就不理对方，表达一种劝解之意。例（3）是说话人提出了要求，若对方不同意，就遵守这样的诺言，向对方传达自己的情绪。

再也不和你好了

“再也不和你好了”和“再也不理你了”语义相近，都是宣泄式承诺语，也是用一种近乎威胁的方式来表达自己对对方的不满和愤怒情绪，大部分时候是一种赌气的诺言。这种赌气多是因为自己感觉受到了冤屈，不被理解，不被尊重，被不公平地对待了，而不假思索地说出“再也不和你好了”，也是给对方的暗示和警告，间接提醒对方不能再继续做某种事情。

（1）格儿更委屈了，抽抽噎噎指着林湘的鼻子道：“姓林的，你太欺负人了！你这畜生、臭猪，丧了良心的狗东西。我再也不理你了，再也不和你好了啊，呜呜。”（于海涛《辉发河传》）

（2）听了她的话，我很生气：哼，小气鬼，看不起我，再也不和你好了。（苏洁《奋斗是青春厚重的底色》）

（3）可是当他正采取行动，顷尔，小苹粉脸一勾，已成泪人，气呼呼地道：“我要亲手报父仇，你要帮忙，再也不和你好了。”（司马长虹《千佛手》）

例（1）和例（3）说话人表达一种委屈的情绪，用发泄式诺言以抒发不满心情。例（2）是说话人被对方惹怒，于是用此诺言发泄生气的情绪。

我就和你一刀两断

“我就和你一刀两断”中的“一刀两断”是汉语成语，意思是一刀斩为两段，比喻坚决断绝关系，一般都是指情感关系上的“一刀两断”。出自《朱子语类》卷四十：“观此可见克己者是从根源上一刀两断，便斩绝了，更不复萌。”当以“我就和你一刀两断”作承诺语时，是承诺人以双方断绝关系为赌注，威胁对方不能做出某些事情，通常语气比较强硬，是以承诺进行情感上的宣泄。

（1）这位固执的老人控制不住自己，失去理智地吼叫，不管什么人来投资都可以，你让孙家的人来投资，我就和你一刀两断，父

子不认！（蒯本佑《这代人》）

（2）他打起了彩依尔保镖的电话，晓静在一旁看着急了："不许叫帮手，有种的一对一单挑，几个人打一个人算什么真本事，你如果把广平打趴下了，我就和你一刀两断。"（薛永浩《软刺》）

（3）孙铁刚再也不能不说话了，孙铁刚说，小子你听着，你不能找个外国娘们儿。…… 你不快刀斩乱麻，我就和你一刀两断！（蔡楠《拿着瓦刀奔跑》）

上述三例中说话人情绪都非常激动，用"一刀两断"来发泄自己生气的心情。在这三个例子中，"我就和你一刀两断"都是一种假设性的承诺语，虽未发生，但是能够通过保证来表明自己的心情和立场。

我跟你势不两立

"我跟你势不两立"中的"势不两立"是一个汉语成语，指敌对的双方不能同时存在，比喻矛盾不可调和。出自《战国策·楚策一》："秦之所害于天下莫如楚，楚强则秦弱，楚弱则秦强，此其势不两立。"当以"我跟你势不两立"作承诺语时，是承诺人直接表明与对方之间的关系绝对无法和解，是愤怒情感的直接宣泄，通常是由于双方之间发生过一些无法调和的矛盾。

（1）谢平从地上捡起照片，见是自己和其他女人的亲密照，一时尴尬至极，转身用手指着苏南一的鼻子吼道："苏南一，从今天开始，我跟你势不两立，不共戴天。"说完，夺门而出。（高辉《职网》）

（2）侍振玉气极了，大声说："我当八路，你当还乡团，我跟你势不两立，今天非得拼个你死我活！"说完，拔出一个手榴弹拉开弦就扔了出去。（王春梅《沂蒙红嫂故事选 侍振玉：战斗英雄女民兵》）

（3）包康看着跟自己身高相等的一摞书籍，眉头拧成一团，气急败坏地咬咬牙，"陆祥，我跟你势不两立！"（石铭华、石铭晖《欢喜神探》）

例（1）和例（2）中说话人与受话人仿佛处于事件的对立面，因此用“我跟你势不两立”来表明自己和对方的立场不同。例（3）中的“我跟你势不两立”则是包康对陆祥行为不满情绪的宣泄。

我和你不共戴天

“我和你不共戴天”中的“不共戴天”是汉语成语，意思是不愿和仇敌在一个天底下并存，形容仇恨极深。出自《礼记·曲礼上》：“父之仇，弗与共戴天。”1138年，金国派使者要挟南宋皇帝递降书顺表，宋高宗、秦桧贪生怕死，准备降金。大臣胡铨写《戊午上高宗封事》表示反对：以“我和你不共戴天”作承诺语时，是承诺人发自肺腑、坚定不移的誓言。

（1）雨欢刚喘了口气就开始骂道：“刘建川，你这个畜生，你还有脸说没有亏待过我，我的第一个娘死在你手中，我的第二个娘也死在你手中，我和你不共戴天。”（顾伟丽《亲情树》）

（2）红梅：（愤怒地）住口！…… 就是你，逼我的债，加我的租，寒冬腊月打死我的娘！我和你不共戴天，冤仇比海深！要割要剐由你来，要我讲话，除非日头从西起，河水倒头流！（官鸣《心灵之光——官鸣创作选》）

（3）黄天杰大喝道：“你不要叫我大哥。我不是你大哥，我和你不共戴天！我今天就用师父的大刀，为天民、天秀报仇，为盘破门清理门户！”说完，黄天杰不由分说，挥刀砍向张春生。（黄勇《盘破门》）

上述三例中的“我和你不共戴天”都是说话人情绪异常愤怒的体现，这一承诺语包含着说话人对受话人的仇恨心情。

三、承诺语的文化阐释

应允、承诺、保证、发誓等承诺性言语行为体现的是一种信用行为，主要指遵守诺言，实践成约，取信于人，是人们在交往与合作关系中应遵守的道德规范和形成的道德品质。《礼记·乐记》说：“著诚去伪，礼之经也。”在中国几千年的文化传统中，始终认为恪守诺言、言而有信是一种美德。

（一）重承诺、守信用是个人的一种修养

在我国古代，诚与信是两个密切相关的范畴，重承诺、守信用与“诚信”密不可分。《说文解字》中“诚”“信”二字互训：“诚，信也”，“信，诚也”，二字都有“真实、笃诚、不欺瞒”之意。

纵观历史，诚信是千百年来先贤们倡导的处世行为准则。孔子曰：“民无信不立。”孟子曰：“诚者，天之道也；思诚者，人之道也。”管子曰：“诚信者，天下之结也。”韩非子曰：“小信诚，则大信立。”宋代理学家程颐也说：“人无忠信，不可立于世。”正是基于二者之间的意义趋同，所以诚与信逐渐演变成为一个统一的范畴，用“诚信”一词来代表说话算数、恪守允诺、讲究信用、诚实不欺的行为表现。古代社会非常重视承诺守信，人们把诚信视作做人的基本准则；也视作立身之本。在社会生活中，一个人不要轻易承诺做不到的事，只要许诺答应了的事，无论多么艰难，都必须兑现。“曾子杀彘”“得黄金百斤，不如得季布一诺”“吴起守信”“祖逖立誓”“宋濂然诺”等都是诚实守信的经典范例。

《韩非子·外储说左上》有“曾子杀彘”的寓言故事：

> 曾子之妻之市，其子随之而泣。其母曰：“汝还，顾返为汝杀彘。”妻适市来，曾子欲捕彘杀之。妻止之曰：“特与婴儿戏耳。”曾子曰：“婴儿非与戏也。婴儿非有知也，待父母而学者也，听父母之教。今子欺之，是教子欺也。母欺子，子而不信其母，非所以成教也。”遂烹彘也。

曾子是春秋末年鲁国人，孔子的弟子。他积极推行儒家主张，传播儒家思想。这个故事生动地告诉人们：家长对孩子不能信口开河，要言而有信。只有言传身教，才能使孩子诚实无欺，否则父母将失信于孩子。

《史记·季布栾布列传》记有“得黄金百斤，不如得季布一诺”的

典故：

曹丘至，即揖季布曰："楚人谚曰：'得黄金百斤，不如得季布一诺。'足下何以得此声于梁楚间哉？且仆楚人，足下亦楚人也。仆游扬足下之名于天下，顾不重邪？何足下距仆之深也？"季布乃大悦，引入，留数月，为上客，厚送之。季布名所以益闻者，曹丘扬之也。

这个典故说的是秦朝末年，在楚地有一个叫季布的人，性格耿直，为人侠义好助。只要是他答应过的事情，无论有多大困难，都设法办到，因而受到大家的颂扬。"得黄金百斤，不如得季布一诺"是古人重然诺、守信用的楷模。这个典故告诉我们，一个人言行一致、诚实有信，就能获得尊重，赢得真情和人心。正是应了那句古语："有信则人信之，朋友四海，人人相助；无信则人避之，孤家寡人，步步难行。"

明代宋濂《龙门子凝道记·段干微》中有一文讲到"吴起守信"的事迹：

昔吴起出，遇故人，而止之食。故人曰："诺，期返而食。"起曰："待公而食。"故人至暮不来，起不食待之。明日早，令人求故人，故人来，方与之食。起之不食以俟者，恐其自食其言也。其为信若此，宜其能服三军欤？欲服三军，非信不可也！（尚和主编《中国历代寓言分类大观》）

文章主要讲述吴起诚实守信，不等到朋友不进食的故事，体现其诚实守信的品格。

《晋书·祖逖传》记有晋代志士祖逖毅然立誓之事：

元帝时藩王争权，晋室大乱，元帝以逖为奋威将军、豫州刺史，逖率部曲百余家渡江中流，击楫而誓曰："祖逖不能清中原而复济者，有如大江。”

“祖逖之誓”就是态度坚定、忠诚的代名词。

宋濂在《送东阳马生序》中谈到自己少年求学的艰苦经历：

余幼时即嗜学。家贫，无从致书以观，每假借于藏书之家，手自笔录，计日以还。天大寒，砚冰坚，手指不可屈伸，弗之怠。录毕，走送还之，不敢稍逾约。以是人多以书假余，余因得遍观群书。

正因为宋濂有诚信的优良品德，借书必还，“不敢稍逾约”，所以赢得了借书人的信任和敬重，他才靠着借书的途径完成了自己的学业。

诚信在中国传统的价值观中被视为崇高的道德理想和个体追求，做到“内诚”才能达到“外信”的效果。如《礼记·大学》中说：“意诚而后心正，心正而后身修，身修而后家齐，家齐而后国治，国治然后天下平。自天子以至庶人，壹是皆以修身为本。”这里指无论是齐家、治国、平天下都要将修身作为根本，重视发挥主体自身的道德修养和自我约束实现诺言的良知行为，具备了较强的能动性和自觉性才能实现“外圣”的目标。

以上这些典故寓言和历史故事生动演绎出的就是诚信、践诺的文化精神和文化传统。它们告诉人们，诚实是一种内在的心理活动和道德修养，守信是一种外在的行为活动。恪守诺言、言而有信是一个人高尚道德品质的表现，是一种修养和美德，为社会广泛认可和推崇。

（二）重承诺守信用是一种社会道德规范

重承诺守信用是个人的一种修养，也是连接人际关系的精神纽带，是一种社会的道德规范。

《管子·枢言》曰：“诚信者，天下之结也。”古人把守信作为儒学文化的核心道德之一，作为社会人际关系的基础。无论为君、为臣、为政、为商，都必“先信而后求能”。信为立身、谋政、经商之本。“人而无信，不知其可也，大车无輗，小车无軏，其可以行哉？”意思是没有信用的人，犹如没有轮子的车，怎么可以行事？信任，信而后任之。同样，信用也是信而后能用之。由此可见，在中国传统封建道德体系中，信用是中国古代德治思想的重要组成部分，是一种社会伦理。在中华民族几千年的文明史中，“信”始终作为一种“善德”被思想家和政治家所推崇。早在春秋时期的典籍中如《左传》《国语》等就有论及。汉初政论家、文学家贾谊将“信”列入“德之六美”，即有道、有仁、有义、有忠、有信、有密，并将“信”与“仁、义、礼、智”并列。后来，汉代思想家董仲舒正式将“信”列为“五常”（仁、义、礼、智、信）之一。于是，“信”成为中国传统道德的基本规范之一，成为士人之美德，官德之准则，乃至公共道德的要求。司马迁《史记 · 商君列传》里的商鞅“立木为信”的事例和西汉 · 刘向《战国策》中的“魏文侯守信”的典故就是这方面的典范。

《史记 · 商君列传》记载：

> 令既具，未布，恐民之不信，乃立三丈之木于国都市之南门，募民有能徙置北门者予十金。民怪之，莫敢徙。复曰：“能徙者予五十金。”有一人徙之，辄予五十金，以明不欺。卒下令。

春秋战国时，秦国的商鞅在秦孝公的支持下主持变法。当时处于战争频繁、人心惶惶之际，为了树立威信，推进改革，商鞅下令在都城南门外立一根三丈长的木头，并当众许下诺言：谁能把这根木头搬到北门，赏金十两。围观的人不相信如此轻而易举的事能得到如此高的赏赐，结果没人肯出手一试。于是，商鞅将赏金提高到五十金。重赏之下必有勇夫，终于有人站起将木头扛到了北门。商鞅立即赏了他五十金。商鞅这一举动，在百姓心中树立起了威信，而商鞅接下来的变法就很快在秦国推广开了。新法使秦国渐渐强盛，最终统一了全国。

西汉刘向《战国策》记载：

文侯与虞人期猎。是日，饮酒乐，天雨。文侯将出，左右曰："今日饮酒乐，天又雨，公将焉之？"文侯曰："吾与虞人期猎，虽乐，岂可不一会期哉？"乃往，身自罢之。

约定相会的日期，如果不能如约，应该在事前通知对方，免得人家苦等，这是守信，也是对别人的尊重。有人以为这些是小事，尤其是对待下属人员，失约似乎不当一回事。魏文侯因为刮起大风，不能与虞人践约所定的打猎日期，即使左右劝阻，仍坚持赶到虞人那里取消打猎活动。认真对待双方约定，这是我国传统的美德。战国初期，魏文侯之所以受到各国的普遍敬重，从期猎这件事上，也能看出他的为人之道了。从魏文侯的言语中能看出他是一个很守信用的人，不管有什么事情，他都停下来去赴约。这则短文要告诉我们，答应别人的事情一定要做到，不能不去做，不能违背约定，做人一定要诚信。

孔子说："人而无信，不知其可也。"西晋哲学家杨泉说："以信接人，天下信之；不以信接人，妻子疑之。"意思是以诚信的态度对人，天下人都会信任他，否则，连妻子和孩子都会怀疑他。这两个故事，彰显了一个道理，重承诺不光是一种个人品德，也是社会治理、社会人际关系秩序化的需要。

诚信是社会交往的道德准则。在传统社会环境中，人们的交往很少，不够普遍，所以，诚信几乎不涉及社会交往，诚信主要指个体的内在修养。但是，在当今社会，社会公众参与社会活动已经很普遍，诚信作为道德修养已不能满足当前需要。所以，诚信不仅是一种内在的道德修养，而且还是社会公众交往的道德准则，这种道德准则对人们之间的社会交往有着重要作用。培育和践行社会主义诚信价值观是弘扬中华传统文化、构建和谐社会、实现中华民族伟大复兴的重要基石，也是作为一个现代化的公民所必须具备的基本品质。中共中央、国务院公布的《公民道德建设实施纲要》提出的二十字道德规范中，"诚信"是一个很重要的规范。在当今社会，每一位社会成员都应该重承诺、守信用，诚实守信，不说谎、不欺骗，遵守诚信的基本道德价值导向。张岱年先生说："诚为人生之最高境界，人道之第一原则。”① 当代社会主义诚信观需要将诚信视为个人立身之本的道德规范，在社会生活的各个领域都要坚守诚信的基本要求和准则。在培育和践行社会主义核心价值观的今天，我们必须充分汲取传统诚信观中个人在道德修养中诚信品质，也即以真实的内在品格和行为习惯来妥善解决在当代社会中出现的诚信缺失问题，使传统诚信观在新时代焕发出新的生机和活力。

“讲仁爱、重民本、守诚信、崇正义、尚和合、求大同”是社会主义核心价值观形成的重要源泉。传统诚信观具有丰富的思想内容，是我国最重要的伦理共识，社会主义诚信观是在汲取中国传统诚信的基础上形成和发展起来的，在社会生活中发挥了巨大的积极作用。

“泉水最清，谚语最精”，谚语作为文化的载体，用简单的语言形式，用通俗的比喻，承载了中华民族的诚信文化传统和诚信文化精神。中华民族都把诚信作为对人的基本要求。如谚语强调“人心要诚，火心要空”“人要实心，火要空心”“为人处世，信用二字”“奸诈是万恶之端，忠诚是百善之源”“人靠心好，树靠根牢”“人是实的好，姜是老的辣”，都在讲诚信是道德的根基，诚信是人格的完美与完善，是处理人际关系的基本准则。再如谚语“好马奔驰千里，好人一片忠诚”，意为马好好在能跑善走，人好好在忠诚老实；“好马走路平稳，好人说话真诚”，喻指好人说话发自内心，真心诚意不虚伪；“牲畜的品种肥壮的好，人的品质是忠厚的好”，意为忠厚品质难能可贵；“良马不会改变速度，好人不会违背诺言”，喻指好人是守信用的；“真诚的人，即使坐牛车也能撵上兔子”“真诚厚道能长久，奸诈狡猾难持久”，强调做人要真诚厚道。成吉思汗曾说：“若夕撕其朝所言，若朝撕其夕所言，宁不易为人羞乎！”还如谚语“高价买不到良心，信任价值千金”，意谓良心不是金钱所能买到的，必须在生活中加强自我修养才能获得，因此它是无价之宝，同时它也指出彼此信任是非常宝贵的。以上这些谚语，都是告诫世人为人处世应正直诚实。谚语的这种文化理念与晋代道教学者葛洪

① 张岱年：《中国哲学大纲》，中国社会科学出版社1982年版，第328页。

《抱朴子》中所主张的交友理念“非诚心款契，不足以结师友”“朋友之交，不易浮杂，面而不心”如出一辙。

中华各民族的诚信谚语也有许多：

心口要诚实，身手要干净。（藏族）
诚实是立身之本，轻浮是败事之根。（壮族）
做人要诚实，不要弄虚假。（侗族）
烧火要空心，为人要实心。（瑶族）
竹要空心，人要实心。（纳西族）
千里马，人人喜欢；诚实人，人人尊重。（哈萨克族）
高山的美在于白雪，好汉的美在于诚实。（乌孜别克族）
马肥壮的好，人诚实的好。（鄂温克族）
交友要交心，植树要扎根。（维吾尔族）
至诚石上生青草。（朝鲜族）
无真心，映山红也会凋谢；有诚意，枯竹也会生笋。（水族）

我国各民族谚语体现诚信文化价值观的聚焦点是诚信，它是一个人在社会生活中安身立命的道德起点，是做人的基本品格，是人之所以为人的道德标准，是一个人的人生价值观。承载着中华民族几千年来最深层的精神追求和道德规范准则的诚信谚语，具有鲜明的民族特色。这些谚语使用凝练、实用、极具民族化的表达形式，概括出人民群众对自然和社会现象的深刻认识，反映了人们世代积累的经验和稳定的价值观。它们对加强遵守允诺、诚实信用的社会道德规范，推进社会主义的诚信文化建设必将起到积极的作用。

（三）重承诺、守信用的困境与挑战

诚信是一种优秀的思想品质，是人们内在自律和外在行为的完美结合，也是社会的道德规范和社会和谐、国家安定的重要因素。毋庸讳言，自改革开放以来，我国经济迅速发展，但同时也出现了一些社会矛

盾和问题。其中，诚信缺失现象十分严重，它给我们国家的经济社会带来了负面影响，制约了我国社会经济的发展。重承诺守信用的优良传统面临着严峻的困境与挑战，直接影响到社会的和谐和进步。因此，我们必须深入分析研究诚信缺失的现状及原因，找到解决诚信缺失问题的有效路径。

第一，言而无信，自食其言，虚假承诺现象严重。

诚实守信，这是实在做人的根本。诚信，不仅是心口一致，而且是言行一致，言顾行、行顾言。老子说:“轻诺必寡信。”就是说，轻易许诺他人而难以一一兑现，最终反而会失信。墨子说:“言不信者，行不果”，意思是言语不诚实的人，做事业不会有成果。《弟子规》中也说:“凡出言，信为先;诈与妄，奚可焉。”意思是开口说话，诚信为先;欺骗或花言巧语，更是不可做的。

言而无信，自食其言，说话不算数，没有信用是一种失信行为。失信是人际交往与互动中的一种不好的价值取向和行为方式，参与和构成失信行为的主体，可以是个体，也可以是组织。人际交往是人与人之间最基本的交往活动，是整个社会运行的组成细胞。所以，人际失信也就构成了失信行为的最基本的形式，人际失信实际上就是个人之间的失信，是人与人之间在交往和互动过程中，为谋取自身的利益，违背双方的约定或契约而做出的非道德的行为。人际失信生成的主要原因是道德层面，即为人不诚实、没有责任感，不遵守承诺。组织失信包括个人与组织间的失信和组织间的失信。当前主要的问题就是产品假冒伪劣、价格欺诈、广告华而不实、售后服务虚假承诺等不诚信现象频繁出现，睁着眼睛说瞎话，虚假广告满天飞，敢忽悠，敢许诺。如“假一赔十”“如假包换”“货真价实”“一针见效”“包治百病”“治愈率100 %”等以虚假或者引人误解的内容欺骗、误导消费者，严重损害了消费者的合法权益。这是制度失信、机制不健全引发的失信行为。无法可依、有法不依、执法不严等现象的存在，助长了诚信缺失的风气。这些需要从建立社会诚信制度，建立信用监管制度和失信惩戒制度，运用行政、经济、道德等多种手段，依法对信用活动行为进行监管和失信惩戒。

第二，言行不一。

言行不一，表里不一，其实是人类演进到今天仍然普遍存在的一大人性弱点。在言语表达和社会生活中，经常会出现“说的一套，做的一套”的现象。如储旭东《让“凡承诺，必践诺”成为常态》一文中的报道就相当典型：

> 8月28日，《人民日报》有这样一篇报道：去一村调研，村党支部书记才抱出厚厚一叠党员承诺书，翻看发现，承诺书里的内容都是事先统一打印好的，党员签字后存档，至于党员对承诺是否牢记清楚，是否落实到位，就没了下文。特别是在少数地方，党员干部承诺书的签订存在走过场、摆样子等问题。①

文章指出，签订承诺书是各级各部门明确责任义务、明晰目标导向的重要方式。一方面，通过责任书的签订，给党员干部营造一份仪式感，看似只是递交了薄薄的一张纸，实则是接过沉甸甸的担子和责任。另一方面，也让党员干部的承诺有迹可循，倒逼他们将“践诺”时刻摆在心头，督促提醒自己把岗站好、把责尽到。因此，基层单位应当正确对待承诺书，做到“凡承诺，必践诺”，要知道承诺书的签订绝不只是对上级负责，更是对广大人民群众尽责，不仅要当好上级单位在基层的助手，更要做好本职工作的当家人，把一纸承诺真正转变为实实在在为人民送福祉的行动。

中国传统知行观中的“知”与“行”从来就不是各自独立的两个部分，“知”离不开“行”，“行”也离不开“知”。宋明理学家在继承传统知行之论的基础上，进一步系统地探讨了知行的具体关系，如王阳明认为：“知是行的主意，行是知的功夫；知是行之始，行是知之成。”“知行之合一并进，而不可以分为两节事矣。”王夫之也认为“知行相资以为用”“知行始终不相离”等，可以说“知行合一”是中国知行观的传统

① 储旭东：《让“凡承诺，必践诺”成为常态》，《当代广西》2018年第17期。

且鲜明的理论形态。具体到承诺语上，我们不单要避免言而无信，自食其言，轻诺寡信、虚假承诺等不良行为，还应该做到行优于言，行胜于言，凡承诺，必践诺。

对言语诚实、行为忠实的执着，是中华各民族人民不变的追求。中华各民族都提倡“一口吐沫一颗钉”“说一不二”的文化精神，讲求诚实守信，讲究信誉，言必行、行必果。例如：

君子一言，驷马难追。（汉族）
百金孰云重，一诺良匪轻。（汉族）
良马不会改变速度，好人不会违背诺言。（蒙古族）
宁可失良驹，切勿失诺言。（蒙古族）
宁失牛，勿失信。（蒙古族）
反悔是自己的敌人。（维吾尔族）
说话要算数，做事要彻底。（维吾尔族）
宁失骏马，不食己言。（达斡尔族）
使人失去信任的语言，等于砍去了自己的手。（乌孜别克族）
说话不算话，自己也上当。（白族）

汉谚也好，少数民族谚语也好，加之成语“一言九鼎”“言而有信”“抱诚守真”“一诺千金”等，都主张讲信义、守信用、重承诺，都厌恶言而无信、背信弃义。

“公道得人心，诚信赢天下。”社会需要有信义一致的原则。一个人只有“言必信，行必果”，才能获得他人和社会的信任。唐朝宰相魏徵提出了“德礼诚信，国之大纲”的指导思想，以大信行于天下的唐太宗提出了“以诚信御天下”的政治主张。诚信，是中华民族的伟大气质和高贵品质，值得我们大力弘扬。深刻了解和认识中华谚语中蕴藏的诚信文化，对于促进社会主义精神文明建设、构建社会主义和谐社会、推动全民诚信精神建设都具有重要的启示意义。

第四章　口头禅

日常言语交际活动中，说话者在说话过程中会不由自主地插入“这个”“那么”“嗯”“啊”“然后”“就是”和“你听我说”等词或词组，这些经常挂在嘴边却没有太多实际意义的词句，叫口头禅。

与吉祥语、恭维语、诺言、誓言相比，俯拾皆是的口头禅因其传递的信息量非常有限，非但未能引起人们的足够重视，还往往被视为无足轻重的话语。我们认为，口头禅看似没有实际意义，其实它是交际言语中必不可少的成分，是别具一格的语言现象。过度使用口头禅会造成话语拖沓、离散和乏味，给语言表达带来消极的影响。恰当地使用口头禅，不仅简明、生动、有趣，还有助于加重叙述语气和表现语言艺术的魅力。口头禅像盐一样是调味剂，时间、地点、对象用得恰到好处，便锦上添花。而且，作为交际言语载体之一，口头禅承担着概念功能、人际功能和篇章功能这三大语言功能，只是在不同语境中有所侧重。

一、口头禅的性质及语俗

作为社会用语，口头禅的内涵究竟是什么，它具有怎样的话语规约，有什么样的特性，形成原因是什么，这些都值得我们研究探讨。

（一）口头禅的概念

口头禅通常是指经常挂在嘴边却没有太多实际意义的词句，细分的话，其实口头禅有广义和狭义之分。狭义上的口头禅，指人们在日常非正式交际活动中，经常挂在口头的词句。《辞海》（2009）对口头禅的解释为“原指和尚常念的禅语或佛号，现指挂在口头上的无实际意义的语句”。《词源》(2007)和《辞海》(2009)对口头禅的解释大同小异，均认为口头禅“原指有的禅宗和尚只空谈禅理而不实行，也指借用禅宗常用语作为谈话的点缀，今指经常挂在口头的词句”。从辞书、词典给出的定义来看，口头禅是一种口头语，没有词汇意义。其实，这只是一种狭义的解释。现实生活中，口头禅还有广义的用法，那就是口头禅还经常借用和引用成语、俗语、谚语、歇后语、影视剧台词、广告语或社会流行语等形成的习惯用语。如：“‘人无我有，人有我优’已成为他们的口头禅。”“‘打铁还得自身硬！’这是经常挂在他嘴边的一句口头禅。”“粮库职工们有句口头禅——‘宁流千滴汗，不坏一粒粮’。”另外，还有一些具有个性色彩、地方色彩或流行性的说法，如：“米烂了”“不宜栽种”“我们先前比你阔多了”“希理达，嫁文华”“套磁”“巴适”，这些口头禅语义丰富，蕴含着很深的文化内涵，是社会文化或个人修养、个性的长期积淀，表达的是一种特定的情绪、观点和态度。这类口头禅能深入浅出地阐述深刻的道理，为群众所喜闻乐见，具有较强的艺术活力，应该是口头禅范畴中的重要组成部分。

(二)口头禅的特性

口头禅司空见惯，但它内涵丰富，有着非同一般的特性。综合起来看，口头禅具有口头性、高频性、多样性、聚集性、个体差异性、地域性、社会分层性和时代性的特点。

口头禅是经常挂在口头上的词句和人们在长期的社会生活实践中生发出的精练、概括的成语、谚语和流行语。它是说话人不经意间带出来的，具有口语化特点。

口头禅的语用含义是多种多样的，但总的来说其意义是虚化的，语句中的“这个，这个，再说吧，嗯，这几天我挺忙”“完了”“那么”“人家讲话啦”没有词汇意义，说话者使用它主要是口语表达的需要，是说话者的一种思维过渡，主要用于停顿或引导下文，或表示说话者的话要结束了。

口头禅反复在人们口头出现，属于高频词。因此，高频复现性是口头禅的又一个标志性的特征。

口头禅的使用频率比一般词语要高，它或者是某个人经常反复使用的，或者是一段时间内某一部分人所好用的。高频性还具有一定的相对性，因为流行语的“流行”都有一个过程，而且不同文化程度、不同修养、不同语言习惯的人使用流行语的态度也不相同，流行语的使用有很大的选择性，高频语只是相对于一般词语的平均使用频率而言的。

口头禅话语涵盖词、短语、句子以及固定模式等多种表现形式，有词型口头禅、短语口头禅、句型口头禅和固定模式口头禅。简单的一个叹词“嗯”“啊”“呀”“嘛”均可成为口头禅，动词、名词、形容词、连词也都可充当口头禅。短语型的口头禅如“我的妈呀”“你妹的”“你大爷”“我滴个乖乖”“奶奶个熊”。句子型的口头禅如：“神马都是浮云。”“我和我的小伙伴们都惊呆了。”“事情是这样的。”“这都不是个事儿。”“我信了你的邪。”“你怕是有病啊。”“你开玩笑吧？”“你怎么能这样呢？”“我跟你没完！”

口头禅在形式上和意义上都有聚集性的特点，形式上的聚集性表现在叹词、语气词、副词较多，意义上的聚集性表现在牢骚型、感叹型、引述型、骂詈型的较多。

人们日常话语交际中所使用的口头禅其表现形式是大相径庭的，口头禅“有明显的个性化特征，不同的人有不同的口头禅，每个人的口头禅都不尽相同”。[①] 例如，“说真的”“老实说”“的确”“不骗你”往往是一种担心对方误解自己的心理，是性格急躁，内心常有不平的人说的口头禅。“应该”“必须”“必定会”“一定要”一般是自信心强、冷静理智人说的口头禅。“听说”“据说”“听人讲”多是见识虽广，决断力却不够，处事圆滑人易用的口头禅。“但是”“不过”常是性情温和委婉的人惯用的口头禅。当一个人词汇少或是思维慢时，会在说话时利用“啊”“呀”“这个”“嗯”这几个口头禅作为间歇，因此，有这种口头禅的人，反应一般是较迟钝的。但也会有圆滑的人使用这种口头禅，因为

① 谭汝为：《民俗文化语汇通论》，天津古籍出版社 2004 年版，第 95—100 页。

怕说错话，需要这点间歇来思虑周全。

在口头禅的模式上，地域之间也是差别很大。一个地区往往有一个地区代表性的口头禅，通过口头禅可领略一方的风土人情、地域文化。就说话而言，北京青年把海阔天空的神聊叫作“侃大山”，天津青年称其为“白乎”，呼和浩特管其叫“撇”，四川称“摆龙门阵”，上海称“嘎山河”，东北叫“唠嗑”，全国各地不尽相同。再比如，四川方言中，“哥老子”这个口头禅运用极广，表示不满、感叹等情绪，这与旧社会四川哥老会有关。“东北人挂在嘴边的‘咋整的’，带有幽默的疑问，又带宽容和轻饶；广东人一句‘是但（随便）’随口而出，既体现了岭南人的不守旧、不拘泥，又表露老广处世随和的共同性格；东北话说‘彪乎乎的样’，西北话却说‘像个二愣子似的’，一个表现热情、风火，一个表现憨厚、敦实；香港人说句‘搞掂’，既给人干练，又给人自信；四川人一句‘要得’，让人亲近，又豪爽大方。可见，一句口头禅能间接地反映一个地方人文习俗。”[①]

语言和言语的形成受语言内外主客观因素的影响，社会分工作为语言外部的客观因素在口头禅的形成中发挥着重要作用。口头禅存在于社会之中，具有社会性，同时也具有阶层性，不同行业、职业，以及不同文化程度、不同性别之间，人们所说的口头禅是不同的。

作为一种社会流行语汇，口头禅反映不同社会发展过程中的不同观念形态，具有鲜明的时代特征。“‘文革’期间，天津流行一个称呼——‘土联儿’。原来在‘文革’初期，北京有一个由干部子弟组成的红卫兵组织——‘北京红卫兵联合行动委员会’，简称‘联动’。随着扫‘四旧’运动的展开，有一部分北京‘联动’来到天津串联‘发动群众’。他们身穿洗得发白的军装，臂戴红袖标，男的小平头，女的扎着‘小刷子’，威风凛凛，英气勃勃，让天津的青少年很是敬佩和羡慕，其中一些不甘寂寞者纷纷仿效北京‘联动’的衣着打扮，因为不是‘货真价实’，所以

① 廖虹雷：《深圳民间熟语》，深圳报业集团出版社 2013 年版，第 172 页。

人称‘土联儿’。十年浩劫结束，这个口头禅也随之消逝。”[①] 再比如随着改革开放的深入和社会的急遽变化，必然会涌现大量表示新情况、新事物、新概念的新口头禅。

（三）习俗传承

从历史上看，口头禅名称得来与宗教有关，“口头禅”一词最初是佛教禅宗用语。宋人王楙《野客丛书·宋王先生圹铭》引《临终诗》的诗句：“平生不学口头禅，脚踏实地性虚天。临归不用求缠裹，趁着帆风便上船。”诗中出现了“口头禅”的称谓。从诗意来看，这里的口头禅“指的就是那些并未真正领悟禅宗哲理，却在那里袭用或模仿禅僧常用语以为谈资的行为”[②]。王楙生于南宋高宗绍兴二十一年（1151），卒于宁宗嘉定六年（1213），由此推断，“口头禅”一词的历史至少已有八百年之久了。

禅宗是盛行于唐宋时期的中国化的佛教宗派，“禅”是梵文“禅那”的简称，意思是“静虑”。禅宗是心性之学，以静坐默念的参禅为其修行方法，以“不立文字，直指人心”的性净自悟为其宗旨。参禅讲究悟道，作为悟道的禅机，倡言“顿悟”，需要一定的灵性来觉悟。佛教禅宗派有一句逢人便说的话叫“阿弥陀佛”，信徒称它为“禅语”。究竟意思如何，要靠顿悟。《五灯会元》：“一人新到赵州禅院，赵州从谂禅师问：‘曾到此间么？’答：‘曾到。’师曰：‘吃茶去！’又问一僧，答曰：‘不曾到。’师又曰：‘吃茶去！’后院主问：‘为什么到也云“吃茶去”，不曾到也云“吃茶去”？’师唤院主，院主应诺，师仍云：‘吃茶去！’”赵州禅师这里主张的“茶禅一味”，把佛家清规、饮茶谈经与佛学哲理、人生观念融为了一体。对于佛教的门徒们来说，“吃茶去”这句极其简单朴素的话语表达出的正是深刻的禅意。与之相反，不潜心参悟禅理，不“明心见性”，那么便会“开口即错”。相传有个和尚叫山冈铁舟，自认

① 谭汝为：《民俗文化语汇通论》，天津古籍出版社 2004 年版，第 95—100 页。

② 辛羽：《说说“口头禅”》，《咬文嚼字》2011 第 12 期。

为已经悟道，于是到处参访名师。一天，他见了相国寺的独园和尚，为了表示自己参悟的境界，他便得意扬扬地对独园说：“心、佛，以及众生，三者皆空。现象的真性是空。无悟、无迷、无圣、无凡、无施、无受。”当时独园和尚正在抽烟，没说话，却突然举起手中的烟管打了山冈一下，这位年轻的禅者甚为愤怒不解。此时，独园和尚正色问道：“一切皆空，哪儿来这么大脾气？”

> 禅语主要是指从佛门中传出的精华语句，其话语平朴，含义深远，而违背“顿悟见性”的禅宗宗旨，不去用心领悟禅意，把一些现成的经验挂在口头作为话语的点缀，这种现象就被斥之为“口头禅”。

《老残游记》第十回中有一段文字这样说到口头禅：“不才往常见人读佛经，什么‘色即是空，空即是色’，这种无理之口头禅，常觉得头昏脑闷。”

明末，“口头禅”已经有引申义了，其使用对象已不只局限于禅僧或者参禅者，而可用于一般寻常百姓，其意义表示仅停留在口头层面，与身体力行相对。如明人洪应明《菜根谭》里有“讲学不尚躬行，为口头禅”。说的就是这个意思。

清末和民国时期的小说里，有许多“口头禅”的用例：

（1）再说冲天炮自从和余小琴鬼混在一起，冲天炮是直爽的人，余小琴是阴险的人。他们的口头禅是“维新”两个字，因此引为同志，谁想性情却不大相同的。（清·李宝嘉《文明小史》）

（2）这老土儿花了几块洋钱，就住了一夜。到了次日早晨要走，桂花送到门口，叫他晚上来。这个本来是妓女应酬嫖客的口头禅，并不是一定要叫他来的。谁知他土头土脑的，信是一句实话，到了晚上，果然走去，无聊无赖的坐了一会就走了。（清·吴趼人《二十年目睹之怪现状》）

（3）她笑道：“怪道我在家的时候，常听他说‘在官当作执金吾，

娶妻必取阴丽华’这两句。差不多是他的口头禅，一天不知说了几遍。”（清·徐哲身《汉朝宫廷秘史》）

（4）吾慨夫近世女子，厕身学校，假“平等自由”四字为口头禅，居然侈言爱国，要求参政，曾亦闻有荀灌之实心实力，得保君亲否耶？（蔡东藩《两晋演义》）

（5）胡女士道：“你出洋这多年，怎的脑筋还这般腐败！忠孝的话，是老学究当口头禅，说得好听的。二十世纪的新人物，说出来还怕人笑话，莫说存这个心。”（王肖生《留东外史》）

清末和民国时期小说中的这些“口头禅”的用法，与今天我们对口头禅的理解比较接近，“口头禅”的意思往往指称意义不大、无足轻重或随口说说的话语，适用范围也在不断扩大，使用频率也不低。当然，从情感色彩上来说，“口头禅”还是延续了最初的含义，往往表示消极、否定或负面的意义，带贬义。

清代昭梿的《啸亭续录》还载有一笑话：

赓阁学泰，满洲人。中己酉孝廉。以资深历显职，面目臃肿，人争厌之。与人言，习语“可不是”三字，人以“赓可不”呼之。宗室辅国公晋隆，性滑稽，一日于坐中骤问赓曰：“今日天气甚寒。”赓习以可不应之，又云：“君观某大臣貌可作龙阳否？”赓亦漫应之。为某大臣所责，至跪谢乃已。

笑话说的是乾隆年间，有一位满人内阁学士赓泰，资历很老，担任要职多年，但是人长得臃肿肥胖，与人交谈，时常无所用心，以“可不是”的口头禅漫应对方，不少人都讨厌他，在背后为他起了一个外号叫“赓可不”。韩国公晋隆，生性滑稽，仗着自己宗室的身份，有心作弄赓泰。某日大家同坐一起聊天，晋隆故意对赓泰说：“今天的天气可真冷”，赓泰照旧以“可不是”作答。晋隆接着又问：“某大臣长得很英俊，你是不是想要他做你的男宠？”赓泰不假思索，又答以“可不是”。

结果被某大臣听到，愤然起身指责，赓泰这才知道自己的口头禅惹了大祸，最后下跪道歉，方才了事。从这一笑话中的“口头禅”我们不难看出，清末时期人们对“口头禅”现象已经给予了特别关注。

到了现代，“口头禅”的意义进一步扩大，专门用来泛指习惯性地挂在嘴边而无实际意义的话，或一些口头的惯用语，成为普遍流行，常挂在人们嘴边的话语。如鲁迅在《呐喊·端午节》中说：“方玄绰近来爱说‘差不多’这一句话，几乎成了‘口头禅’似的。”这“差不多”就是习惯性的话，犹如有人说话时常常会下意识地说“这个”“那个”或“然后”之类的词语一样。

从“口头禅”的来源来考察“口头禅”有助于我们了解口头禅的生成与发展机制。但是我们认为，单纯就“口头禅”一词来判定“口头禅”话语形式的来源和性质是有局限性的。其实，“口头禅”除来源于宗教禅语，其来源应该是多元的，这其中应该还包括俗语、俚语与流行语等，其演化机制应该是复杂的。

俗语、俚语、骂詈语和流行语是几类比较特殊的语言现象，一直以来都是语言的有机组成部分，广泛存在于不同时期人们的日常话语交际之中，尤其流行于民间交际群体之中。它们应该也是较早进入口头禅范畴的成分之一。此外，作为一种语言符号，它的产生与特定的文化习俗有着密切的关联。有学者指出，“川渝口头禅文化有着自己独特的渊源，《汉书·地理志》：‘巴蜀、广汉本南夷……民食稻鱼，亡凶年忧，俗不愁苦，而轻易淫佚，柔弱褊厄……未能笃信道德，反以好文刺讥，贵慕权势。’语云：蜀女多情。后世尾巷琐语，啧啧传诸人口。这些都是川渝之地当时的口头文化现象，这些恰恰印证了难登大雅之堂的口头文化会逐渐在私下流行开来，说的人多了，久而久之，被普遍认可了，就会演变为口头禅。这些口头禅多为难以启齿的文化现象，其中必然有大量的脏字存在，这便是早期川渝口头禅文化历史的断想了”。[①] 对此，

---

① 谷继建、郭立、吴安新：《川渝口头禅文化之源》，《濮阳职业技术学院学报》2012 年第 6 期。

我们应该进行很好的研究。

（四）口头禅的语言观照

汉语对"口头禅"有着特定概括、反映方式，那就是认识到"口头禅"的本质是一种口头语，经常用"口头语""口头话""老话"来指称。如：

（1）眼前景，口头语，自能沁人心脾，耐人咀嚼。（清·赵翼《瓯北诗话·白香山诗》）

（2）刘世吾有一句口头语：就那么回事。（王蒙《组织部来了个年轻人》）

（3）慢慢地，"早就知道"这句话，变成他的口头语了。（王蒙《组织部来了个年轻人》）

（4）到晚来便讲些老话儿，说些古记儿，引得他困了好睡。（清·文康《儿女英雄传》）

（5）对于他的"老话"，好像大家已经都不感到兴趣了。（夏衍《秋瑾传》）

（6）告诉你吧，做长工就是当牛马。老话说得好："长工无忌日，一月三十工。"（周立波《翻古》）

（7）我们有一句老话："小米加步枪。"（毛泽东《原子弹吓不倒中国人民》）

（8）这地方流传有一句口头话："招了女婿当长工。"（碧野《没有花的春天》）

"口头禅"是口头语，所以"常常挂在嘴边""总是挂在嘴上""时常挂在嘴上"也是指称"口头禅"的常用方式。

此外，话语还经常从"口头禅"的来源角度称说"口头禅"，如：

（1）她丈夫李唐基，幼时从父母口授，背熟了《增广贤文》。其

后唐基训诫自己子女，或评说其他事物，好冠以“增广上说的”口头禅。（朱介凡《中华谚语志》）

（2）口头禅，是心灵的“莫尔斯电码”。口头禅是一个人的常用语，能真实地反映出其个性特征。（文捷《每天一堂北大情商课》）

（3）军人的口头禅是“立即行动”。实际上，“立即行动”可以适应人生每一个阶段的各个方面。（雨辰木菁《关于军人的演讲与朗诵》）

（4）相反，如果一个人的口头禅是“糟糕”“完了”“不好了”，那么说明他比较消极，容易产生消极的思想。（梅子《微反应心理》）

（5）大家都知道，他的口头禅是“没问题”“我试试”“帮我把东西递过来。”有人说：“没问题。”他伸手把人家的东西递过去。（王国华《每一个优秀的人，都有一段艰难的时光》）

“增广上说的”意思是来源于《增广贤文》，“军人的口头禅”“如果一个人的口头禅”“他的口头禅”都是称说“口头禅”来源的说法。

二、口头禅的类型及表现形式

口头禅是一种语言习惯，是一种习惯性话语。口头禅的存在是普遍的，这类语言渗透在日常生活中，逐渐成为口头禅文化。中国的口头禅文化历史悠久，“口头禅”三个字最初是佛教用语，本意指未经心灵证悟就把一些现成的经言和公案挂在嘴边，装作很得道的样子。后来经过演变成为个人习惯用语的代名词，仿佛未经大脑就已经脱口而出，不过正因为是脱口而出，那么它往往是人们潜意识的表露。当一个语句成为你的口头禅时，你就很容易被它束缚着，以致无论你想说什么，也不管是否适用，都会脱口而出。口头禅分为通用型口头禅、地域方言口头禅、社会方言口头禅、习语类（引用类）口头禅和个性化口头禅。

（一）通用型口头禅

通用型口头禅是社会经过长期使用已经固化，并成为用来表达特定语用功能的结构形式。这些口头禅一般均可独立成句，并不一定需要依赖句中的某个成分，具有较强的独立性，大多是语气词和虚化语义的语言单位。在日常交际中，很多人思绪混乱时，说话有些紧张时，思维"卡壳"时，说话往往不连贯，说了上句才搜索下句，经常带一些口头禅。典型的通用型口头禅有"这个""那个""嗯""啊""我跟你讲""那么""是吧（对吧）""对不对（是不是）""我说""差不多""知道吗""没问题""完了""天哪""真的"等。

这个

"这个"一词可指示比较近的人或事物，口语中用在形容词或动词前表夸张；"这个"也可作代词，代替名词，指称事物、情况、原因等。而当这一词作为口头禅使用时，其词汇意义不断衰减，作连接句子、延缓语速或开启话题之用。"这个"是通用型口头禅，是说话者在交际中紧张、犹豫或者思维混乱时个体心理的反射，反映出说话者的心理状态。

（1）她支支吾吾，闪烁其词地说："这个……我……"她挤了半天牙膏，也没说出一句完整的话。（汤素兰主编《全能培优宝典·小学生优秀作文升格辅导》）

（2）觉新木然望着克安的黑黑的八字胡和两颊上密密麻麻的须根，一时答不出话来。他根本就没有注意地听过克安的诗。他只得带点困窘地说了两次："这个……这个……"（巴金《秋》）

（3）石匠张说："这个这个……别的我就不说了，这衣料瞄着就不结实嘛！"（戴逸如《星斗满天》）

例（1）中的"这个"是思维"卡壳"状态下的反应。例（2）中的"这个……这个……"是窘境中不知道说什么的拖延之词。例（3）中的"这个这个……"表示思考的过程。

那个

"那个"作为指示代词使用，含义很广，一般须联系上下文理解。

与“这个”不同，“那个”可指示比较远的人或事物，也可作代词，代替名词，指称事物、情况、原因等。“这个”和“那个”用作口头禅都经历了词汇意义减弱的过程，主要作用是连接句子、延缓语速或开启话题，同时能够显示出信息的传递与发话者所处的交际语境之间的关系。

（1）小卫一愣：“嘛报告？”“那个，那个——”电话里，一阵翻动纸张的窸窣声之后，总务科吴科长一板一眼地念道：“关于申请添购一把铁壶的报告。”（许世杰《关于申请添购一把铁壶的报告》）

（2）律师点点头：“第二呢？”“第二，我要把骨灰撒到离这儿不远的海湾里，就是那个……那个长着一棵棕榈树的地方。”（殷茹《遗嘱》）

（3）“啊！础翁的大作，是的，那个……是的，那——‘中国国粹义务论’，真真要言不烦，百读不厌！实在是少年人们的座右铭，座右铭座右铭！兄弟也颇喜欢文学，可是，玩玩而已，怎么比得上础翁。”（鲁迅《高老夫子》）

例（1）和例（2）中的“那个”表示思考的过程。例（3）中的“那个”表示特指，具有强调意味。

嗯

“嗯”为常用现代口语字，是通用型口头禅，有“好、可以”的意思或表示语气上的间歇。说话紧张时，有的人习惯在语句衔接处增添“嗯”“啊”之类的语气过渡词，它们往往是不自觉地脱口而出的。“嗯”的使用也具有语用功能，当说话者比较明确地说出“嗯”时，往往是对对方的赞同或者应允，而当说话者用不太明确的语气说出“嗯”时，则表明说话者犹豫、怀疑的态度。

（1）“一回生，二回熟！”“谢谢你的好意，我不……”“怕人？”“嗯……”“乡巴佬！”黄亚萍咯咯笑了。（路遥《人生》）

（2）“苏辛佳，现在担任什么工作？除了严洁修，谁还和她经常联系？都得明明白白老老实实报告。”“嗯。”罗求知应着，声音低到几乎听不见。（茅盾《锻炼》）

例（1）中的“嗯……”表示对对方说话内容的赞同。例（2）中的第一个“嗯”表示答应，显得说话不利落。

啊

“啊”表示惊异、赞叹、应诺、追问等意，有很多种用法。用在感叹句末，可以表示增强语气；用在疑问句末，可使疑问语气舒缓些。“啊”是日常交际中常用的口头禅之一，用于表明说话人的意愿、态度、评议等情态成分，故其不仅有作为语气词的功能，而且能够在感情基调比较激烈的句子中通过“缓和”和“加强”的手段传递说话者的某种口气。

（1）刘玉英紧张极了。叶知秋、莫征、圆圆三个人立即随刘玉英跑下楼梯。“啊！！！爸爸！”圆圆扑过去。（张洁《沉重的翅膀》）

（2）“绑啊！”洪泰岳大声喊叫。吕扁头俯身压向解放的双腿——迎春撕扯着吕扁头的衣服哭叫：放开我的孩子——快上去帮他的忙！”（莫言《生死疲劳》）

（3）他耷拉着驴脸说，大姨，您也不是不知道，我老丈人和我那几个杀猪的小舅子，都是些活土匪，他们一旦知道这些事，非把我宰了不可——可您是院长啊，高级干部啊！（莫言《蛙》）

例（1）中的“啊”是情绪激动时脱口而出的声音。例（2）中的“啊”是对个人意见的强烈表达。例（3）中的“啊”表示对所说内容的强调。

我跟你讲

“我跟你讲”是常用的口头禅，使用频繁。从形式上看，“我跟你讲”结构相对完整，它以动词“讲”为核心，有动作发出者“我”，有由介词“跟”引导的动作的接受者“你”。在交际过程中，它经常出现在一句话的句首，一般发话人宣示后边仍有话要说，同时交际另一方即听话人也会从该口头禅的使用中判断说话人话还没有说完，这体现了“我跟你讲”的顺接功能。

（1）“慢点，孩子，你来，我跟你讲个话。”爸爸指了指一把椅子，叫女儿坐下。（莫应丰《将军吟》）

（2）谢若萍首先抗议：“别再往下说了，莲莲，我跟你讲，不行，毫无考虑余地！”（李国文《冬天里的春天》）

例（1）中的“我跟你讲”同“我和你说”。例（2）中的“我跟你讲”代表某人接下来的叙述很认真，希望对方也能认真对待。

那么

“那么”作为指示词表程度或方式或数量；作为连词时表承接上文，引进表结果或判断的小句。当“那么”用作口头禅时，并不强烈地表判断或结果，更多地起着句子与句子间接续关系的作用，它是一个意义虚化的通用型口头禅。使用这一口头禅主要是为了满足说话者潜意识状态下心理顺接的需要，是说话者出于话语连贯和衔接目的而产生的填充词，反映出说话者的说话节奏、话语习惯和言语态度。

（1）鸿渐叹气道：“那么——”柔嘉等他说：“我就不去，”不料他说——“我带了你同进去，总好了。”（钱锺书《围城》）

（2）“他要借一百块钱。”“啐！这也值得那么……”过一会儿，婉小姐又说道，“好罢，你告诉他，是我说的，要他自己到我手里来拿。”（茅盾《霜叶红似二月花》）

例（1）中的“那么”表示顺着对方的语意，申说应有的结果。例（2）中的“那么”表示无法理解对方的言谈举止。

是吧（对吧）

“是吧”和“对吧”是言语交际中经常用到的表疑问的口头禅，一般用于句末。吕叔湘认为，“吧”用于问句末尾时，问句往往不是单纯提问而是有揣测的语气。"是吧"和"对吧"出现在交际中，一方面表明交际是双方协商的过程，说话人一定考虑听话人的存在，并会努力在自己与听话人之间建立起共同的交际背景；另一方面表明会话遵循礼貌原则，是关注对方的表现。

（1）爸爸嚼着一块腊肉："啥叫人品？啥叫门当户对？那得讲综合素质，对吧？……"（宋梅花《苗堤乡逸事》）

（2）"我被释放了。"山岗说。他的声音嗡嗡的，于是她就问："你感冒了？""也许是吧。"他回答。（余华《现实一种》）

（3）王利发："不要工钱？"小刘麻子："老头儿，你都甭管，全听我的，我跟小丁宝有我们一套办法！是吧，小丁宝？"（老舍《茶馆》）

例（1）中的"对吧"是表反问的口头禅。例（2）中的"是吧"表示对于对方所说的不能肯定，但是与前者意思观点基本相同。例（3）中的"是吧"表示想得到对方肯定回答的意思。

对不对（是不是）

"对不对"和"是不是"属于附加问句式的口头禅，这种问句在交际中使用时往往不需要听话人进行回答，前面的句子一般为疑问句或是反问句，而且与前句有明显的停顿，是独立的语调单位。"对不对"和"是不是"是功能性成分，呈现出黏着前句的句法属性，表达说话者强烈的感情，而且能使会话平稳过渡，从而保障交际的顺利完成。

（1）她说："我是没有她年轻，是没有她漂亮，可我也是从年轻时走过来的，也是从漂亮时走过来的，你说对不对？再说了，我不年轻，我不漂亮，他呢？他不是一样吗？他即使年轻时也没漂亮过啊。"（莫言《生死疲劳》）

（2）我继续催，扭头，对着大家，"是不是啊？"我的本意，是想发动群众，求得声援。这个并不复杂，语法上叫：一般疑问句，

只需回答“是”或“不是”，就管用。(刘齐《跟坏小子结盟》)

(3)“听我的：明天十点钟起来，到中央公园绕个圈子。绕的不差什么的，在春明馆喝点酒吃点东西。我的请！我可有些日子没请你们吃饭了？是不是？吃完饭，回到公寓，光着脊梁凉凉快快的把小牌一打。晚饭呢，叫公寓预备几样可口的菜，叫李顺去到柳泉居打真正莲花白。吃完晚饭，愿意耍呢再接续作战，不愿意呢，出去找个清静的地方遛个弯儿。这样又舒服，又安静，比往戏园子里钻强不强？再说，要听戏叫老赵唱两嗓子，对不对，赵老板？”(老舍《赵子曰》)

例(1)和例(2)中的“对不对”和“是不是”表示在意对方的态度，很想得到肯定的答案。例(3)中的“对不对”“是不是”都起到强调前一句的作用，并想让对方肯定前一句。

我说

“我说”是通用型口头禅，是说话者在开始交际活动时常常采用的手段之一，以便引起听话者的注意，从而保证交际活动的顺利进行。在言语交际中，互动是言语交际行为的重要特征，交际活动是需要交际双方共同配合完成的，因而说话者要保证能够控制听话者注意力的指向，确保听话者能够依靠说话者的话语引导，正确领会说话者的交际意图。

(1)韦小宝道：“你说我胡说？我说你错了，只有教主和夫人才永远是对的，你不服气？难道教主和夫人永远不对，只有你陆先生才永远是对的？”(金庸《鹿鼎记》)

(2)小娥呼地一下豁开被子坐起来：“你哄我？你把事没办妥，你哄着我睡觉……”鹿子霖欠起身说：“我说你们女人家沉不住气，你还说你赌咒哩！”(陈忠实《白鹿原》)

(3)我不是艺术家，也没有专门学过文学，即使因病搁笔也不是值得惋惜的事。我说我不是艺术家，并非谦虚，而且关于艺术我知道的实在很少。(巴金《随想录》)

例（1）中的“我说”表示对对方阐明自己的观点。例（2）中的“我说”作为开启一个话题的标志。例（3）中的“我说”用于由第一人称叙述的句子的句首。

差不多

“差不多”总体态度就是无所谓、随便，结合说话者平时的说话习惯，如果类似的“差不多”输出频率较高的话，则可称其为口头禅。“差不多”作为通用型口头禅，是消极应对的填充词，是说话者不加评论或隐藏态度的好方法，貌似脱口而出，其实已经成为一种策略性的话语，具有较强的主观性，体现了说话者的说话技巧、处事态度和语用目的。

（1）招弟也笑了。“要我帮着你干，是不是？”“差不多。你拿情报来，我呢，就爱你。”（老舍《四世同堂》）

（2）郑子云一面扣着绿色棉布军大衣的纽扣，一面答道：“他是画家，我嘛，干点行政工作。”“啊，管吃、喝、拉、撒、睡的。”郑子云笑笑：“差不多吧。”（张洁《沉重的翅膀》）

（3）他白瞪着眼，望着远远的火车上的煤烟，摇摇头道：“只好明天再走了，今天走同明天走，也还差不多。可是火车公司未免太认真了。8：30分开，同8：32分开，不是差不多吗？”他一面说，一面慢慢地走回家，心里总不明白为什么火车不肯等他两分钟。（胡适《差不多先生》）

例（1）和例（2）中的“差不多”表示对方所说的话与自己想的相近。例（3）中的两个“差不多”都是表示某事快接近某个程度的口语词。

知道吗

“知道”就是了解、知晓，加上语气词“吗”用来表示对对方进行询问。“知道吗”是一个疑问式的口头禅，其所起的作用是保持双方对话、互动性言语交际顺利进行。在日常话语交际中，“知道吗”是说话人使用疑问的语言形式来表达对听话人的关注，是说话人必须考虑听话人的存在，并会努力在自己与听话人之间建立起共同的交际背景。

（1）讨论之后，肥仔又不失时机地对小林说：“新开发产品，非同小可，必然要经验丰富的人挂帅领兵，你知道吗？”（廖洪玉《风中的瓶子》）

（2）她摸了摸小聆儿蓬乱的头发，低声道：“有坏人过来了，我们打不过，只能藏起来。小聆儿别说话，知道吗？”（寂月皎皎《风暖碧落》）

（3）既然是兄弟，刘彩云就直说了：“不要问为什么，反正你不能在文家人面前提文珠，特别是老太太那里，知道吗？”（袁兰雁《文家老大》）

例（1）和例（3）中的“知道吗”表示告知对方应该怎样做，有强调的意思。例（2）中的“知道吗”则代表一种引导。

没问题

“没问题”是日常交际中典型的应答式口头禅，具有肯定应答和确信认同的语用功能，传达了言者的一种个人立场和信念，主要是“对别人的要求痛快地答应”。在交际双方的对话中，这一口头禅表现了说话人胸有成竹的架势以及积极向上的态度。“没问题”作为高频出现的口头禅，是一种交际双方互动行为的表现，也是说话人意向与目的的外显。

（1）当他支吾着对二爸提出这个疑问后，孙玉亭立刻胸有成竹地说：“没问题！上面正打着灯笼寻找这号先进典型哩！出了这号典型，也是他们的成绩。”（路遥《平凡的世界》）

（2）苏强点头说：“行，没问题，放心吧！”第二天，苏强就跟我说：“师父不同意，说收徒弟不是买白菜，要讲究缘分。”（于心亮《偷拳》）

（3）聂芩说道，颤抖地呼吸。“没问题，一定做到。”（吴可彦《茶生》）

例（1）和例（3）中的“没问题”表示胸有成竹。例（2）中的“没问题”表示肯定回答，答应对方提出的要求或者请求。

完了

“完了”有接续的含义，是日常会话中的常用词，也因为高频使用导致语义虚化，进而成为许多人的口头禅。“完了”作为口头禅，它的有无并不会影响语意的表达，但是该口头禅隐隐约约地表达出某种逻辑关系或时间上的传承关系。说了“完了”之后能够迅速转到后续话题，起到短暂的过渡作用，或者“完了”之后可停顿片刻，起延缓语速、延长思索或提醒之用。

（1）这时，主持人恍然大悟地反应过来了：“完了，完了！”“那你宣布呀！瞪着我干什么呀！”于是，主持人拉起嗓门儿道：“婚礼到此结束，请大家尽情用餐！”（李代全《代全文集》）

（2）“我现在是一天忙到晚，好像为给自己找大烟钱。只有吸完一顿烟，我才能迷迷糊糊的忘了痛苦。忘了自己，忘了国耻，忘了一切！ 瑞宣兄，我完了！ 完了！”（老舍《四世同堂》）

（3）他未尝不这样想，“完了，什么事情都完了！”但是他立刻就想到，在诀别唯一的朋友乐山的那个晚上，曾经坚定地立誓似的对他说：“我没有失望！”（叶圣陶《倪焕之》）

例（1）中的“完了，完了”是一个人在惊慌时候发出的，同“坏了坏了”。例（2）中的“完了”表示自己没有用处，没有价值了。例（3）中的“完了”表示失望。

天哪

“天哪”是感叹式的口头禅，在言语交际中也比较常用。口头禅“天哪”是由名词“天”和语气词“哪”结合起来的较为特殊的感叹句，它并非简单地表达某一种感情，而是有着丰富的意思。人们在说话时，之所以使用简短的感叹句，是由于时间紧急来不及发出一个完整的长句，就先将最主要的部分脱口而出造成的，或是感情太复杂，一时说不清，只能发出一个感叹词来表明自己复杂的情感，让别人去细细体会。

（1）她赶紧叮嘱他："小声点，小声点，天哪！让谁听了只言片语，给你来个断章取义，你受得了吗？"（张洁《沉重的翅膀》）

（2）"呵！天哪……"王纬宇呻吟地说，"我费了九牛二虎之力，倒成了罪人……"（李国文《冬天里的春天》）

（3）我说：为什么？她说就是高唠，不是高楼，就是我名字高唠，高唠！我说：天哪，你学习也太差了吧，只有高楼万丈，哪有高唠万丈？不能因为你名字叫高唠，就改歌词吧？（周晓灵《父亲和他的战马》）

例（1）中的"天哪"是感叹词，表示对方的行为令她不可思议。例（2）中的"天哪"也是感叹词，表达自己的惊讶和意外，没想到对方说出那样的话。例（3）中的"天哪"是一种无奈之词。

真的

"真的"是一种常用的具有肯定性特征的口头禅，是说话人直接对自己或者对方的观点予以肯定评价，即在认识立场上强调"我认为信息是真实、确定的"，同时引出自己后续的语言进行证明。这一口头禅具有强化肯定立场的功能，说话人在语义上予以肯定评价的前后语段就是说话人立场表达的信息焦点，能够表现出说话人的立场、态度和情感。

（1）"矿上知道你来吗？""已经和你们矿宣传部打了招呼。""来采访我们矿？""采访你！""真的……别误你的事。"（路遥《平凡的世界》）

（2）"你这种自我安慰特没劲。""真的真的，不骗你。我在那儿等人，她也在那儿等人，我们都没等着，后来生搭上了。"（王朔《给我顶住》）

（3）她全不理会那些事，只是直着眼睛，和大家讲她自己日夜不忘的故事："我真傻，真的，"她说，"我单知道雪天是野兽在深山里没有食吃，会到村里来；我不知道春天也会有……"（鲁迅《祥林嫂》）

例（1）中的“真的”表示让对方别开玩笑，希望认真一点。例（2）中的“真的真的”是怕别人不相信他，就反复强调说是真的。例（3）中的“真的”也有强调前一句的意思。

（二）地域方言口头禅

方言也是一种文化，一方水土养育一方人，不同的方言有不同的文化底蕴。每个地区的地理、人文环境不同，反映该地区的历史、文化和生活特点也不尽相同。地域文化的差异也会给方言词带来很大影响，不同方言的人使用的语素不同，因此说出来的话语具有鲜明的地域特征。方言口头禅作为方言文化的一部分，不仅颇具民间特色，富有传统，而且内容广泛，诙谐有趣，数百年相传，为群众所喜爱。从地域来看，典型的地域方言口头禅有“北京话口头禅”“上海话口头禅”“天津话口头禅”“东北话口头禅”“粤语口头禅”以及“川渝口头禅”。

北京话口头禅

北京话是北京地区独有的汉语方言，有自己的地方表达法。作为首都，北京为五朝帝都（辽、金、元、明、清），来自中国各地的人在此定居，也带来了不同的方言。这样一来，北京话就变得更加丰富。“北京话口头禅”是北京人长期使用的用来表达特定语用功能的一种语言形式，在内容上蕴含着丰厚的文化积淀，在语言表现形式上修辞特色也十分鲜明，具有丰富的语言审美价值。“北京话口头禅”主要有“套磁”“丢份儿”等。

（1）一出门就瞎套磁。（金大陆《南北城市青年流行语》）

（2）干这事多丢份儿。（金大陆《南北城市青年流行语》）

例（1）中的“套磁”是青年人的口头禅，意思是套近乎。例（2）“丢份儿”即丢人。

上海话口头禅

刚开埠的时候，“上海话”是指老城厢方言。后来租界里讲的上海话，成为标准的上海话。这种上海话不完全是老城厢方言和上海乡村方言的混合，而是吸收附近地区强势移民的词汇和发音，还包括外来语，形成了所谓的标准的上海话。上海话很有特色，特点是快捷、短促。作为上海话的一部分，上海话口头禅相当独特，很多口头禅所表达的意义相当宽泛和现实，反映的心态也相当微妙和复杂。“上海话口头禅”主要有“小赤佬”“侬”“毛毛雨”等。

（1）“小赤佬，搞了半天你躲在这里啊！你小子还想不想干活了？ 不想干的给老子滚！”一分钟后，一阵臭骂声从仓库后面传来，曹青和郭亮觉得奇怪，顺着声音找了过去，拐过弯就见那小科远正暴跳如雷地指着一个耷拉着脑袋的壮汉臭骂。（王维《DA 师》）

（2）朋友，侬白相我是哇！（金大陆《南北城市青年流行语》）

（3）“我能问一下您这次赚了多少吗——您可以拒绝回答。”“两千万。毛毛雨啦。”（一冰《第十八层公寓》）

例（1）中的“小赤佬”在上海话中原指“鬼”的意思，现引申为遇到了倒霉、不顺心的人或者事情。例（2）中的“侬”就是“你”的意思。例（3）中的“毛毛雨”就是指微不足道、小意思。

天津话口头禅

每一种方言都有其自身属性特点，从它的形成、演变到发展，随着时间的推移和环境的变化，这种特点始终贯穿于方言的始终。用“嘎嘣脆”来形容天津话，真是再恰当不过了。仅仅这么一个词就点出了天津话的特点：句式短促，干脆利落，出口冲，语音爽，表现力强，慷慨豪放。天津人的口头禅特别多，特别是青年人，典型的口头禅有“吃了吗”“犯楞”“没治了”等。

（1）大伯总是先行礼说：“三爷，您吃了吗？”人家再回：“杨大爷，多谢了，我吃过，还是老词儿，贴饽饽熬小鱼儿。”两人拱个手，点个头，行个礼。（马庆株、谭汝为、曾晓渝《天津方言研究与

调查》)

(2)“楼子”是流行语中引申义最多的一个,“说二百五”可以,说一个人为人耿直,不会来事也行,说一个人愚顽,好钻牛角尖也合适。天津人常在“楼”前加一个字“犯”,叫“犯楼”,或干脆用一字“犯”。(金大陆《南北城市青年流行语》)

(3)与报社的一些人交谈间,她们常常脱口而出:“没治了,报社一点歪风邪气都没有!”(白庆祥主编《中外新闻名著鉴赏大辞典》)

例(1)中“吃了吗”在天津算是最流行的了,除了“民以食为天”这一传统思想的影响之外,天津人讲究吃也是一大缘由。例(2)中“犯楼”的“楼”为楼子,意思和东北人说人“愚蠢”和“比较二”差不多,语义偏向是这个人比较桀骜不驯,爱冲动、爱较真的意思。例(3)中的“没治了”意思是太棒了。

东北话口头禅

“关东家,三大乏,嗯哪、夜个儿、不远下。”这句顺口溜实际上就是对东北话口头禅的高度概括。东北人的性格特点是豪放、热心肠、讲究义气、诚实守信、一言九鼎。“东北话口头禅”具有较强的群体协同性的特点,这类语言分布范围广,可以说遍及全国各地区。在东北地区,高频的口头禅包括“哎呀妈呀”“拉倒吧”“必须的”等。

(1)原来是老同学来了,一进屋他就像发现新大陆似的惊叫:“哎呀妈呀,这都啥时代啦,我的老兄哟,晚上还在爬格子啊,真是太木讷、太不可思议了……”(钟迪良《思贤心语》)

(2)儿子指着他妈妈的手:“您拉倒吧,书都颠倒了,还装呢。”(李洪超《漂游在尘世里云烟》)

(3)被这么个帅哥看着,密密只觉得自己的脸红一阵白一阵的:“什么拜托不拜托的……咱们是老乡,照顾是必须的!放心,包在我身上。”(刘子晴《再,遇见》)

上述三例中的“哎呀妈呀”“拉倒吧”“必须的”这三个具有代表性的口头禅反映了东北人活泼坦诚、爽快、讲义气的特点。

粤语口头禅

“广东话”在语言特性上自成一格，通过粤语载体来认识粤文化，是一个很有意思的方法。“粤语口头禅”是岭南文化的宝库，粤语是见证广东社会发展的文化载体。作为一种特殊的语言符号，“粤语口头禅”承载了广东人在精神面貌、生存方式、道德品行、方法态度、文化传承、民俗习惯、行为准则等方面的特点。常见的“粤语口头禅”有“唔该晒”“湿碎啦”“点睇”等。

(1)唔该晒！（饶原生《粤语口头禅》）

(2)“一世人两仔爷，捐个肾湿湿碎啦！”(饶原生《粤语口头禅》)

(3)一日一禅，点睇？（饶原生《粤语口头禅》）

上述三例为粤语常见口头禅。例(1)“唔该晒”意思是你能来就有如云开雾散，非常感谢。例(2)“湿碎啦”意思是算不了什么。例(3)“点睇”意思是怎么看，感受如何。

川渝口头禅

“川渝话”指四川话和重庆话，两种语言都是西南官语的一种。由于四川和重庆地理位置相邻，在文化上以及生活习惯上都非常相似，两地方言也比较接近，共通性较强，不存在听说障碍。“川渝口头禅”具有厚重的地方色彩，两地民众所使用的口头禅存在着共同的群体特征，语言比较通俗和幽默。典型的“川渝口头禅”有“呱子”“悬吊吊”以及“巴适”等。

(1)这么晚了才回来，呱子去了？（非文《川渝口头禅》）

(2)蛤蟆吃豇豆，悬吊吊的。(李宝元《词语纲目》)

(3)“哥，我们把位置定好了，去吃乐山铁板烧，才开的，味

道巴适惨了，嗯，不给你说了，说得我口水长淌。一会儿见。”王礼见在电话里心急火燎地说。（马建华《大渡河畔的旧时光》）

例（1）中“呱子”的意思是干什么。例（2）是一个歇后语，其中的“悬吊吊”用来形容一件东西不牢靠。例（3）中的“巴适”是四川人和成都人经常挂在嘴上的一句口头禅，意思就是很好、熨帖、舒服的意思。

（三）社会方言口头禅

社会方言是社会内部不同年龄、性别、职业、阶级和阶层等方面的人在语言使用上表现出来的变异，是言语社团的一种标志，也是某一特殊的交际环境中人们习惯使用的语言变体。无论何种身份，无不是以其独特的发音诠释着其特有的文化，体现着民族性格特征。社会方言承载、蕴藏着丰富的历史文化，正是它的存在，才让文化更为生动立体。社会方言口头禅作为社会方言的一部分，也承载着丰富的文化，主要有“教师口头禅”“学生口头禅”“节目主持人口头禅”“性别差异口头禅”以及“年龄差异口头禅”。

教师口头禅

教师作为一种社会职业，具有该职业特有的口头禅。“教师口头禅”是教师长期习惯化了的语言，它在一定程度上已经成了一种无意识的行为。“教师口头禅”类型多样，数量也较多。老师为更好地开展教学工作，调动学生的积极性，使用这类口头禅对于教学是具有促进作用的。但是，使用过多口头禅，会分散学生的注意力，激起学生的厌恶心理。教师常常使用的口头禅有“你明白了吗”“会了吗”“行不行”等。

（1）孟老师耐心地解释完，问我，“你明白了吗？”“嗯！”我很认真地点点头，我是真的听懂了。（伍美珍《最后的夏令营》）

（2）他总是很平静地给我讲解例题，举一反三，讲完后和蔼地问我，“会了吗？”只要他讲解完，我就马上懂了。（李文艺《不忘初心 终将美好》）

（3）学生就得有学生样，得干净，有了鼻涕不往棉袄上抹行不行？（韩羽《信马由缰》）

上述三例中的“你明白了吗”“会了吗”和“行不行”是教师常用的疑问式口头禅，体现了教师的职业特点，具有强烈主观性，能够体现教师的个性风格和情趣修养。

学生口头禅

学生个性张扬，自我意识强烈，精神上追求独立，敢于怀疑，不迷信常规和权威，所以他们的口头禅常常是标新立异，具有时代感和文化层次感。在信息化、网络化的当今社会，大学生处在开放、复杂、浓厚的多元文化氛围中，他们的口头禅是学生生活感受的侧面反映，表达着他们的价值观念和生活态度。学生常用的口头禅有“郁闷”“烦死了”和“随便”等。

（1）萧婷沮丧地说：“真是郁闷，我一直想让张桐他们看看，咱们女孩子不比他们的胆子小呢。”（刘香英《生存故事园》）

（2）果然，儿子回答的声音中带着几分疑惑：“嗯？不知道，随便吧。我忙着呢，您看着办吧。”（金正扬《养成之歌》）

例（1）中的“郁闷”是学生中比较流行的口头禅，表达一种沮丧的心情。例（2）的“随便”也是学生常用的口头禅，是他们宣泄压力的一种常见的表达方式。

节目主持人口头禅

电视节目主持人的用语一般比较讲究，相对比较标准。但是各类节目主持人仍然避免不了使用口头禅。因此，中国传媒大学播音主持专业的教科书上，提到主持人练习说话时要做到“三戒”：一戒空话套话，二戒啰嗦重复，三戒语言恶习——口头禅。“节目主持人口头禅”也被专门培养播音员主持人的教材称之为“恶习”。节目主持人常用的口头禅有“一个”“那么”以及“怎么说呢”等。

（1）“昨天晚上一个大雪，造成交通一个堵，交警来一个查看，派来一个铲雪车，来一个铲雪，一个交通好多了……”（曹仁义《出镜说话要戒掉口头禅》）

（2）那么这个问题呢，那么我个人认为呀……（曹仁义《出镜说话要戒掉口头禅》）

（3）一次，央视招聘主持人，要求五位报名者在全台大会上分别讲述一个见闻，由评委老师给每位做出点评。讲述中，其中一位的口头语就是“怎么说呢”。（曹仁义《出镜说话要戒掉口头禅》）

例（1）中的“一个”、例（2）中的“那么”以及例（3）中的“怎么说呢”都是主持人的口头禅，究其原因，可主要归因于主持人的日常言语表达习惯。

性别差异口头禅

作为言语交际现象，男性群体与女性群体对口头禅的使用有所不同。这主要是由于言语使用中男性和女性在语音、语调、词汇、句式等结构角度存在差异，甚至在言语交际中话语风格、谈话策略、话题内容上也大不相同。不过女性骂人口头禅形式上与男性骂人口头禅较为接近。这可能与提倡“男女平等”有一定的关系，反映着女性要求在语言使用上与男性平等的呼声。常见的“性别差异口头禅”有“老子”“爷爷”以及“老娘”等。

（1）高升红着脸，把眼睛一眨道：“你老子才当太监！”骆司笑道：“太监果然不好，连那话儿都要脱了。这样好了，封你当相公，前后都有好处，对不对？”（李劼人《暴风雨前》）

（2）“你爷爷才是相公！你龟儿，老不正经，总爱跟人家开玩笑！你看，老子总有一天端菜时，整你龟儿一个冤枉，你才晓得老子的厉害哩！”（李劼人《暴风雨前》）

（3）姜老太太想起亡夫就没好气，“前脚卖了女儿，后脚就张罗着讨小老婆，活该他死得早。……老娘真是瞎了眼了，嫁给那死

老鳖、色坯子，生下你这死崽子！”（写离声《东都岁时记上》）

例（1）的“老子”是男性喜欢挂在嘴边显示气势的口头禅，一般是自称。例（2）“龟儿”是男性贬斥他人的口头禅。例（3）的“老娘”是女性常见口头禅，有调侃意味。

年龄差异口头禅

年龄也是语言变化的重要因素，口头禅因年龄的不同会生发出不同的样式。“年龄差异口头禅”就是不同年龄的人有各自常用的口头禅。年轻人对新鲜事物接受得快，他们的口头禅容易受网络和外来文化的影响，所以会将网络流行语和外语作为自己的口头禅。而年长的人对外来事物接触得比较少，因此口头禅比较老套，不新潮。典型的“年龄差异口头禅”有“我们那个时候”“好嗨哦！”和“You know”。

（1）他却还是那句老话：我们那个时候搞工作想的就是老百姓，谁考虑过个人的事。（孟华《我们那个时候》）

（2）好嗨哦！（厉杰《口头禅：类型、机制与功能》）

（3）You know.（厉杰《口头禅：类型、机制与功能》）

例（1）中的“我们那个时候”是上了年纪的人习惯说的口头禅，体现了自身丰富的阅历，透露出的是今非昔比的感慨，隐含着对后代教育的意味。例（2）和例（3）是当代年轻人常用的口头禅。

（四）习语类口头禅

习语即习惯用语，是一个民族文化智慧的集中体现。汉语习语蕴含着丰富的文化信息，具有生动的形象和哲理性的比喻，是具有鲜明的中国特色的表达形式。习语类口头禅指借用、引用成语、俗语、谚语、歇后语、影视剧台词、广告语或社会流行语等形成的习惯用语。习语类口头禅往往来自人民群众的实际生活和日常经验，具有通俗简练、生动形象、幽默风趣的特点，在形式上具有结构凝固、韵律感强的特点。习语类口头禅主要包括“成语口头禅”“俗语口头禅”“谚语口头禅”“社会流行语口头禅”“影视剧台词口头禅”以及“广告语口头禅”。

成语口头禅

成语是人们长期以来习用的、形式简洁而意思精辟的定型的词组或短句，是汉语熟语语汇系统中一个比较重要的类别。成语负载着较为丰厚的文化内涵，以其结构的凝固性、古朴性、哲理性、典雅性而与其他熟语相区别。“成语口头禅”就是引用成语作为口头禅，能够增强话语的表达力，是一种普遍的语用行为。常见的“成语口头禅”有“马马虎虎”“听天由命”“心服口服”等。

（1）“行呀，牛爷！你这不是也当董事长了吗？”魏爷笑了笑。“马马虎虎吧。这年头，董事长和总经理还不是大把抓，能拿簸箕撮了。”（刘一达《北京爷》）

（2）刘国亮说：“洪局，经您这么一分析，我真是心服口服了。看来我还是有点儿急躁了。”（梁歌《黑暗中的花朵》）

上例中的“马马虎虎”“心服口服”都是“成语口头禅”。例（1）中的“马马虎虎”体现了说话人的一种自谦。例（2）中的“心服口服”则表现了说话人对对方由衷的敬佩。

俗语口头禅

俗语作为大众语汇是中国传统文化的重要组成部分，从不同侧面记录了不同时期中国人的精神生活和民俗风情，承载了民众对美好生活的追求与希望，具有丰富的文化内涵和多重文化价值。“俗语口头禅”就是引用俗语作为口头禅，同“成语口头禅”一样，都能够增强话语的表达力，是人们常用的口头禅。典型的“俗语口头禅”有“得人钱财，与人消灾”“出水才看两腿泥”和“有其父必有其子”。

（1）罗尚《道士上表》：在道士、端公的社会里，流行的口头禅：得人钱财，与人消灾。凡法事完毕，要为主人家留存一本厚档案，

叫“义纸簿”。（朱介凡《中华谚语志》）

（2）朱老忠听到这一刻，直着眼睛愣了一刻，说：“不要着急，慢慢来吧，我就是为咱这穷哥们来的，不是的话我还不回来呢！目前他在马上，咱在马下，早晚他有下马的一天。出水才看两腿泥！”（梁斌《红旗谱》）

（3）李光头清楚地记得他母亲当时惊恐地躲开眼睛，悲哀地背过身去，抹着眼泪喃喃地说：“有其父必有其子啊。”（余华《兄弟》）

例（1）中的“得人钱财，与人消灾”是道士的口头禅。例（2）中“出水才看两腿泥”是《红旗谱》中朱老忠的口头语，集中反映了他的既坚且韧的斗争性格。例（3）中的“有其父必有其子”是刘镇的男女老少的口头禅。因李光头没有见过他的亲生父亲，在他出生的那一天，他的父亲臭气熏天地离开了人世。李光头和他的父亲是一根藤上结出来的两个臭瓜。所以刘镇的男女老少张口闭口都要说上一句“有其父必有其子”的口头禅。就连吃奶的婴儿牙牙学语时，也学起了这句拗口的文言文。

谚语口头禅

人们为了谋求更好地生存，谋求社会的发展，有必要把自己在生产劳动过程中获得的知识，传播给社会，留传给后代，在没有文字的条件下，只好采用口耳相传的办法。谚语作为一种简练的语言形式，就是适应这种需要而产生的。“谚语口头禅”就是用谚语来传授知识或讲道理的一种习惯性语言，是汉民族的一种文化习俗。典型的“谚语口头禅”有“打铁还得自身硬”“三个臭皮匠，顶个诸葛亮”“众人拾柴火焰高”等。

（1）杜娟：“大娘，您要想通，张强哥在厂子里管业务，您老应带头保证质量才对。打铁还得自身硬啊！”（颜廷芳《银河春晓》）

（2）“不！同志们！”赵明恩笑容可掬地拍拍手说：“在我说话时，大家都可插话提问，这就叫三个臭皮匠，顶个诸葛亮啊！……”（辛大明等《巴山游击队》）

（3）“那太好啦。真是众人拾柴火焰高啊！好吧，咱们一言为定，明天一起行动。”老支书高高兴兴，不到一袋烟工夫，就把第二天的活计全都安排妥当。（田野《芳园之歌》）

例（1）中的“打铁还得自身硬”体现了提高自身素质的重要性。例（2）和例（3）中的“三个臭皮匠，顶个诸葛亮”和“众人拾柴火焰高”则告诉我们要集思广益，集体的智慧和力量是强大的。

社会流行语口头禅

一种流行文化总是一种世界的浓缩反映。“社会流行语”是社会某个时期在某些人中广泛流行的语言形式，是特定时代社会生活、社会心理、社会热点，以及风俗、时尚、文化观念和价值取向的具体、生动的反映。而口头禅是社会流行语的一种，它不光来自个人的言语习惯，来自地域方言和社会方言，来自习用语，也来自社会流行语。“社会流行语口头禅”有“申报纸”“希理达，嫁文华”“撸起袖子加油干”等。

（1）申报的牌子最老，同治十一年（一八七二）创刊，上海人叫惯了《申报纸》，成口头禅，乃以之通称一切的报章。但据陈定山《春申旧闻》的考证，申报不过是名气特大，资格虽老，却并非上海第一家报纸。另有三家报纸，比申报创刊为早：上海《每日时报》英文版，咸丰十一年（一八六一）八月十一日创刊；中文的《上海新报》，咸丰十一年十一月创刊；英文晚报的《黄昏》，同治六年（一八六七）九月。（朱介凡《中华谚语志》）

（2）“希理达，嫁文华。”过去教会在中国办学校，喜办“姊妹学校”。如在上海办圣约翰大学，紧接着办圣玛丽女学，在苏州办东吴大学，接着有景海女学。所以武昌办文华书院（华中大学前身），接着办圣希理达女校，这女校学生的情郎标准，是文华书院学生，因有此口头禅。（朱介凡《中华谚语志》）

（3）“王厅长，那首先是咱党中央的政策好啊，每年‘一个一号’文件，每年我们刚刚遇到点难题，党中央就为我们农民考虑到了，

我们才能撸起袖子加油干啊。”（七子《黄土高天》）

例（1）中的《申报纸》是上海办刊较早的、出版时间最长的一份报纸，因而用其通称一切的报纸。例（2）中“希理达，嫁文华”是民国时期武昌的民谣，生动描述了当时希理达女校和文华书院的亲密关系。例（3）中“撸起袖子加油干”是习近平同志2017年新年贺词中的话，后来成为社会流行语，常用作催人奋进的场合。

影视剧台词口头禅

我们生活在一个影像的世界中，影视语言让生活和影视“不分彼此”，不少电影或电视剧里的对语、台词，尤其是那些生活化、口语化、形象化的台词，会成为不少人模仿的对象，成为社会流行语。“影视剧台词口头禅”能够提高自己的说话技巧，典型的有“俺就是想要个说法”“I 服了 YOU”以及“元芳，此事你怎么看”等。

（1）俺就是想要个说法。（电影《秋菊打官司》）

（2）“I 服了 YOU！”（电影《大话西游》）

（3）元芳，此事你怎么看。（电视剧《神探狄仁杰》）

例（1）是电影《秋菊打官司》中秋菊重复多遍的名词，电影于1992年公映后，几乎人人都记住了这句用陕西发音表达的“讨个说法”的点睛台词。例（2）是电影《大话西游》周星驰扮演的孙悟空说的一句经典台词，这句台词中英文混搭，具有调侃味道。例（3）是电视剧《神探狄仁杰》中狄仁杰经常对他的助手李元芳说的一句话，现用来表达质疑、嘲讽或公开征询看法，是网络流行的一种语言风格。

广告语口头禅

广告是语言的艺术。讲究文采的广告语言往往能引起读者的兴趣，吸引受众，形成“流行”趋势。大多数广告语会使用朗朗上口的顺口溜形式或对偶的形式，这样就有利于它广泛流行。当那些简洁而精辟的广告语流行后，就会成为人们的口头禅。“广告语口头禅”主要有“味道好极了”“农夫山泉有点甜”“一切皆有可能”等。

(1)味道好极了。(雀巢咖啡广告)

(2)农夫山泉有点甜。(农夫山泉广告)

(3)一切皆有可能。(李宁品牌广告)

例(1)是雀巢咖啡的广告。语言好像淡淡无味，普通得不能再普通，却家喻户晓，成了人们的口头禅。例(2)的广告语给人留下了深刻印象，这则广告语抓住国人重情的文化心理，体现了中华民族温良、慈爱的传统美德。例(3)是一句大众化的广告语，它被赋予新的内涵，让产品一时间家喻户晓，使李宁品牌达到了前所未有的普及广度。

(五)个性化口头禅

口头禅是为表征说话人性格、态度与感情等主观方面而采用相应的结构形式经过程式化而形成的。口头禅话语的使用能够体现人的个性，彰显说话人的性格与态度。性格类型是在一类人身上所共有的性格特征的独特结合。不同的性格在个性、态度、行为、心理上有不同的倾向性，如积极进取、勇于开拓、敢于担当，或谨慎、严谨、俭朴等。根据人的性格特征，往往会形成不同类型的口头禅。个性化口头禅主要有“迂腐型口头禅”“柔弱型口头禅”“疑惑型口头禅”“忧虑型口头禅”和“稳妥型口头禅”。

迂腐型口头禅

“迂腐”就是守旧固执，言行拘泥于陈腐的准则，不知变通，不合时宜，不能顺应时代潮流接受新思想。明代陆容的《菽园杂记》卷六中曾提道:“尝见文人中有迂腐及浮薄者，往往指斥持法勤事之士，以为俗流。”“迂腐型口头禅”多表现出时人因循守旧、死板保守。这类口头禅有如“多乎哉？不多也”“之乎者也”以及“一代不如一代”等。

(1)孔乙己着了慌，伸开五指将碟子罩住，弯腰下去说道，“不多了，我已经不多了。”直起身又看一看豆，自己摇头说，“不多不

多！ 多乎哉？ 不多也。”（鲁迅《孔乙己》）

（2）穿的虽然是长衫，可是又脏又破，似乎十多年没有补，也没有洗。他对人说话，总是满口之乎者也，教人半懂不懂的。（鲁迅《孔乙己》）

（3）九斤老太虽然高寿，耳朵却还不很聋，但也没有听到孩子的话，仍旧自己说，“这真是一代不如一代！”（鲁迅《风波》）

例（1）“多乎哉，不多也”出自《论语·子罕》，意思是这些技艺算多吗？ 一点也不多。鲁迅从中截取了“多乎哉，不多也”来塑造孔乙己的迂腐形象。例（2）中孔乙己生活的年代，是从文言文到白话文的过渡时期，“之乎者也”形容孔乙己说话半文不白。例（3）里的“一代不如一代”，表现了九斤老太盲目留恋封建传统的一切，对下一代的不满情绪，这个口头禅揭示出陈旧腐朽的保守观念以及农民的狭隘性。

疑惑型口头禅

“疑惑”多为质疑、疑虑，是指心里不明白，有不相信的困惑。出自《墨子·公孟》：“若大人行淫暴于国家，进而谏，则谓之不逊；因左右而献谏，则谓之言议，此君子之所疑惑也。”使用“疑惑型口头禅”之人性格往往多疑，对于某些事情产生疑虑，便大胆质疑询问。常见的“疑惑型口头禅”有“恐怕不是吧”“你确定”“真的假的”等。

（1）他在里头这么一吆，刘妈一看忙说道：“杨姐，这轿子里是主母吗？ 要是主母，应当接了过去，如今他这一抢，恐怕不是吧？这三更半夜的。”（齐豫生、夏于全主编《英雄八大义》）

（2）她难以置信般地瞪大了眼睛：“你确定？ 真的要定？ 不要考虑下吗？ 也不用那么急着做决定……”她那种为人考虑的性格特质又表露出来。（红枣《延时爱恋》）

（3）张俊杰忙说：“廖琪瑶还发表过好多诗歌呢。”“真的假的啊？ ”顾方达还是不敢相信。（伍美珍《失踪的收音机》）

例（1）中的“恐怕不是吧”和例（2）中的“你确定”分别是对某个人和某件事情表示质疑。例（3）中的“真的假的”是顾方达惊讶、不可思议心情的表现。

忧虑型口头禅

“忧虑”意指忧愁思虑、担心害怕。陶渊明《杂诗》中曾写道“值欢无复娱，每每多忧虑”。使用“忧虑型口头禅”之人往往性格多愁善感。造成性格忧虑有多方面的因素，家庭环境是最主要的因素之一。一些家长经常以过度、过激的情绪来表达对孩子的关爱，容易把焦虑和恐惧情绪传递给孩子，造成孩子的退缩、胆小、懦弱。典型的“忧虑型口头禅”有“我的天哪”和“怎么又这样”。

（1）“我的天哪！我的天哪！我的天哪！”欧阳老师痛苦地抱着脑袋，一下瘫倒在地上。（鹤砚《封冻星球》）

（2）钱宽见钟立行有所动摇，便一下子跪在地上，爬过来，抓住丁海和钟立行的衣服：“谢谢您了，钟主任，谢谢！”钟立行和丁海连忙扶起钱宽：“钱先生，你怎么又这样啊，快起来。”（徐萌《医者仁心》）

例（1）中说话人连续说出了三个“我的天哪”，体现了说话人的震惊和担心。例（2）中的“怎么又这样”表达了一种无能为力、无可奈何的忧愁。

稳妥型口头禅

“稳妥”就是稳当、妥帖、可靠。语出明代袁宏道《与黄平倩书》：“弟自入德山后，学问乃稳妥，不复往来胸臆间也。”稳妥之人在现实社会中十分受人青睐，一方面说话中肯，不说大话，不夸大事实；另一方面喜爱包揽全局，让人安心。“稳妥型口头禅”能显示出说话人稳妥的性格，使得他们看起来干练而又可靠，这类口头禅有“差不多”“这事包我身上了”“妥了”等。

（1）方玄绰近来爱说“差不多”这一句话，几乎成了“口头禅”似的；而且不但说，的确也盘踞在他脑里了。他最初说的是“都一样”，后来大约觉得欠稳当了，便改为“差不多”，一直使用到现在。（鲁迅《端午节》）

（2）英子说：“你都准备好了吗？”“放心吧，我都准备妥了。”（朱一卉《沈绣》）

例（1）中的“差不多”是方玄绰的口头禅。日常生活中，经常使用“差不多”的人多数不会给人以肯定的答案，以确保说话做事留有余地。例（3）中的“妥了”是东北方言，意为“我给你想全了，办到位了，你不用操心了”，带给对方的是放心和放松。

三、口头禅的文化阐释

口头禅是人们日常言语交际中普遍存在的现象，现实生活中，人们总是或多或少地使用口头禅。

诗人但丁曾说过：“语言作为工具，对我们之重要，正如骏马对于骑士的重要。最好的骏马适合最好的骑士，最好的语言适合于最好的思想。”[①] 但口头禅作为一种下意识的言语活动，人们往往认为它多是一些肤浅、俗气、毫无价值的词，无足轻重，甚至认为它是一种累赘，是一种冗余的信息，殊不知，口头禅的存在并不表示语言的不完美或不正确，口头禅的使用有着特殊的语用价值。

（一）体现语用价值

口头禅在言语交际过程中具有积极的话语功能。口头禅是一种话语标记语，具有开启话题、接续话题、转换话题、延缓语气的功能。

肖庚生在《口头禅话语的多维度考察》一文中对口头禅话语所承载

① 西南师范学院，重庆师范学院中文系写作教研室编：《写作格言轶事集锦》，重庆出版社 1982 年版，第 64 页。

的积极表达效果做了积极的探讨，肖庚生认为，“有些说话人在言语交际活动启动时，就在话语的开端位置将他们的口头禅话语脱口而出，其功能在于可以向受话人传递开启话语的信号，旨在引起受话人的关注，以期受话人能把注意力转移到与说话人之间即将要启动的言语互动中来；与此同时，说话人在话语起始位置使用口头禅，也有助于自身赢得多余的时间进行言语内容与话语组织的思考，以便取得较佳的言语表达效果”[①]。肖庚生认为，口头禅除了能够开启话语交际活动外，还能够促进语篇连贯，填补语流空隙，转接话轮与夺取话轮，缓解受话人信息理解与加工压力，宣泄情感。

马国彦在《话语标记与口头禅 —— 以“然后”和“但是”为例》一文中提出，“口头禅是话语标记的虚化实现状态”[②]。文章指出，口头禅“可用作帮助推进和顺接的明确支点：以其顺次出现，使话语进程平稳，发话行为得以延展”。当话题链由于某种原因断裂时，“口头禅有助于辨识、寻找断裂之前的话题，修补话题链”。在较长的独白话语中，口头禅常常是不介意溜出来的，是话题不断转换出现的言语串联现象。“此时，口头禅是协助转换话题并将它们逐一连接到话语进程的编辑符码。”[③] 口头禅有交流互动功能，在话轮接续方面发挥着重要作用。对话过程中看似随声附和的“嗯”“啊”“是”“对”“是不是”“对不对”等表达方式实际上是一种意见反馈，是一种话轮接续。

口头禅在日常话语中的作用具有两面性，使用不够恰当会产生消极影响，我们应该客观、辩证地看待口头禅在言语交际中的表达效果。张口“差不多”，闭口“无所谓”，一会儿“这个”，一会儿“那个”，使原本清晰的话语逻辑表达关系变得不够顺畅，或模糊或隐晦，这样一来，它不仅没有达到说话者期待的连贯效果，还可能沦为陈词滥调让人腻烦，使语言变得更加单调乏味、拖沓冗长、支离破碎，甚至造成语言污

① 肖庚生：《口头禅话语的多维度考察》，博士学位论文，华中科技大学，2013 年。

② 马国彦：《话语标记与口头禅——以“然后”和“但是”为例》，《语言教学与研究》2010 年第 4 期。

③ 马国彦：《话语标记与口头禅——以“然后”和“但是”为例》，《语言教学与研究》2010 年第 4 期。

染。“一些说话人常常对其口头禅进行无意义、无目的地滥用，导致口头禅的使用不但无助于促进话语的衔接与连贯，而且还使得本应完整的话语被肢解得支离破碎，话语内部成分间被无端地隔离开来，话语连贯性被严重破坏。”[①]因此，在言语交际中，尽量做到在讲话前仔细思索，使词汇“对号入座”、有条不紊，强力矫正不恰当、不必要的口头禅。

（二）彰显个性

作为一种习惯用语，口头禅具有反映使用者的态度、情绪，彰显使用者个性的功能。

口头禅的内容和人的性格心理具有密切的关系，因此不同的口头禅反映出不同的性格和生活价值观。说话本质上是一种心理活动，而且，口头禅会因使用主体的变化而变化。“现实生活中人们往往把口头禅理解成代表说话人脾气、性格、态度和观点并被重复提及的话语。此类高频复现的口头禅有时借用、引用某些表达式，有时属说话者自创，往往起到提醒、强调作用，突出总结性和计划性的特点。”[②]例如，口头禅是“说真的”“老实说”“的确”“不骗你”的人，往往具有一种担心对方误解自己的心理，性格急躁，内心常有不平。经常说“应该”“必须”“必定会”“一定要”的人，自信心极强，很理智，为人冷静，自认为能够将对方说服，令对方相信。但“应该”说得过多时，反而说明他有动摇心理。

语言的风格是个人文化素养的体现，挂在嘴边的口头禅所属的语言风格，反映了人的一种情绪、人当时的一种心态，同时，也间接反映了一个人的性格。比如爱说“差不多吧”“无所谓”“随便”“就那样”的人往往是安于现状、缺乏主见、目标不明确的人；“据说”“也许”“还是算了吧”反映出自信心不足；“真没劲”“没意思”“真烦”表明了这人

① 肖庚生：《口头禅话语的多维度考察》，博士学位论文，华中科技大学，2013年，第128页。

② 厉杰：《口头禅：类别、机制、功能》，博士学位论文，上海外国语大学，2013年，第110页。

欠缺激情和真诚；而喜欢说“没问题”“看我的”“一切皆有可能”的人，通常充满自信，乐于承担责任；喜欢说“真好玩”“真有意思”的人乐观热情。

清末民初，龙溪县有王振南其人，口头禅为“无办法”。人们遇到困难不易解决，就引此谚解嘲。“我先前比你阔多了。”阿Q用夸耀过去来解脱现实的苦恼，暴露的是他内心拥有的自卑而又自大的精神胜利法。鲁迅的《风波》中九斤老太的“一代不如一代”，表现了她的“自大好古”的思想。她受封建传统思想毒害至深，因循守旧，顽固保守的习惯占据着她的心灵，使她总认为过去比现在好。“一代不如一代”的口头禅表白了她“不满”的全部内涵。一句口头禅，不仅写出了一个人的自我性，还挖掘了整个社会中国民的守旧和愚昧，说明人民群众中还存在着不自觉的复辟倒退支持者。《西游记》中，唐僧的口头禅“阿弥陀佛，善哉，善哉”，表现出高僧的菩萨心肠；孙悟空的口头禅“俺老孙来也，妖怪看打”，表现的是孙悟空的火眼金睛，除妖降魔是他的主要任务。又如《水浒》中的吴用常用“听说”“据说”“听人讲”这些口头禅，是为了给自己留有余地。这种人见识虽广，决断力却不够，很多处事圆滑的人，易用此类口头禅。口头禅是“但是”“不过”的人，有些任性，因此总用一个“但是”来为自己辩解；同时，“但是”也反映了这种人温和的特点，它比较委婉，没有断然的意味。当一个人词汇少，或是思维慢时，会在说话时利用“啊”“呀”“这个”“嗯”这几个口头禅作为间歇。因此，有这种口头禅的人，反应是较迟钝的。但也会有狡猾的人使用这种口头禅，因为怕说错话，需要这点间歇来思考。

许多口头禅都是作者强烈感情的迸发。使用者在使用这些口头禅时更着重于其音节的选取而非意义，也就是说骂人的话作为口头禅使用时主要是宣泄一种情绪而不一定是骂人。我们没有必要对这些口头禅过分指责。相反，对常见于校园文化的“好累”“好烦”“我比你烦”“烦不胜烦”“郁闷”等口头禅要重视。这些口头禅常反映出社会的压力给个人带来的情绪反应。现在许多中小学生也流行“好累”“活着好累”的口头语，反映出家长、老师、周围人对他们期望太高，造成了他们极大的心理压力。这些词的高频率使用不利于中学生心理的健康发展。

《人民日报》曾发表一篇《话说口头禅》的文章。文章说，口头禅是人们常常挂在嘴边、重复率较高的话，体现着一个人的品位和作风。对于领导干部来说，口头禅可以从一个侧面体现其规矩意识和工作作风，会对周围的人产生影响，切不可轻视。文章这样写道：

> 时下有的党员领导干部尤其是单位或部门的一把手，仍然会说出一些不太合适的口头禅。例如，把单位提供的公务用车和司机叫作“我的车”“我的司机”，把办公室主任、财务科长说成“我的办公室主任”“我的财务科长”，在向他人介绍单位或部门副职时也常说这是“我的副手”。更有甚者，有意无意地说出“只要不出事，宁愿不做事”“看看别人怎么说再说，等等别人怎样做再做”这样的话。经常这样说话，是规矩意识不强、工作作风不实的表现，也是党纪党规所不容许的。[①]

文章分析说，“我的”与“我们的”相比，虽然只少了一个字，但意思大相径庭。“我的”具有特定的归属之意，意在凸显自己的特殊定位，有鲜明的排他性；“我们的”则具有归属集体的意思，体现的是一种平等意识。领导干部是“关键少数”，其口头禅既是领导方式和工作作风的体现，也是其内心深处权力观、政绩观和群众观的下意识流露。特别是一把手，他们是“关键少数”中的“关键少数”，其口头禅甚至会成为一个单位、一个部门的风向标，不可不慎重对待。“有人可能会说，将‘我们的’说成‘我的’不过是句口头语或‘口误’，如此这般的深剖细究有点吹毛求疵。其实不然，见微知著这个成语意在告诫人们：只有从小的方面看到事物发展的走向，才可能及时防微杜渐。”[②]

---

① 《人民日报》，2018 年 11 月 5 日，第 7 版。

② 《人民日报》，2018 年 11 月 5 日，第 7 版。

第五章　礼貌语

礼貌语即礼貌习俗用语，是人们在工作、生活中所要遵循的礼节，是一种约定俗成的语言规范，是人们进行和谐交流的润滑剂。中国素有“礼仪之邦”的美称，有着悠久的礼仪文化，中国人民创造了类型多样、数量可观、内涵丰富的礼貌用语。

一、礼貌语及礼貌语俗

礼貌语是社会文明的重要标志。西方传教士利玛窦曾赞叹：“中国这个古老国家因讲究礼数而知名于世。”“中国古称礼仪之邦，人民重礼好客，就连打仗，也讲先礼后兵。在中国古代社会里，这种礼仪，是伦理政治的核心，是儒家社会的模型，也是一种人格理想。”[①] 中国传统的礼仪文化影响着人们的言行，从而促使礼貌语的产生与发展。礼貌语的广泛应用甚至可以追溯至上古社会，经过千年的传承与流变，已经固定成为礼貌语俗，不断沿袭并定格在中国人的心中。

（一）礼貌语的概念

“礼”源于祭祀神灵、祈求赐福的初民认知理念。《说文·示部》云：“礼，履也，所以事神致福也。”《礼记·礼器》：“礼也者，合于天时，设于地财，顺于鬼神，合于人心，理万物者也。”

礼貌是人们内在“礼”性的外在化。《辞海》（语词增补本）说：“［礼貌］恭敬和顺的仪容。”《现代汉语词典》（第七版）说：礼貌是“人际交

① 转引自董晓萍《说话的文化》，中华书局 2002 年版，第 14 页。

往中言语动作谦虚恭敬、符合一定礼仪的表现”。

布朗和莱文森（Brown & Levinson，1978）、利奇（Leech，1983）等学者认为“礼貌是人们在交际中避免冲突、缓和面子威胁的一种策略”[①]。陈松岑认为“发自内心而形于外表的礼就是礼貌”[②]。黎运汉认为“礼貌是人们社会交往中待人接物的外在表现，是相互之间表示尊重和友好的言行方式和规范的总称”[③]。

礼貌用语，是指通过语言方式来调节人际关系，表示尊重交际对方的习惯用语。礼貌语有广狭之分，陈松岑先生（1989）指出：“广义的礼貌语言指一切合于礼貌的使用语言的行为以及使用的结果。”[④]简言之，只要传达礼貌信息的话语就是礼貌言语。有礼貌不单要求所说的句子具有合理性，还要求它具有在特定社群中的可接受性。所谓合理性是指句子符合语言模式。狭义的礼貌语言则单指各种交际场合中具有合理性和可接受性的表达礼仪的特殊词语，通常专指特定语言社群中某些现成的词语。

（二）礼貌语的特性

礼貌语具有尊人性、功利性、民族性、情景性的特性。

“礼”是我国传统社会人际交往中必要的、核心的内容，礼貌的言辞在人际交流中承载着尊重、友善与爱护的感情色彩。《礼记・曲礼上》：“夫礼者，自卑而尊人。虽负贩者，必有尊也，而况富贵乎？”《墨子・经上》解释“礼”为“敬也”。“贬己尊人”是中国礼貌文化的一个重要方面。汉语的礼貌语在使用过程中，不论是问候语、自谦语、致歉语、告别语、称呼语，都遵循着尊人卑己的原则，这是一种非常突出的道德倾向。“纵观古今，中华民族‘贬己尊人’的语用现象比比皆是，这一现象并不是纯属巧合，也不是历史不经意的累积，而是承载着深厚的文化根源。而

① 转引自孟君《英语学习者礼貌习得研究》，《智库时代》2019 年第 32 期。
② 陈松岑：《礼貌语言》，商务印书馆 1989 年版，第 1 页。
③ 黎运汉主编《公关语言学（第五版）》，暨南大学出版社 2018 年版，第 141 页。
④ 陈松岑：《礼貌语言》，商务印书馆 1989 年版，第 4 页。

这一文化内涵的表层现象——‘礼貌’是各社会、各群体共有的普遍现象，是人们交际活动的基本准则，是维系人际和谐的工具和手段，是人类文明进步的重要标志。”[①] 例如：

（1）两公子出来相见，礼毕，奉坐。那人道：“久仰大名，如雷贯耳！只是无缘，不曾拜识。”三公子道：“先生贵姓？台甫？”那人道：“晚生姓陈，草字和甫，一向在京师行道。昨同翰苑鲁老先生来游贵乡，今得瞻二位老爷丰采。三老爷‘耳白于面，名满天下’；四老爷土星明亮，不日该有加官晋爵之喜。”两公子听罢，才晓得不是杨执中。（清·吴敬梓《儒林外史》）

（2）记者：请问陈新华在家吗？

陈新华：你是谁呀？（《骗了原告骗被告》，《焦点访谈》央视国际2004年6月15日）

（3）孩子高兴地说：“对，这是我的斧子。谢谢您，老爷爷！”（九年义务教育六年制小学教科书《语文》第三册《斧子的故事》）

例（1）中，陈和甫与两位公子初次相见，三公子问起陈和甫的姓氏及表字时，尊称他为“先生”，还使用敬辞“贵姓”，以示礼貌。陈和甫自称为“晚生”“草字”，尊称两位公子为“三老爷”“四老爷”，尊称公子的家乡为“贵乡”，还使用了“久仰大名，如雷贯耳”等赞许之词。例（2）中，问话的一方和答话的一方均使用了礼貌用语。问话时使用了尊敬对方的词语“请问”，应答一方在回话时用了带有礼貌色彩的语气词“呀”，表示对对方的尊重。如果不带语气词，直接回问“你是谁”，表达的则可能是不屑、轻蔑等非礼貌信息。例（3）中的“谢谢您”和“老爷爷”都是尊人的礼貌用语。汉语的礼貌用语文雅谦逊、庄重得体。

从某种程度上说，礼貌语言还具有功利性，即为了达到某种目的、

① 任露：《汉文化中“贬己尊人”语用现象浅析》，《读与写》（教育教学刊）2010年第9期。

获取某种利益而使用礼貌语言。如老舍《茶馆》里的一段对话很能说明这个问题。

王利发:哎哟!秦二爷，您怎么这么闲在，会想起下茶馆来了?也没带个底下人?

秦仲义:来看看，看看你这年轻小伙子会做生意不会!

王利发:咦，一边做一边学吧……在街面上混饭吃，人缘儿顶要紧，我按着我父亲遗留下的老办法，多说好话，多请安，讨人人的喜欢，就不会出大岔子!

您坐下，我给您沏碗小叶茶去!

秦仲义:我不喝!也不坐着!

王利发:坐一坐!有您在我这儿坐坐，我脸上有光!

秦仲义:也好吧!(坐)可是，用不着奉承我!

王利发:李三，沏一碗高的来!二爷，府上都好?您的事情都顺心吧?

秦仲义:不怎么太好!

王利发:您怕什么呢?那么多的买卖，您的小手指头都比我的腰还粗!

对话的一方秦仲义是房主，年尊辈长，想要提高房租。王利发是房客，年纪轻轻，不想房租提得太高。于是王利发的礼貌话语其实也是一种生活策略，具有明显的功利性。礼貌语具有功利性目的，这是人际交往的互利原则在起作用。

礼貌语与时代背景与民族文化有密切的关系。就礼貌语而言，学习使用一个民族的礼貌语需了解整个民族的语用文化。两千多年来儒家思想影响下的汉语，其礼貌语充分地体现出这一文化特点。如中国人问候他人寒暄时、告别时表达的大都是对他人生活的关切之情，如“吃了吗”“你去哪儿”“干啥去”“慢走”，而英美文化背景下的人们在寒暄时尽量避免谈及个人问题，强调个人的隐私和个人的自由。中国人在邀请他人时语言恳切坚决，接受邀请时则自谦尊人，以客气推辞为礼貌。在西方，客人对主人的邀请往往是以痛快接受为礼貌，邀请他人时语气则不十分坚决，以便给人留有余地。

情景也是语言学习中的一个重要概念，语言形式都是在情景理解、操练而被学习者所内化的。礼貌语与不同的情景相互关联，不同情景中的礼貌表达会使用到不同类型的礼貌语。情景不同，礼貌语随之会有所变化。一般来说，人们在送别远行的亲人或是客人时，往往道声“一路顺风”，祝福对方旅途顺利。可是这句祝福的话并不适用于所有的告别场合。在机场送别亲朋好友的时候，就不宜用“一路顺风”。我国的《飞行条例》中明文规定：通常情况下，飞机应逆风起飞和着陆。这是因为从运动力学原理看，飞机在起飞和着陆时逆风是最安全有利的。当飞机起飞时，它的速度要由零逐渐增加。若顺风，加速度大，而速度增加得过快，容易出事故，飞机的安全性就差。当飞机在着陆时，它的速度要逐渐减为零。若是顺风，减速慢，飞机着陆滑行的时间和距离长，也容易出事故。飞机逆风着陆的安全性原则上大于顺风着陆，因此当您在机场和亲朋好友告别时，最好不要使用“一路顺风”。

（三）礼仪文化与礼貌语俗

中国传统礼仪文化延续传承至今，已形成固定的礼貌习俗，有着约定俗成的礼貌用语。礼貌习俗为人们所普遍奉行遵守，在全社会形成了礼貌风尚，某种程度上约束着人们的行为，促进礼貌语的使用。

《说文解字》：“礼，履也。所以事神致福也。”意指“礼”是履行敬拜活动，用来敬神致福的仪式。如《礼记·礼器》载：“礼也者，合于天时，设转地财，顺于鬼神，合于人心，理万物者也。”又载：“礼也者，犹体也。体不备，君子谓之不成人。”可见，“礼”的最初含义是供神的仪式，可以说，“礼”起源于祭祀神灵以求致福的活动。《大戴礼记·本命》：“冠、婚、朝、聘、丧、祭、宾主、乡饮酒、军旅，此之谓九礼。”此时，“礼”为表达敬意或表示隆重而举行的仪式，如婚礼、葬礼等。

“礼”具有社会法则的功能。《论语·尧曰》：“不知命，无以为君子也。不知礼，无以立也。不知言，无以知人也。"《孟子·尽心》曰："不信仁贤，则国空虚。无礼义，则上下乱。无政事，则财用不足。"《左传·昭公二十五年》云："夫礼，天之经也，地之义也，民之行也。"简要地说，"礼"主要是指代社会中人与人之间相互尊重、友善的行为规范，是礼貌、礼仪、礼节的结合。礼貌是礼的重要表现，是内在"礼"性的外显。从词源上看，"礼貌"一词在《孟子·告子下》已经出现："所就三，所去三，迎之致敬以有礼；言将行其言也，则就之。礼貌未衰，言弗行也，则去之。"《辞海》中的"礼貌"以此记载释其义为"恭敬和顺的仪容"。"礼"从人类精神寄托作为起始，经历了规约礼制、社会法则，逐渐演化成一种文化现象。礼仪文化其实是以礼仪为内核所形成的物质体系及精神体系的总称。随着时间的推移变化，"礼貌"之意逐渐演变为谦虚恭敬、关心他人的言语动作表现。

问候语是社会生活的真实反映，从一句简单的问候语，我们就可以看到这个民族在某一时期的社会生活的特点和人们生活的方式。据史料记载，我国古代最早的问候语是"无它乎"，在当时的语言中，"它"即"蛇"的初文。《说文解字》："它，虫也。从虫而长，象冤曲垂尾形。"在出土的商代青铜器上，"它"字在其铭文中就是弯弯曲曲的蛇形。人类学家和考古学家们认为，我们的祖先在还没有学会造房的时候，能穴居野外，居住条件极为简陋。在这样的居住条件下，爬行动物，尤其是蛇就成了人们身体健康甚至生命安全的最大威胁，许多人常会在熟睡中被其咬伤，甚至丧失生命。"无它乎"的意思就是说"你没有被蛇咬着吧"，或是"你没有碰到蛇吧"。长此以往，"无它乎"也就成为上古先民日常见面的问候语。随着社会条件的改善，人们居有定所，但落后的卫生条件往往会对当时人类的身体健康造成极大威胁，久而久之，问候语"无恙乎"开始传播得更为广泛。"无它乎""无恙乎"两句问候语都展现出上古人类深刻的忧患意识，而无病无灾是当时人类最基本的生存诉求。类似的问候语体现出古代人对于生存的基本要求，同时也是人们相互关怀的重要体现，这便是早期礼貌用语的雏形。

先秦时期还出现了一系列有关致歉的礼貌用语，如"某某之罪也"。

《左传·僖公四年》:“贡之不入，寡君之罪也，敢不共给？昭王之不复，君其问诸水滨。”《左传·僖公二十四年》:“及河，子犯以璧授公子，曰：‘臣负羁绁从君巡于天下，臣之罪甚多矣，臣犹知之，而况君乎？请由此亡。’”又诸如“某某之过也”。《左传·僖公三十年》:“公曰：‘吾不能早用子，今急而求子，是寡人之过也。然郑亡，子亦有不利焉。’”

其实，以“吃了吗”等一类形式作为问候语的习俗早在中国古代便已经开始出现。封建社会初期，生产力水平极大提高，人们的生活环境有了很大改善，已经从基本的生存需求转换到对提高生活水平的追求。此时人口急剧增长，但粮食种植技术落后，农副产品缺乏，难以满足当时人们的吃饭需求。我国历史上多次出现饥荒，据记载鲁国曾出现五次饥荒。汉代之后，部分地区才出现一日三餐的习惯，但仍有部分地区食不饱穿不暖，问候“食饭否”的习俗便应运而生。《战国策·赵策》中，触龙见赵太后问候致意曰:“日食饮得无衰乎？”《礼记·礼运》记载:“夫礼之初，始诸饮食。”这是饮食文化和礼仪风俗的早期碰撞。北宋《吕氏乡约》在记录礼俗的部分中曾写道:“凡往见人，入门必问主人食否……”明代时，葡萄牙人伯来拉在《南明行纪》中也有记载广州人见面问候通常说“食饭否”。清朝，“食否”已经成为流行问候语通行全国，甚至用于外交场合。

温饱问题一直以来都是农耕时代人民的基本诉求。问候是否吃饭可以反映出当时人们饱受饥饿的煎熬，想要摆脱穷苦饥饿的迫切追求。20世纪70年代以前，问候语“吃了吗”再度走红。由于70年代以前中国的粮食供应比较紧张，能否吃饱肚子是人们最为关切的问题。那时若到北方人家做客，即使不是吃饭时间，主人一般也要端上来馒头或烧饼给客人吃，表示尊重和欢迎。若杯水待客就显得不够热情，而且也显出主人的小气。“吃了吗”的问候语就是在这样的背景下流行的。

“吃了吗”是中国人从古至今习用的见面时的问候语，究其原因有以下几点。

第一，与中国农业大国的国情有关。“吃”是人类最基本的生存需求，与人们日常生活密不可分，加之中国古代统治者长期实行重农政策，中国农业社会的生产方式以及生活方式，使得“吃饱吃好”成为美好生活的象征。

第二，与中国传统的节日饮食习俗有关。正所谓“民以食为天”，不同的传统节日都有独具特色的饮食习俗，如春节的饺子、元宵节的汤圆、端午节的粽子以及中秋节的月饼，这些节日饮食绵延至今，已成为中国传统文化的一部分。中国传统文化中，饮食文化占据十分重要的地位。如：“谋生叫糊口；工作叫饭碗；受雇叫混饭；靠积蓄过日子叫吃老本；混得好的叫吃得开；占女人便宜叫吃豆腐；女人漂亮叫秀色可餐；受人欢迎叫吃香；受偏爱照顾叫吃小灶；不顾他人叫吃独食；没人理会叫吃闭门羹；有苦难言叫吃哑巴亏；嫉妒叫吃醋；理解不透叫囫囵吞枣；理解深刻叫吃透精神；广泛流传叫脍炙人口；收入太少叫吃不饱；负担太重叫吃不消；犹豫不决叫吃不准……”[①]

“你好”作为问候语，可追溯至元代，盛行于明清时期。“你好”作为一个主谓结构的“短语”，其中“你”是主语，“好”是谓语。“你”作为人称代词，出现于南北朝时期，《北齐书》中就有“你”的这种写法。关于“你”字，语言学界也有所考证：一是从“尔”到“你”的形变，一是从“汝”到“你”的音变。无论哪一种说法，“你”字在隋唐之际确已开始使用。“你好”作为问候语，出现于宋代之后。“好”为会意字，本义指代“美好”。《说文解字》中说：“好，美也，从女子。”“你好”中的“好”字义则引申为安好。元杂剧中曾有相关的问好方式，下举一例。

姑姑云：白士中孩儿也，喜得美除。我恰才道罢，孩儿果然来了也。孩儿，你媳妇好么？

白士中云：不瞒姑姑说，您媳妇儿亡逝已过了也。（元·关汉卿《望江亭·中秋切鲙》）

这里的“好”与“你好”，使用方式和含义相近。可见，“问好”在

① 赵跃飞：《快意散漫》，同心出版社 2014 年版，第 173 页。

元代已有。

明代则已经有“你好么”这种问候方式了。陆云龙《魏忠贤小说斥奸书》第一回：

> 进忠便喏道：“哥。”拜揖。那汉子也答一个礼，半日出一个声道：“贤弟少礼。长久不见，你好么？”进忠道：“正是时年不好，甚难度日。

自古以来，称呼对方职务、身份的称谓也可作为敬称表达对人的尊敬之意。古汉语中的“天子”与“国君”、“丞相”与“相国”、“主帅”与“将军”等词语均是对帝王、宰相、将军等不同身份的社会成员的敬称。此外，一些由称谓词构成的表示职事称谓的敬称如今已经演变为泛化的社会通称后继续沿用。“师傅”“老师”原表示传授文化、技艺之人，“老板”本是对旧时私营工商业主及其代理人的称呼，此三者均为表示对从事此行业之人的敬称，流传至今，现已开始活跃于社会各领域，成为泛化的社会通用语。此外，以他人或他物旁代称人也是“避直就婉，以借代的方式表达敬意”的一种重要方式。常见的旁代敬称有“陛下”与“殿下”、“尊驾”与“大驾”、“节下”与“麾下”、“膝下”与“足下”、“主上”与“主公”等。

明末清初，常用“给……请安”或“请……安”句式。“请安”是问候的一种形式，源自辽金，是下对上、幼对长的一种礼节，后世也一直长期沿用。发展到清代，“请安”就逐步成了单纯的口头问候形式。

汉语的人际称谓系统中经常用到敬谦称谓，这也是礼貌文化习俗涵化的结果。汉语敬谦称谓承载着我国讲求礼仪的文化传统和道德观念，其形成发展深受讲求礼仪的文化传统和道德观念的影响。在中国人的眼里，交往双方是融为一体的，对待自己的态度也就反映了对待对方的态度，反之亦然。因此，“敬人”因“自谦”而显得越发恭敬，“自谦”因“敬人”而显得越发谦虚，两者互相对比、互相反衬，实质上强调了一种“您行，我差远了”的“水落石出”式的交往态度，即既要抬高对方，又要贬低自己。西方人则不同，在他们眼里，交往双方是处于两极的，如何对待对方是一回事，如何对待自己又是另一回事，尊敬对方归尊敬对方，用不着贬抑自己。他们强调的是“您行，我也不差”的“水涨船高”式的交往态度，强调的是对人尊敬、对己自信的结合。而这两种交往态度的区别实质上是两种文化的区别。因此，中国人喜用谦辞，西方人喜用赞辞。

受传统礼教的影响，尊人卑己已潜移默化地成为汉民族的心理共识和行为遵循。

（四）礼貌语的语言观照

成语是定格化的语言形式，其中可以窥探到中国传统礼仪文化以及礼貌语俗在其中的呈现。汉语文化中尊崇“礼”，提倡“礼多人不怪”，礼成为维护现代社会秩序的行为法则。中华文化强调礼仪文明，以谦虚为美德，在交际时尽量表现为有礼有节，这些传统文化和道德思想都对礼貌语用有着决定性的影响。

描述人有礼貌常用“温文尔雅”“彬彬有礼”等成语。“温文尔雅”意指态度温和、举止斯文，也形容人缺乏斗争性，做事不大胆泼辣。在此之前，“温文”和“尔雅”一直是两个各自独立的词。“温文”指温和而有礼貌，与“威武”相对。该词出自《礼记·文王世子》：“礼乐交错于中，发形于外，是故其成也怿，恭敬而温文。”孔颖达疏：“恭敬而温文者，谓内外有礼，貌恭心敬而温润文章。”唐代孙逖《授殷彦方等王傅制》：“教导之功，既闻于日就；温文之德，遂涉于春储。”清代龚自珍《己亥杂诗》之二八：“不是逢人苦誉君，亦狂亦侠亦温文。”“尔雅”中，“尔”是“近”的意思，“雅”是“正”的意思。司马迁《史记·儒林传序》有“文章尔雅，训辞深厚”，其用“尔雅”来赞誉、形容文辞或文章的纯正高雅。就此而言，所谓“温文”，就是“温习文章”“温润文明”的意思；所谓“尔雅”，就是“接近纯正”“趋近高雅”的意思。“温文尔雅”合起来指代人举止动作温和，有礼节。至清代“温文尔雅”的使用频次极大增加，散见于清代的史书、小说中。如蒲松龄《聊斋志异·陈锡九》：“太守愕然曰：此名士之子，温文尔雅，乌能作贼乎？”《七剑十三侠》第二十四回：“这姑母嫁一个生意人，姓窦名琏，开一爿米麦六陈行。年过半百，单生一个表弟，乳名叫作庆喜。年方一十六岁，生得面白唇红，温文尔雅，老夫妻十分钟爱。”《官场现形记》第五十二回：“这人虽是武官，甚是温文尔雅，人很漂亮，公事亦很明白。现在扶了他老人家的灵柩回籍安葬去了。但是现在四川防营已撤，张游击没有了差使，可否求求老师的恩典安置他一个地方？”

“彬彬有礼”出自《论语·雍也》：“质胜文则野，文胜质则史。文质彬彬，然后君子。”原意为文质兼备的样子，后形容文雅有礼貌的样子。《史记·太史公自序》中也有类似说法记载：“叔孙通定礼仪，则文学彬彬稍进。”“彬彬有礼”也可作“文质彬彬”，原是形容人既文雅又朴实，后形容人文雅有礼貌。明清之际，“彬彬有礼”的使用量极大增加。如清代李汝珍《镜花缘》第八十三回：“唤出他两个儿子，兄先弟后，彬彬有礼。”蔡东藩《清史演义》第一回：“老者拟择日成婚，自是布库里雍顺就住在此家。暇时到村中各家问讯，村人见他彬彬有礼，无不欢迎。”邹韬奋《患难余生记》第一章：“陈氏闻报，亲至车旁迎接，身穿灰蓝色绸衫，彬彬有礼，看上去却好像乡间来的一位财主士绅。”

在古代，君王以礼相待于人才则可用“礼贤下士”，意指对贤者以礼相待，对学者非常尊敬。《宋书·江夏文献王义恭》：“礼贤下士，圣人垂训；骄多矜尚，先哲所去。”《旧唐书·李勉传》：“其在大官，礼贤下士，终始尽心。”《新唐书·李勉传》：“其在朝廷，鲠亮谦介，为宗臣表，礼贤下士有终始，尝引李巡、张参在幕府。”施耐庵《水浒传》第三十二回：“仁兄礼贤下士，结纳豪杰，名闻寰海，谁不钦敬！”曹雪芹《红楼梦》第三回：“礼贤下士，拯溺救危，大有祖风。”吴趼人《二十年目睹之怪现状》第四回：“我今天看见了一位礼贤下士的大人先生，在今世只怕是要算绝少的了。”

齐桓公礼贤下士的事颇多，正是齐桓公礼贤下士，选贤任能，才为其霸业蓄备了大量的有用人才。

描述普通人礼尚来往则常用“以礼相待”，意指在礼节上注重有来有往。“礼尚往来”一词出自《礼记·曲礼上》:“礼尚往来。往而不来，非礼也；来而不往，亦非礼也。”清代曾朴《孽海花》第六回：“雯青顾全同僚的面子，也只好礼尚往来，勉强敷衍。”《东周列国志》第九十六回：“(蔺)相如亦请于秦王曰：‘礼尚往来，赵既进十五城于秦，秦不可不报。亦愿以秦之咸阳为赵王寿！’”

同样用于表述人们有礼貌的成语及用例有：

知书达礼 相敬如宾 冠带之国 济济跄跄 九十其仪 先礼后兵

毕恭毕敬 礼尚往来 礼无不答 礼不嫌菲 礼不亲授 礼义廉耻

礼让为国 礼贤接士 礼贤远佞 以礼相待 厚礼卑辞 识礼知书

诗礼之家 诗礼发冢 诗礼传家 诗礼人家 诗礼簪缨 仁义礼智

敬贤礼士 焚香礼拜 让到是礼 恭而有礼 慢条斯理

这些成语也经历了类似的定型过程，从开始的个体使用到最终的集体行为，最终逐渐变成整个汉民族认同并实施的一种语言行为。

具有表礼貌意义的谚语在民间运用也十分普遍。清代李宝嘉《官场现形记》第三十一回有：“横竖礼多人不怪，多作两个揖算得甚么！”鄢国培《巴山月》:“被接见的人虽然不满意，但董绍孙的微笑与有风度的谈话，具有一种使人消气的魅力，想吵也吵不起来。俗话说，伸手不打笑脸人嘛！”“伸手不打笑脸人”就是重礼貌的表现。“衣帽好不如礼貌好”“礼数在人”“隔壁亲家，礼数原在”“对人不讲礼，没人瞧得起”“礼多人不怪，油多不坏菜”“棋逢对手，先礼后兵”“安上治民，莫善于礼”“出言不好回言重”“上座安宾客，主雅客来勤”“客来不立起，主人没有礼”“礼到人心暖，无礼恼客心”“客无远近，来者当敬”“人敬我尺，我还人丈”等表礼貌、礼让、礼仪的谚语的大量出现，从一个方面也证明中华文化中的礼貌习俗由来已久。

二、礼貌语的类型及应用

中国自古就被称为“礼仪之邦”，热情有礼是中华民族的美德和良好的社会风尚。礼貌语在特定的语言社会中，由于长期的文化传承与风俗习惯逐渐固化成专有的表达礼节的语言。在特定的时代，由于不同的历史文化背景，往往会形成独具特点的礼貌用语，一方面体现出礼貌习俗在言语交际过程中所镌刻的印迹；另一方面展现出特定时代下的物质水平对于礼貌语内容的影响。自古以来，汉语在交际中形成了一套习惯性礼貌语，被人们广泛使用。日常语言行为中，礼貌语范畴有七类，它们是“问候语”“自谦语”“请求语”“致谢语”“致歉语”“称呼语”“告别语”。

（一）问候语

问候语，又叫见面语、招呼语，主要适用于人们在公共场所相见之初，彼此向对方问好，致以敬意或表达关切之意。问候语句式短小简单，是人们生活中最常用的交际口语。熟人见面打招呼，说些问候的话，这是中外互通的交际行为。从言语交际的功能来说，打招呼不一定就要传递某种信息，而是表明一种友好的态度，创造一个和谐的共处环境，问候语是一种维系和谐的人际关系的重要方式。汉语常用的问候语有“吃了吗”“去哪啊”“干啥去”“早上好”“你好”。

吃了吗

“吃了吗”是汉语见面打招呼常用的问候语，多为用餐时间前后，表现出人们热情好客、关切他人的文化习俗心理。“吃了吗”本是乡约，北宋《吕氏乡约》规定：“凡往见人，入门必问主人食否……度无所妨，乃命展刺。有所妨则少俟。”也就是说，不管到谁家去，进门先要问人家吃了没有。而从清朝开始至今，“吃了吗”已经流行全国，从乡约的规定变成了常用的问候语。

（1）姑娘问：“早晨您喝了吗？吃了吗？”老太爷将手一挥：

“那当然！每天早上，一爬起床，一泡尿、一碗茶，非喝不可；一泡屎、一碗饭，非吃不可！”姑娘愣了一下，哈哈大笑。（李焕龙《阿文的故事》）

（2）街坊四邻们出来进去的没事都爱跟我姥爷逗闷子，知道他耳聋就故意大声冲他喊：“刘大爷，吃了吗您哪？”我姥爷就回答：“啊？几点啦？快八点了吧！”（片儿白《白门三代》）

（3）也许那会儿的人，总是吃不饱，饿得慌，所以，甭管什么钟点儿，也不管什么场合，见了面，总要问一声：“吃了吗您？”罗爷手里的牙签，好像就是给您问的这一声预备的。（刘一达《传世猫碗》）

例（1）和例（3）中可见“吃了吗”作为常用的问候语相互打招呼。例（2）中“吃了吗您哪”是“吃了吗”的变体，核心使用意义并未改变。

去哪啊

现代交际过程中，人们见面打招呼多会问候“去哪啊”，以显示人与人之间的亲近。我们国家见面的问候语常常涉及生活中的一些事情，会问一些比较实际的问题，这与中国人注重实践的心理有很大关系。“去哪啊”作为常用的问候语，一方面起到人们交际过程中的寒暄作用，另一方面双方路上偶然见面，问候去哪多表示为一种关切之心。

（1）等那中年妇人走近了，便上前搭话道：“老姐姐，您去哪啊？”这夫人是走娘家的，便回答道：“去孩子他姥姥家。”（凡卉《老狼的故事》）

（2）“去哪啊你？”雷郑宇站在阳台上向下问。“上班！”（顾溆赜《独家爱恋》）

上述例子中的“去哪啊”皆为偶然见面时的问候。

干啥去

“干啥去”看似是一个简单的问候语，却也包含着丰富的文化内容以及语用意义。用在见面时打招呼，一般不强调具体内容，只表示一种礼貌。和其他问候语一样，“干啥去”在使用中具有交际作用，使说话双方的交流更加的通畅，确保会话得以进行。同时，“干啥去”中也蕴含了注重实际的文化心理，体现出了一个民族长时间以来积淀的语言习惯。

（1）虽然头天晚上女儿已经告诉了我们她的安排，我依旧明知故问：“你这是干啥去呀？ 这么早。”“昨天不是给你们说了吗，我们几个好朋友外出放松一下，不陪你们了。”她边说着，手里边收拾着。（张焕军《换一种心境去生活》）

（2）“咦，他伯，这么早干啥去？”张生祥将嘴离开碗，问从阳光下扑踏扑踏走近的高兴全。（暮千雪《巍巍嵯峨》）

（3）“李姗达，这么早干啥去？”排长乐呵呵地问。她急中生智：“晨练去了。”（王絮雨《殇》）

上述三例中的“干啥去”都是早晨熟人见面时打招呼的用语。

早上好

“早上好”是一句简单但饱含感情的问候语，是早上人们见面时打招呼的常用语言，是一种礼貌之举。一句很平常的“早上好”似乎毫无新奇之处，但它却是一天工作好情绪的开始，是构成人际关系，给人留下好印象的首要前提。当这句话带着你的热情与诚恳说出来时，它的效果也就产生了。它不仅能让对方感到你对自己的尊重，还会使双方都有一个好心情。

（1）“早上好呀！ 莉娜，你是来挑头绳的吗？”“早上好，兰特阿姨！ 我只是想选一款吊坠项链。”（叶开《我的街角》）

（2）这时候，老何从屋里走了出来：“早上好，举世无双的莫小瞧！”“早上好，老外公何爷爷！”（王秀梅《请叫我莫大》）

（3）“早上好，阿姨。”欣然高兴地问候着，她又给司马菲介绍

说:“这是马奔。”(李芹《多舛人生》)

例(1)和例(2)中的“早上好”是交际双方互相打招呼的问候语。例(3)中的“早上好”是“欣然”对“司马菲”的问候。

你好

“你好”最初只是在一些知识分子和社会上层有较高文化修养的人们中盛行，相对于传统的招呼语“吃了吗”等，无形中成为高雅、知识、涵养甚至社会地位的象征。有时也可说“您好”。“您好”是现代交际中最常用的向对方表明友好态度的礼貌用语，适用于人际关系较为松散，而不同社群交往频繁的开放型社会中。“您好”也常用作应酬语。如电话接线员在话筒中首道的“您好”，只是表明对对方的以礼相待的态度。

(1)次日天明，净面吃茶，用罢早饭，自己出店，叫赛花在店中等候，直奔菜市口汛守备衙门来了。见一当兵头目，素日认识忠孝是郝老爷的内侄，说:“少爷，你好，从哪里来？”忠孝说:“自家中来，王头儿你好。”(郭广瑞《永庆升平前传》)

(2)见武七鞑子从里边出来，他就说:“贤弟你好哇，久违久违！”武七鞑子说:“大哥，你我有三载总未会面，不想今朝在此相遇。我正要出南城听戏，兄长来了甚好！”(贪梦道人《彭公案》)

(3)“大娘，您好啊！”还没等老人走近，他便迎了上去，从口袋里掏出一张百元钞票，满脸笑容，“大娘，我等着坐公交，想跟您换些零钱”。(殷茹《一个不纯粹的人》)

例(1)和例(2)中的“你好”为问候、打招呼。例(3)中的“您好”是年纪较轻的人对长者的问候，“您好”相对于“你好”，显得对对方更加尊敬。

(二)自谦语

自谦语是指以谦逊的态度来叙述自己的动作或有关事物时所用的语

言。这一类用语多是说自己的短处，或境况欠佳的，是说话人在谈话中以降低自己的身份，来提高听话人或说话人涉及对象的身份地位的敬语表达方式。这种表达敬意的方式在汉语中极为典型，自谦语的广泛使用展现出中国传统文化中所讲求的“谦虚”品质，表现了对他人的尊敬，也表现了中国文化中的礼仪。常见的自谦语有“过奖”“哪里哪里”“客气”“托福”。

过奖

“过奖”是过分夸奖的意思，表示受到过分的表扬和夸奖的谦辞，是委婉表达感谢谦虚之意。在得到尊长或同辈人的赞誉后，表示自己所为不足挂齿，没有资格得到对方的夸奖。另外，也用作对别人赞美之语的回应，常带有客套的色彩。它是我们中国人常用的一种谦辞或者客气的话，也就相当于西方人说的“谢谢”。“过奖”作为表示谦虚的言辞，体现了中华民族的礼仪文化。

(1)阁下以“高尚”二字许我，实过奖了。(清·刘鹗《老残游记》)

(2)老僧曰：“是也。记相公总角时相戏，所许日后乃台辅之器，斯言可记得否？”于公曰：“不敢，恐老师过奖之言。”(孙高亮《于少保萃忠全传》)

(3)她继续说：“我的身体太难受了，找了很多医生都没治好，我觉得您看病认真，又很为病人着想，我希望能继续得到您的治疗。”我说：“您过奖了，这是我应该做的。”(董正平《经方浅悟》)

以上三例中的“过奖”皆为面对他人夸赞时的自谦之词。

哪里哪里

“哪里哪里”是说话人面对别人夸奖时的一种自谦说法，也可理解为用在对话中婉转地表示否定，在语言使用中起着调整人际关系的作用。比如因外貌悦人或成就显著而受到赞扬时，在中国传统礼仪中，受赞扬者可能要说一些与事实相悖的话，如“不、不”“哪里哪里”等自谦或自我否定的话，这都是为了交际双方能够更好地进行交流，并以此来达到文化适宜的效果。

（1）“啊，原来如此，莫非我你二人有缘，碰到一起，回头看完灯，我送你回府，以后小弟还靠状元大人栽培！”“哪里哪里？”（佚名《靖江宝卷》）

（2）我受宠若惊，忙说：“校长王，您可真是个杰出的人才，退而不休，路子越走越宽……”没想到她赶忙打断我的话，连说：“哪里哪里，过不完的年，赚不完的钱，知足常乐才……”她突然说不下去了。（抚州娃子《校长王》）

（3）蒋律师电话不断，看得出他业务繁忙，云卉和夏彦一同将他送到门外，云卉再三向他表示感谢，他却摇头笑道：“哪里哪里，都是工作分内的事，再说，我收范家喜的律师费可不低呢。”（魏紫千《流年轻度》）

以上三例中的“哪里哪里”同样也是面对别人夸奖时的自谦说法。

客气

“客气”是指对人谦让、有礼貌。出自清代李渔《玉搔头·媲美》：“你二人都不消客气，寡人决不为旧人情好，薄待新人；也决不为新人义重，冷落旧人。”“客气”是礼貌用语，客套话，一般是在对方表示非常感谢时，自己给予对方的回答，实际上就是让对方不用客气的意思，这是谦让、有礼貌的表现。“客气”是生活中常用的自谦语。

（1）吴雯优雅地笑笑，说：“徐市长，您真是客气了，我们海雯置业只不过尽了我们企业应尽的社会责任罢了。”（姜远方《对手2》）

（2）“谢谢你！”“您客气了，我也想向您请教个问题：为什么会让我做这件事情？”（镜楼《你挥霍了谁的青春》）

（3）“梅少爷！您客气了！”郭树言连忙起身。（濮颖《落花》）

例（1）中的“客气”是面对对方夸奖时说出的自谦语。例（2）和例（3）中的“客气”是面对对方的感谢说出来的自谦语。

托福

“托福”是句谦虚感恩的用语，意思是“幸亏有你”或者“万幸有你”，生活中经常说的是“托您的福”，这是流传很广的自谦语。当遇到喜事或者工作任务顺利完成时，人们会说“托您的福”，那么对方就会觉得你强调他为你所做的事情起到了作用，因此听话人会更加高兴。乍一看，“托福”好像是在向谈话的对方致谢，但实际上，这只是一句客套话。

（1）诺布土司看着商铺的外观，笑容满面：“不错，李老板看来很会做生意呀！”“这都是托您的福。”（杨宓《蜀山谍影》）

（2）这天上午，史蒂文森在车厢过道上和爱迪生打了个照面，笑嘻嘻地问道：“嘿！阿利，今天的报纸又卖光啦！”“是呀，列车长，都是托您的福。”爱迪生恭敬地说。（松鹰《爱迪生》）

（3）唐生明一面看着四周的装饰，一面满意地说：“怎么样，世龙啊，这儿条件还不错嘛，简直比我的办公室都阔气呀。”马世龙笑道：“这都是托您的福啊，董事长。”（王海《王牌间谍》）

例（1）中“诺布土司”称赞“李老板”会做生意，“李老板”用“托您的福”来回答以表示自谦。例（2）和例（3）中的“托您的福”是面对对方夸赞自己生意好以及职位高时的自谦语。

（三）请求语

请求语是指使或祈求对方做某事的言语行为，有重要的语用意义，不仅能够体现说话者的性格特征以及文化涵养，而且也能够从语言中看出说话双方之间的亲疏关系或者权势地位。人类社会提倡文明礼貌，正确使用“请求语”恰是实施礼貌言语行为的一种具体方式。它不仅可以反映一个人的修养，一个社会的文明程度，而且对交际的成功与否起着直接的作用。人们在交际活动中，经常使用请求语。常见的请求语有“请”“劳驾”“借光”。

请

“请”是希望对方做某种事情的敬辞。“请”是从古至今最常用的敬辞。用作表敬副词，表示对人的尊敬。特定的语言环境中可单独用作动词。如：端茶给客人，说“请”，即是“请喝（茶）”；陪人进门走到门口，说“请”，即是“请进”；等等。表明不同的礼貌行为，话语中带有敬意。在具体语境下，可以代替某些动词，表示恭敬。“请”与动词或词组连用，客气地表达出对对方的一种明确的希望、要求，如“请坐”“请留步”“请勿吸烟”等。

（1）只听一棒锣鸣，诸乐齐奏，早有人请过一张大椅来，放在灵前，凤姐坐下放声大哭。（清·曹雪芹《红楼梦》）

（2）申祥甫又说：“孩子大了，今年要请一个先生。就是这观音庵里做个学堂。”（清·吴敬梓《儒林外史》）

（3）石厚紧走两步，追上子真大夫，说道：“子真先生，请留步！”（袁阔成、袁田《春秋五霸》）

例（1）中由“请”代替了“搬”。例（2）以“请”代替了“聘请”，这也是直接代替带有表敬色彩的动词，以其省略形式出现。例（3）中的“请”表示希望对方“留步”的敬辞。

劳驾

“劳驾”是烦劳他人的敬辞。“驾”是古时帝王车乘的总称，不直接说对方，而只是说对方的车驾，这是古代对人表示敬意的一种方法。“劳驾”即“有劳大驾”的简略说法，犹言“麻烦您”。宋元时期亦作“劳台重”“劳台候”。“劳驾”常用作请人帮忙做事或让路的客气话，北京地区多有使用。也常说“劳您驾”“劳驾您”“劳驾了您”“劳您驾了”。“劳您驾了”一般是在自己请求得到回应后使用，以示谢意。

(1)有些外互助组的庄稼人，一再表示，要劳驾他捎些稻种。(柳青《创业史》)

(2)原以为是给我安排宿舍，没料到，他说："这是您班里×××家来的电报，劳驾您带到宿舍楼送给她。"(胡美兰《自己看看》)

(3)劳驾，看他伙计送进去，就出来，请把门就锁上。(清·刘鹗《老残游记》)

例(1)和例(2)中的"劳驾"意为请求帮忙。例(3)中的"劳驾"表示礼貌请求，常作为向对方提问或提出请求的起首语。

借光

"借光"是借助别人得益或请人给予方便的敬辞，是北京的传统文明用语，多用于话语的开头，现在已经成了人们普遍使用的礼貌语。犹"叨光""借重"，即恭敬地表示说话人沾了对方的光，或说话人准备沾对方的光。比喻凭借别人的名声、地位、荣誉而得到好处，也常用作请人给自己以方便或向人询问时的套语，是口语中常用的请求语，让听的人觉得受到尊重，说的人则显得有礼貌。

(1)李大人道："自老师去世之后，我常念诸位世兄，久闻世兄才品过人，所以朝廷仿古征辟大典，我学生要借光，万勿推辞。"(清·吴敬梓《儒林外史》)

(2)"借光！这是六十号吗？"(鲁迅《赵子曰》)

(3)临末是一个粗手粗脚的大汉，连声说道："借光，借光，让一让，让一让。"从人丛中挤进皇宫去了。(鲁迅《理水》)

例(1)带有请对方给予方便的含义。例(2)用于请人指教表示询问的客套话。例(3)是用于请人给予方便，多是请人让路的套语。

（四）致谢语

致谢语是社会人际交往中对别人的关心、帮忙、赞扬、赠送等表示谢意的礼节文化用语。所谓礼多人不怪，日常言语交际过程中，多使用致谢语会对融洽的人际关系形成正向作用。致谢语的语句形式不固定。最常用的是“谢谢”，说话人可以根据自己的谢意程度来选择适当的程度副词放在前面，也可以附带说明原因。总之，它们的长度伸缩性很强。典型的致谢语有“谢谢”“多谢”“感谢”“有劳了”“费心了”。

谢谢

“谢谢”是对他人的好意或帮助所表达的感谢之词，现代交际中最常用的表示谢意的词。“谢谢”使用范围广，多用于口头交际，使用比较随便。最常见的是因别人对自己提供了帮助、解决了困难，为自己花费了时间、精力，而对其表达谢意。有时别人并未对己施予具体帮助，而只是表达出一种关心理解，使自己心灵上得到慰藉，也可回报以“谢谢”，则是谢对方的心意。

（1）更请你多多替我们谢谢老太太，她的手艺真是高明。（冰心《追念振铎》）

（2）这事过去半个月之后，一天快下班的时候，李匆又乐呵呵地来到老王的办公室，老王非常热情地让座倒茶，并满面堆笑地说：“那天还真是谢谢你了，以后老弟有个啥事尽管说，能帮的忙一定尽力而为。”（魏远垠《筑巢记》）

（3）装上车，范大头握着卢振起的手，动情地说：“真是谢谢你了，这几年没少让你为我操心，这次再送我这些废品，我……我啥也不说了，只有好好做人吧。”（冯伟山《和一只麻雀过年》）

例（1）中是用“谢谢”传递感激以及赞叹的感情。例（2）和例（3）中的“谢谢”是说话人对对方帮助的直接表达。

多谢

“多谢”是对别人的好意及帮助表示感谢的客气话。古代“多谢”表示殷勤问候。多，厚也，言殷勤。“多谢”用作结束语，既含有对大家支持的谢意外，还包含自谦成分，即因耽误了大家的时间而表达的一种歉意。另外，表示希望得到别人的帮助，常用“多谢”表示拜托；对他人所赠也常以“多谢”表示敬收。如果对方的好意只是停留在口头上，出于礼貌报以的“多谢”则常带有客套的色彩。

（1）她对觉新略略点头，轻轻地说了一句：“多谢你。”（巴金《春》）

（2）男子立马走到病床边和有成握手：“真是多谢你的帮助，不然的话，我妻子就有麻烦了。”（许贤旺《令子驰风尘》）

（3）易听脚步顿了一下，迟疑片刻后，看向陆尘，面上露出一丝由衷的感激之色，道：“陆大哥，我……真是多谢你了。”（萧鼎《天影》）

以上三例中的“多谢”都是面对他人帮助时的致谢语，表达了说话人发自内心的感激。

感谢

“感谢”是对别人的好意或帮助做出感激表示的道谢用语。出自《宋书·庾登之传》：“到厅笺，唯云‘即日恭到’，初无感谢之言。”表达谢意时，“感谢”用如“谢谢”，但其表谢程度较之“谢谢”和“多谢”要更深，语气更切，态度更加郑重，应该是内激于心的致谢语。“感谢”是近代以来在口头交际及书信中都常用的致谢语。

（1）“我不晓得应该怎样感谢你们才好，”剑云感激得差不多要掉下泪来，声音颤抖地说。（巴金《春》）

（2）几年后，这位原先的乞丐西装革履找到老人，十分谦恭地说：真是感谢您，是您当年教会我自食其力，我穿上您给的衣服找到了一份工作，就是给砖厂搬砖，后来渐渐学会了做砖、烧砖，最后自己办了个砖厂已挣了不少钱。（黄健生《自食其力》）

（3）巴金老弟：昨天袁鹰来了，送来你那一套红艳艳的书！还有给我的字。真是感谢之极，我真分享你的快乐。（冰心《致巴金》）

例（1）例（2）中说话人受到了他人的帮助，用“感谢”一词致谢。例（3）中的“感谢”是用在书信中的致谢语。

有劳了

“有劳了”是用于拜托或答谢别人代自己做事时所说的客气话，是常用的致谢语，犹言“辛苦了”或者“拜托”。如果有人帮助你完成了一件事情，或者是你拜托别人来帮助你，便可以说“有劳你了”，也可以说“辛苦你了”。这一致谢语体现出了说话人对对方的尊重以及发自内心的感谢，是日常生活中人们交际时经常用到的礼貌语。

（1）余慧萍说道：“这也正是我的意思。”“好吧，那就有劳你了。”孙福有顺从道。（童村《王者江湖》）

（2）出了病房，毛泽东又找到李振翩，说：“振翩，一切有劳你了。”（陈冠任《杨开慧：毛泽东的“人间知己”》）

（3）冯义仁咧着嘴眨眨眼：“呵呵，为东家效劳是应该的，这么多年来，我对马家忠心耿耿，老东家对我也不薄，少东家您对我也很尊敬，我也会继续不遗余力地好好干，做少东家的贴心人。”“好好好，冯伯，那就有劳您了，也谢谢您。”（杨伯良《掌门》）

以上三例中的“有劳了”皆为以事烦人或表达感谢的客气之词。

费心了

“费心”指操心，耗费心思，出自杜甫《严氏溪放歌行》：“费心姑息是一役，肥肉大酒徒相要。”“费心了”是以事烦人或致谢的客套话。本指耗费心神，后多用作托人办事，请对方予以关照的客气说法。也常用作向人致谢的客套语，犹说“麻烦”“谢谢”等。当一个人帮助你解决难题时，就可以说“费心了”，所想表达的就是麻烦你了，向对方表达感谢之意。

（1）我们姑娘说：“姑娘先吃着，完了再送来。”黛玉回说：“费心。”（清·曹雪芹《红楼梦》）

（2）张先生，请您以后多费心吧，我算把这两个孩子交给您啦。（杨沫《青春之歌》）

（3）我急欲去追，少年的父亲拉住了我，一脸悲戚地说：“老师，让您费心了！这个孩子不听话，我去找回去，尽力去教育吧！”（一心《青春是朵带刺的玫瑰》）

例（1）和例（3）中的“费心”是指因事烦扰向对方表达感谢之意。例（2）中的“费心”是托人办事，请对方关照的客气话，也包含着感谢的意思。

（五）致歉语

道歉是与人们的日常生活密切相关的一种非常重要的社交言语行为。致歉语指的就是在日常生活中，由于自己的言行给他人带来麻烦、不便，或在交往中言行举止不当时，向对方表示愧疚之情，并请求宽恕和原谅的话语，具有增进人际交往的微妙作用。这种语言在现代社会的运用是十分普遍的，它是减少摩擦、求得谅解的“润滑剂”，同时能够让对方从心理上感到被尊重和重视。致歉语使用得是否恰当，关系到双方的交流是否顺畅。常见的致歉语有“对不起”“不好意思”“抱歉”。

对不起

“对不起”是日常生活中表示歉意的习惯用语，表示对别人冒犯、打扰感到愧对或过意不去。在交谈中经常用作起首语，用“对不起”打断别人谈话，插入发言，以表示礼貌请求。“对不起”的口语色彩很浓。虽然在书面语中“对不起”也很常用，但相对于如“抱歉”“原谅”等多用于书面语的致歉语来说，“对不起”的口语化程度更深，更为人们日常所用。

（1）说着，又对他把手一拱道：“今天多多冒犯，对不起你老哥，

我们等会儿再见。”（张春帆《九尾龟》）

（2）掌柜的说：“对不起二位，我这店内，今天有位客人包赁了，不许租给别人。也许是住的客人说笑话呢！”（贪梦道人《彭公案》）

（3）他歉意地对我说：“真是对不起，让你久等了。”（周礼《总有一片土地适合自己生长》）

例（1）中的“对不起”是说话人为自己冒犯的行为表达歉意。例（2）中的“对不起”则是因为为别人带来不便进行道歉。例（3）中说话人在约会中迟到，用“对不起”向对方致歉。

不好意思

“不好意思”指用于程度较轻的道歉，也是常用的致歉语。“不好意思”跟“对不起”是有区别的，“对不起”是指做了明确对对方不好的事情时使用的，而“不好意思”程度非常轻，仅仅是在打扰到对方时说的客气话。“对不起”主要用来对熟悉的人的道歉，偶尔也可对陌生人使用；“不好意思”则多用于初次见面的人或较陌生的人，偶尔用于熟人之间的调侃。

（1）摊主说：“哦，还有，过敏体质的人不能吃菠萝。”妻子说：“是吗？我可就是过敏体质。不能吃——那我就不买了，不好意思啊，对不起啊。”（阮居丰《买菠萝》）

（2）约莫着她眯着了，我打电话过去，一本正经地作处警反馈：“110啊，刚才凤凰路那个警情处理完了，跟你反馈一下……什么？刚才已经反馈过了？熬迷糊了，不好意思啊。”挂了电话，我偷着乐：她一定被搅和得睡意全无了。（范慧鹏《警事如歌》）

（3）宋志军见宋丽芳过来了，摘下头盔道：“丽芳，上段时间我一直忙，你们来县城坐车去省城，我都没有空去送你，也没有请你和振华吃饭，真是不好意思啊。”（莫贤《稔子花开》）

以上三例中的“不好意思”都是程度较轻的道歉。

抱歉

“抱歉”就是怀有歉意，即心中不安，觉得对不起人，多用作自己行动上对他人有所怠慢，感到愧对对方的致歉用语，多用于书面语中。在使用“抱歉”的时候，一般情况下都会在前面加上一个程度副词，如“很”“非常”等，以示说话人表达歉意的真诚。“抱歉”也是立足于自己主观感受的一种间接表达歉意的方式，与“不好意思”比较相似，但较之于“不好意思”，具有浓厚的书面色彩。

（1）大师兄，这两天短看你们，十分抱歉。（老舍《神拳》）

（2）丹尼低着眼睑：“我没有办法控制，我很抱歉。”晨勉说：“谢谢你的道歉，我要睡了。”（苏伟贞《沉默之岛》）

（3）一个穿着风衣、银白色头发、非常有气质的老头走了进来。“非常抱歉，我迟到了。”（文章《小爸爸》）

以上三例中的“抱歉”皆为感到愧对对方时使用的致歉语。

见谅

“见谅”亦作“见亮”，是一个谦辞，意思是请对方原谅自己。出自南朝宋谢灵运《诣阙上表》：“虽曰见亮，而装防如此。”其中，“见”是书面上常见的一个文言助词，《辞海》中解释：“‘见’犹‘加’，表示他人行为及于己。”用在动词前，指代动作行为的承受者，一般指代自己。“见谅”是书面语中常用的致歉语、客套话，表示请人谅解，例如“敬希见谅”。

（1）因事不能亲临致贺，深表歉意，敬希见谅。（林佩云、乔长森《曹靖华研究专集》）

（2）致王璧先生：违教以来，匆匆二载，不知设席何所，故疏候起居，敬希见谅。（赵树理《致王璧先生》）

（3）因为近一个月，我们新搬家，从杭州搬到城西老余杭，一直忙于琐事，所以耽误了给您的回信，请您见谅！（宋廷锡《我的

戏剧人生》)

例(1)和例(2)中的“敬希见谅”,以及例(3)中的“请您见谅”都是用在书信中的致歉语,意思就是请求对方谅解自己。

(六)称呼语

在言语交际过程中多会称呼对方,如何称呼更有礼貌其中也有学问。人们在日常生活中,为满足彼此交流沟通的需要,要使用称谓语来自称或称呼对方,合适的称谓语是沟通人际关系的信号与桥梁。在交际活动中,人们往往对于那些称呼礼貌得体的人会产生好感。称呼语是交际语言的先锋队,它的成功与否,直接关系到以后交往的顺利与否、成功与否。汉语的称谓系统中,称呼语经常用到敬称和谦称,主要有“令”“仁兄、仁弟”“家父、家母”“晚生、小弟”“愚”。

令

“令”本义为上级向下级发出指示,用作名词,表指示、指令之义,由好的政令引申出美好、善之义,如“令名”指美好的声誉,“令辰”指吉利的时辰等。俗谓“父严母慈”,“严”“慈”分别是“严父”“慈母”的省称,“令严”“令慈”即是对他人父母的敬称;“令郎”“令爱”是对他人儿女的敬称。一般来说,在对方亲属前往往加“令、尊、贤”等表示恭维的敬语,以示尊敬。

(1)令严宿世固有栽培,故于今生,白手成家,财发巨万,寿逾古稀,儿孙满堂。(印光法师《致郭辅庭居士书》)

(2)闰月初二,实葬令慈,初五役竣,诸作允厘。(陈确《祭祝开美文》)

(3)只要一位又聪明又漂亮又靠得住的大小姐,像令爱那么样的。(茅盾《子夜》)

例(1)“令严”是对他人之父的敬称。“令慈”是敬称他人之母。例

（2）是陈确对祝渊之母的敬称。例（3）中“令爱”用来敬称他人的女儿。

仁兄、贤弟

“仁”为从人从二的会意兼形声字，以二人会亲近、友善之义，表示对人亲善、仁爱。“贤”是“仁”的一个方面，意思是善良贤明。“仁兄”“贤弟”是敬称，对自己的同辈、年长者称“仁兄”，年幼者称“贤弟”。在用法上，“仁兄”与“贤弟”都可以称呼自己一方的人，也可称呼对方，“仁兄”多用于书面语，“贤弟”则经常用于日常生活中。

（1）实望仁兄，昭其悬迟。（南朝宋·范晔《后汉书》）

（2）尔父竭诚常山作郡，余时受命亦在平原，仁兄爱我，俾尔传言。（唐·颜真卿《祭侄季明文稿》）

（3）狄爷说：“贤弟啊，我已复生，但母亲未晓，来朝速可回去通知母亲罢。”（李雨堂《狄家将》）

例（1）中，“仁兄”是弟对兄的敬称。例（2）中，“仁兄”是颜真卿对同辈兄长杲卿的敬称。例（3）中的“贤弟”是兄对弟的敬称。

家父、家母

“家父”是对自己父亲的谦称，表示谦虚的同时保持了对长辈的敬重。与“家父”相对，“家母”即指自己母亲，也是谦称。在社交场合，说到比自己大的家人，譬如说到自己的父母、兄长时，前面要加一个“家”字，如“家父”“家母”“家兄”；说到比自己小的家人，譬如弟弟、妹妹时，就要用“舍”字，如“舍弟”“舍妹”，以此来表示谦虚。

（1）建安中，家父魏王，乃命有司造宝刀五枚，三年乃就。（三国·曹植《宝刀赋序》）

（2）先生是几时会过家父？（李百川《绿野仙踪》）

（3）我接我家母出来的时候，写了信托我一位同族家叔，号叫伯衡的，代我经管着一切租米。（清·吴趼人《二十年目睹之怪现状》）

例（1）和例（2）中，“家父”都是说话者在外人面前谦称己父。例（3）中在谦称自己母亲时，说话者采用了“家母”的称谓。

晚生、小弟

“晚生”“小弟”都是对人以晚辈的身份自谦，是自谦称谓的一种。“晚”，本指日暮、黄昏，引申指夜晚，再引申指迟，即比规定的或合适的时间靠后，进一步引申指后来的、继任的。“晚生”本来是晋朝人对自己儿子的称呼，后来成为后辈对前辈的自谦之称，也作“晚学”“晚进”等。而以“小弟”谦称自己，表愿做对方的弟弟，向对方学习，以作谦虚。

（1）不瞒老先生，这柳梦梅也和晚生有旧。（明・汤显祖《牡丹亭・榜下》）

（2）老大人请上，晚生一拜。（京剧《德政坊》）

（3）小弟非不欲相从，怎奈二亲年老，“父母在，不远游”。（明・冯梦龙《警世通言》）

例（1）和例（2）中，说话者对“老先生”“老大人”以“晚生”自谦，体现出对长者的尊敬之情。例（3）中钟子期答俞伯牙问，以“小弟”自称。

愚

称自己或与自己相关的人时要用“谦称”，如指称比自己辈分高的亲属或同辈但年长的亲属往往要在自己的亲属称谓前加“愚”“家”“贱”“拙”“晚”以示谦恭，如家父、家母、家伯、家叔、晚辈等。在日常用语中表现出谦虚和恳切，更容易获得他人的尊重。“愚”在篆文中从心从禺，禺为笨猴，故其本义为痴傻，后由“痴傻”这一特征指代“我”，“愚”便成为自我谦称。

（1）贤弟，你少年英敏，可细听愚兄之言。（清・吴敬梓《儒林外史》）

（2）“仲景兄，愚弟是无事不登三宝殿，此番前来，实乃有求

于仁兄耳！”应场作揖道。（孟琳升、孟仲岐《方剂通俗演义》）

（3）京娘深深下拜道：“今日方见恩人心事，赛过柳下惠、鲁男子。愚妹是女流之辈，坐井观天，望乞恩人恕罪则个！”（明·冯梦龙《警世通言》）

例（1）中，马二先生与匡超人萍水相逢，以“愚兄”自称。例（2）中，“愚弟”是弟对兄时的自称。例（3）中，“愚妹”是“京娘”面对比自己年长的“恩人”时的自我谦称。

（七）告别语

告别语作为社会生活中常见的言语行为之一，是交际过程结束时道别用的礼貌语，指在途中或公共场合相遇寒暄后的告别语式，也是一种广为使用的礼节性语言。告别语体现出人们在使用时对对方的关切之情和美好祝愿，表达的是发话人与受话人今后继续接触和联系的交际意向，格式通常比较固定。恰当地使用告别语，有增进人际交往的作用。生活中常见的告别语有“再见”“慢走”“一路平安”“一路顺风”。

再见

“再见”作为标准式告别语，也就是一般人分手时所说的寒暄话，表示希望以后能再见面，是一种礼貌用语。“再见”是现代社会中最常用的告别语，使用范围广，不受男女、长幼、亲疏、职位高下等关系的限制，使用的场合也比较随意。“再见”也常用为双方谈话结束时所说的客套话，如电话通话双方即使未见过面，也常以“再见”宣告结束。

（1）先生随问，早记在心中，说：“大人已然睡觉，明天再见。”叫官人与申虎解开绳子，上了锁子，交知府衙门收监。（清·石玉昆《小五义》）

（2）“那么再见了。记住三月十八日下午。在立体咖啡馆。”“遵命。”我听见她搁上了电话。（徐訏《风萧萧》）

（3）“好，再见了！”“再见！”万同华说，温柔地，凄凉地笑

了一笑，走进去，关上了门。（路翎《财主底儿女们》）

例（1）中的“再见”是指明天再见面。例（2）中的“再见”代表通话双方聊天的结束，同时也指两个人要在约定的那天见面。例（3）中的两个“再见”是交际双方互相告别。

慢走

“慢走”是多用于分别之际的口头语，是送人离开时使用的客套话。一方面表现出对客人的留恋，另一方面“慢走”可以多看一会儿客人的背影，表示对客人的关切。此外，说“慢走”也是对客人的一种祝福，“慢”就是小心、谨慎，这样走在路上才能够更加安全，这句话中隐含了说话人希望客人能够平安顺利返回的心愿，也体现了说话人的礼貌以及对对方的关心。

（1）“汪太太，你再坐一会儿。还早嘛！”树生停了脚步回过头来。“我走了，谢谢你。”树生说。“慢走啊，”方太太柔声说，接着又加一句，“你还再来耍罢。”（巴金《寒夜》）

（2）花赛金道：“请嫂嫂留步，不必送了。”秦氏道：“如此说姑娘慢走。”一面说一面将手拿着刀，两个指头扯下刀套露出刀尖，轻轻地向花赛金脉里一刺，说声：“姑娘请慢走。”就回身上阁，靠在窗前观看。（清·佚名《天豹图》）

（3）他既然这么干脆，曾欢馨转头便对中年男子说：“对不起了，徐老板，我们交易取消。抱歉，您请慢走，我先下车！”（姚璎《左上角的心跳》）

以上三例中的“慢走”均指离别之时的客套之词。

一路平安

“一路平安”是一个成语，也是对长途旅行者表示良好祝愿的话语，即祝愿对方在整个行程中平稳安全，顺利到达目的地，是现代交际中亲友出远门时常用的祝福式的告别语。出自明代冯梦龙《古今小说》卷十九:“一路平安，行了一月有余，来到旧日泊船之处。”其中，“一路平安”指旅途中没出任何事故，通常也用作对出门人的祝福语。

(1)吴京士第一个走到觉慧的面前向他伸出手，说:“我有事情先走了。明天早晨我不来送你，我们就在这儿告别罢。祝你一路平安。”(巴金《家》)

(2)女娇道:“崇伯切勿以妾等为虑。妾听见古人说:‘死生有命，富贵在天。’妾等如果应死于妖魔之手，虽同行亦必不得免，徒多累赘而已;倘命中不应死于妖魔之手，那么在此何妨! 但愿崇伯一路平安，殄灭妖邪，早成大功而已。”(钟毓龙《上古演义》)

(3)香君挥泪说道:“满地烟尘，料难再会，只愿郎君一路平安，幸甚!”送出门来，大家洒泪而别。(清·孔尚任《桃花扇》)

以上三例中的“一路平安”都是告别语，体现出离别时的祝愿。例(1)中是“吴京士”对“觉慧”的祝愿。例(2)和例(3)描写的都是女子送别男子时依依不舍的场景。

一路顺风

“一路顺风”即旅途平安，多用于祝福人。出自清代文康《儿女英雄传》第十九回:“忽然，一路顺风里说到想要告休归里。”一般来说，人们在送别远行的亲人或是客人时，往往道声“一路顺风”，祝福人们旅途顺利。可是这句祝福的话并不适用于所有的告别场合，例如在机场送别亲朋好友的时候，就不宜用“一路顺风”，因为飞机起飞时，如果是顺风，加速过快，容易出事故。

(1)马车上的旅客挥手示别，送行的人们也都如此，有的含泪惜别，有的高呼:“珍重，平安，一路顺风……”以及其他大吉大利的话，有的竟然一边挥手，追跟马车，一边嘴里叫喊，或者讲话，但马跑快，人奔慢，看看追随不及，只得停步，言犹未尽，心有余恨。(楞严阁主《神魔列国志》)

（2）她看着他笑笑说："好好休息，我走了。"说罢拎着行李箱走出寝室。"哦，好的，一路顺风。"（达真《落日时分》）

（3）嵇鹤龄又说，"不过眼前有瑞云在，也没有什么不放心的，我走了，你也赶紧动身到上海去吧！早去早回，我们换帖子请客。""好的，我晓得，一路顺风。"（高阳《胡雪岩》）

以上三例中的"一路顺风"均为祝福人们旅途顺利的告别语。例（1）中描绘了马车上的旅客和送行者们相互道别的场景。例（2）和例（3）中的"一路顺风"是说话者对听话者的祝愿。

三、礼貌用语的文化审视

现如今礼貌用语广泛应用于言语交际过程中，对于日常生活已经产生非常积极的正向作用。首先，礼貌语的广泛应用符合中国传统"礼"文化的要求，有利于语言精神文明建设。其次，礼貌语在言语交际过程中的广泛应用，符合中国人"与邻为善，与邻为伴"的文化心理，有利于良好人际关系的建立，对于良好社会语言生态的形成也起到促进作用。最后，礼貌语的广泛应用有利于推广弘扬礼貌用语。

（一）符合传统道德要求，助力语言文明建设

语言文明建设是人类文明建设的需要，同时也是每一个社会的具体实践需要。人类日常生活中还存在许多不文明的言语现象，因此，要建立基本的言语交际规约，倡导并使用最基本的文明交际用语是语言文明建设的重要内容。人与人之间进行交际，遵从什么样的言语规约，说话是否得体、适度、有分寸，交际用语是否文明，既是一种个人修养，也是其国民整体素质和精神风貌的具体体现。因此，加强语言文明建设既是摆在每个公民面前的现实课题，也是建设文明社会的一项重要任务。

礼貌用语规约是人们在社会交往中彼此用以规范行为、沟通思想、交流感情、互尊互敬的准则，是衡量一个民族道德修养、文明程度的尺度。讲究文明礼貌，不仅是一个国家社会风气的现实反映，也是一个民

族进步的重要标志。因此，一个民族应该有一个民族的礼貌用语规约。

中国是一个具有五千年悠久历史文化的文明古国，素有“礼仪之邦”的美誉，有讲究文明用语的习惯，有着悠久的语言文化历史。

孔子对“言”与“礼”的关系问题非常重视，他在《论语·颜渊》里提出了“非礼勿视，非礼勿听，非礼勿言，非礼勿动”的观点，告诫人们讲话要合乎礼，不合礼的话不说。又说：“不学礼，无以立。不知礼，无以立。”(《论语·尧日篇第二十》)

老子重视“言”与“美”的关系。老子说过：“美言可以市尊，美行可以加人。”(《道德经·第六十二章》)

荀子说：“人无礼则不生，事无礼则不成，国家无礼则不宁。”(《荀子·修身》)《荀子·劝学篇》中还说：“礼恭而后可与言道之方，辞顺而后可与言道之理，色从而后可与言道之致。”

先秦诸子的这些言论是我国学者对礼貌用语原则的最早论述。

西汉时，我国出现了一本专门论礼的书——《礼记》，提出了许多礼貌用语原则。《礼记·祭义》中说：“恶言不出于口，忿言不反于身，不辱其身，不羞其亲，可谓孝矣。”《礼记·少仪》上还说：“言语之美，穆穆皇皇。”注曰：“穆穆者，敬以和；皇皇者，正而美。”

孔子曾经说过：“有德者必有言；有言者不必有德。”意思是说，德行好的人必定会有好的言辞，德好决定言好。东汉王充在《论衡·定贤篇》中说：“何以观心，必以言。有善心，则有善言。”强调立言首先要立德。古语曾说，“心之所感有斜正，故言之所形有是非。”“慧于心而秀于言”，也就是说，言语行为是否文明，根本上是言语道德修养问题。语言文明建设的核心是道德建设。加强语言文明建设首先要对全社会全民族加强良好的思想品德教育，提高每一个社会成员的道德责任感，要坚持爱国主义、集体主义、社会主义教育，加强社会公德、职业道德、家庭美德建设。

1982年始倡的“五讲四美”中“语言美”的含义较为明确，它从道德风尚和文明礼貌的角度提出要求，就是要使用和推广礼貌语言，希望人们在讲话时做到“和气、文雅、谦逊”。和气就是要心平气和地同别人说话，要以理服人，不强词夺理，不恶语伤人；文雅，就是要文明有礼，谈吐雅致、不说粗话、不讲脏话；谦逊，就是要尊重对方，多用讨论、商量的口吻说话，不盛气凌人，不说大话。和气、文雅、谦逊的礼貌用语规约是当今社会普遍接受的社会用语规约。2001年10月，中共中央颁布了《公民道德建设实施纲要》，这无疑会对全面推进中国特色社会主义建设和语言文明建设产生深远的影响。

（二）促进正向人际交往，建设良好社会语言生态

美的言语，文明礼貌的言语是有道德的人、高尚的人所说的话。加强语言文明建设，首先应从提高思想道德修养做起。一个人首先应该是一个热爱生活、尊重他人、助人为乐、礼让谦逊、表里如一的有高尚道德的人，那么他才会成为一个有美好言语的人。

语言文明程度的高低反映着人们文化素质、文化修养程度的高低。提高语言修养首先应该在加强文化修养上下功夫。没有一定的文化修养，就很难做到言谈文雅。因此，这就要求我们大力加强社会主义文化建设，大力发展科学、文化、教育事业，提高全社会、全民族的文化水平。

加强道德建设，提高全民的言语修养的一个很重要的任务是清除语言污染。

语言污染是指语言的词语、语调、语气沾上“脏东西”（或称语言垃圾）。骂人话、低级下流的脏话、恫吓放肆的野话都是语言垃圾，都是语言污染。蔡元培先生曾经说过“吾国人最易患之过失，其骂詈乎？素不相识之人，于无意之中，偶相触迕，或驱车负担之时，小不经意，彼此相撞，可以互相谢过了之后，辄矢口骂詈，经时不休。又或朋友戚族之间，论事不合，辄以骂詈继之。或斥以畜类，或辱其家族。此北自幽燕，南至吴粤，大略相等者也”[①]。

提到语言污染，人们通常要把账记到“文化大革命”头上，认为生硬、粗野、丑恶的脏话是“十年动乱”的遗风。粗话、脏话在“十年动

① 蔡元培：《中国人的修养》，中国长安出版社2012年版，第32页。

乱”期间十分猖獗，在当今社会中这种语言污染还是屡见不鲜，值得注意的是，改革开放以来，这种语言污染正在文学作品中和网络信息渠道蔓延开来，对社会道德特别是言语道德带来了一定的威胁和冲击。

我们认为，清除语言污染不能泛泛而谈，不能流于一般性提倡和号召，我们必须采取切实可行的办法遏制、消除语言污染。为了消除语言污染，1994年，南京市开展了“文明建设来自语言——南京百万市民告别脏话”大型系列活动。由于切入点好，社会各界积极参与，有效地开展语言美教育，采取多种形式宣传“语言污染”的严重性和危害性，日常公众言语交际中出言不逊、出口伤人的语言污染现象在一定程度上得到了遏制，语言污染状况逐步得到改观。“告别脏话”治理语言污染作为一种运动虽然是在个别城市展开的，但它在全国具有较大的影响，产生了较强的辐射作用。这一经验值得借鉴。

纯洁、健康的言语行为秩序的建立，全民言语道德修养的提高，还有赖于整个社会政治、经济和文化环境的文明程度，有赖于良好的社会道德风气的形成。一个国家、一个社会的语言文明程度，与其赖以存在的社会文明程度是互为依存的。目前我国语言使用上出现的不良现象，与我国目前社会体制转型时期的政治、经济及文化因素的状况有密切关系。市场经济体制下，拜金主义、享乐主义、个人主义的抬头，腐败现象的增加，地域经济不平衡，一部分人人格、国格的丧失，以及社会道德心理的失衡等，就使得道德规范失去约束力，给语言文明建设带来了冲击。这说明，语言文明的建设需要一个健康向上的社会环境。

（三）弘扬礼貌用语原则，推广礼貌用语

礼貌用语规约是人们在社会交往中彼此用以规范行为、沟通思想、交流感情、互尊互敬的准则，是衡量一个民族道德修养、文明程度的标尺。讲究文明礼貌，不仅是一个国家社会风气的现实反映，也是一个民族进步的重要标志。因此，一个民族应该有一个民族的礼貌用语规约。

有学者提出，言语交际首先应该坦诚相待，讲真话、讲实话，要以信义为重，诚恳待人，与人为善，切忌傲慢，不炫耀自己。因为“诚者，

天之道也；思诚者，人之道也”（《离子·离娄七》）。所以在言语交际中应言辞真诚，谈吐高雅而不鄙俗。

言语交际主要应以“诚、敬、美”为标准和规范。所谓诚，就是“修辞立其诚”（《易传·文言》），出言以诚，待人以诚，诚是为人处世之本，是生活交际语言道德准则；所谓敬，即对人尊敬，敬是生活交际语言的礼貌规范；所谓美，是生活交际语言的语用修养。也有学者把礼貌原则概括为“美、诚、谦”。所谓美，就是言语之美，指说话时讲求文雅、谦逊、可亲；所谓诚，指言谈处事真实无妄或诚实无欺；所谓谦，指的是言语谦虚。

还有学者提出“温和、文雅、谦逊”是语言美的重要标志。

敬语和谦语，是礼貌言语的一个极为重要的特征。自古以来，汉语中的敬称、谦称、颂辞、卑辞特别发达，成为我们民族的传统用语，即所谓“谦谦君子，卑以自牧”（《易·谦》）。如称人时，把“贵、令、贤、宝、雅、高、妙、卓”等词加到对方的称呼语之前，如称“贵校”“令尊”“贤弟”“宝号”“雅正”“妙笔”等，把“愚、免贵”等词语加在自己的称呼前，以表现谦恭的态度。这些谦辞、敬语表现了我国古代人民在社会交往中谦恭礼让、温文尔雅的文化心态，同时也体现出了儒家礼让的优良文化传统。因此，有观点认为，礼貌用语的基本规约是和谐谦敬，是卑己尊人。言语交际要养成对人用敬辞、对己用谦辞的语言习惯。说话时多用商量语气和祈求语气，少用命令语气的语词句。此外，说话要考虑语言环境。所谓得体是说言语举止要同身份、对象、内容、语言环境、风俗习惯等相适宜。凡事皆有其度，过度与不适当均不得体，

言语行为是人类社会的基本行为，礼貌用语规约一般具有普遍性，往往是约定俗成的。在探讨和建立汉语礼貌用语规约的时候，西方一些国家关于礼貌用语原则的论述值得我们借鉴。

美国耶鲁大学教授斯蒂芬卡特曾指出，没有礼貌，我们就会走进一个教育程度高、技术发达然而野蛮的社会。为了防止这一趋势，他提出了八项礼貌原则。这八项礼貌原则是，第一，我们对他人应彬彬有礼；第二，我们不仅应当为我们所认识的人做牺牲，也应为陌生人做牺牲；

第三，礼貌应有两个方面：慷慨大度、信任他人；第四，礼貌不仅仅是一种遇恶事而勿为的消极态度，而应是一种择善而从的积极责任；第五，礼貌要求我们致力于过一种共同的道德生活，所以我们应该尽力遵循社会的准则，如果他们并非事实上不道德的话；第六，我们面对自己的同类时，应该心怀敬意和感激；第七，礼貌料定我们会有分歧，它要求我们不要掩盖分歧；第八，在表达自己的意见时，表现出必要的对他人的尊重。[①]

英国学者里奇从修辞学、语体学的角度也提出了六项礼貌原则范畴，其中每一项原则包括一条准则和几条次准则。他所提的六项礼貌原则是，第一，得体准则——减少表达有损于他人的观点；第二，慷慨准则——减少表达利己的观点；第三，赞誉准则——减少表达对他人的贬损；第四，谦逊准则——减少对自己的表扬；第五，一致准则——减少自己与别人在观点上的不一致；第六，同情准则——减少自己与他人在感情上的对立。[②]

这些礼貌用语原则并非尽善尽美，但是相对来说较为条理化、系统化，内容也较为具体。

礼貌用语规约不可以复古，不可以崇洋，然而，今礼袭古、古礼沿今，古可以为今用，洋可以为中用。我们要立足于今天的中国，探讨并建立起具有深厚民族文化传统的，符合社会主义精神文明要求的，具有时代风貌的汉语礼貌用语系统规约。

加强语言文明建设，既要遵守礼貌用语规约，注重“诚于中”，又要注重“形于外”，注意礼貌语言的形式化——学会熟练地使用基本的礼貌用语。

特定语言在社会中长期的风俗习惯中凝练成了一些现成的、专为表达礼节用的特殊语言成分，如招呼语、问候语、致谢语、致歉语、告别语。文明礼貌用语指的就是这些能够表现人们精神高尚文明礼貌的言

① 转引自丁大同《国家与道德》，山东人民出版社 2007 年版，第 138 页。

② 转引自王铭玉《语言符号学》，高等教育出版社 2004 年版，第 69 页。

语——词语、句式和表达方式等。如："你好、您好、请、劳驾、借光、对不起、请原谅、别客气、没关系、谢谢、再见"等。这些套式，是交际语言行为的先导和前提，是礼貌信息的友好传递。在用于建立某种人际关系和创造某种交际氛围时，这些礼貌用语套式效率极高。

汉语有一整套传统的礼貌用语，我们应很好地加以继承。

《礼记》就很重视语言表达的形式化，对切合题旨情境的一些形式化话语做了要求和规定：

> 闻始见君子者，辞曰："某固愿闻名于将命者。"不得阶主。敌者曰："某固愿见。"罕见曰："闻名。"亟见曰："朝夕。"瞽曰："闻名。"（《礼记·少仪》）

这段话记载了古人的相见之礼。若是第一次拜见有德行有官爵的人，就要说："某某很希望把贱名报告给您。"不可指名道姓地求见主人。如果是拜访与自己地位相等的人，就说："某某特地前来拜会。"平时难得见面的，就说："某某很希望将贱名通报给您。"常常见面的，就说："某某麻烦您传达通报。"盲人求见，其所致辞与平时难得见面者相同。

为了更好协调人与人之间的关系，促进团结友爱，20世纪80年代以来提倡使用的基本文明礼貌用语模式有：

> 见面语——"请！""您好！"
>
> 招呼语——"早晨好！"
>
> 致谢语——"谢谢！""费心了！"
>
> 致歉语——"对不起！""请原谅！""很抱歉。""麻烦您！""劳驾！""请问！"
>
> 告别语——"再见！""请再来！"

其中，"您好""请""对不起""谢谢""再见"被称为是"文明礼貌10字用语"。可以说，"文明礼貌10字用语"是20世纪80年代语言文明建设的一面旗帜。

强调礼貌用语使用模式化看似简单、机械，实际上意义重大。中国人言语表达长期以来有一个偏差，那就是过分注意内省，强调的是“诚于中”，日常言语交际中忽视社交礼貌用语的使用，认为只要做到心诚就行了，怎么说并不重要。我们认为，这种偏差必须加以纠正。“诚于中”和“形于外”应该相辅相成，缺一不可。如果总是“诚于中”而不“形于外”，不能做到社交礼貌用语使用的模式化，这是社会礼貌用语文明程度不高的一种表现。从交际的角度来看，如果我们不能恰当地选择礼貌表达形式，其结果必然是使人难以确切地感知到那种内在的“礼貌”。

推广使用最基本的文明礼貌用语既是在强调一种文明化理念，又是在培养一种良好的语言表达的习惯。礼貌用语最显著的特点是习用性、实践性，即都是一定语言社会、语言群体长期形成的习惯说法，要想在交际中自如地运用礼貌用语，必须要加强语言实践，强化语言习惯的培养和训练。

能不能正确对待跨文化交际中的文化差异也是礼貌用语的一个重要原则。

随着国门的打开，对外交往成了很普遍很平常的事情，但在这种交往过程中往往会发生交际障碍。跨文化交际里产生障碍、冲突和误解的重要原因是说话一方对另一方（或双方）的社会文化传统背景、说话习惯缺乏了解。俗话说“不打不相识”。不同文化背景的人们在交往初期彼此对对方文化不甚了解，双方表达方式不尽相同，但是，交际的双方应充分认识到自己的交际目的是与对方有效地交流信息、交流情感，因此，双方都应本着开放、肯定、尊重、宽容的文化心态对待各种文化差异。在这当中，了解是第一位的。“交际双方（至少是一方），应知道制约对方语言或非语言交际的文化规约。倘若不是全部（一般不可能），至少是与本族语（或非语言）文化规约相异的那部分。”[①] 在相互了解的

① 周思源主编：《对外汉语教学与文化》，北京语言文化大学出版社1997年版，第113页。

基础上要相互尊重，即使对对方习惯觉得不可思议也不能不加以尊重。只有在了解、尊重的基础上，经过不断的适应，交际双方才能知己知彼，才能和谐地进行交流，动辄生气，自以为是的文化交际观是不可取的。中国人常用的招呼语“吃了吗？”“你去哪儿？”“干吗去了？”告别语“慢走”“路上小心点”，实际上是汉文化重视群体依存，注重相互关切，强调感情沟通的文化特征的反映。了解了这一文化特征，就不会认为汉语的这一类用语是对别人私事的无礼探听和粗暴干涉。同样，英语的“thank you”并不都用于受人之助、受人之惠之后，有时只是纯粹出于客套。如受到夸赞之后要说声“thank you”，得到肯定之后也要说声“thank you”，购物行为结束时顾客与售货员要互道“thank you”，餐桌上朋友或熟人传递东西之后要说“thank you”，甚至于家庭内部成员之间对他人做的轻微帮助也要说声“thank you”。照中国人理解，这些都不该言谢，太多的“thank you”让人觉得客套、不真诚。但是，这就是英文化传统和英语的表达习惯，中国人和其他国家的人们应予以理解和尊重。

在礼貌语的运用上，最容易产生分歧的地方就是称呼语、问候语、介绍语、寒暄语、致谢语、致歉语、劝慰语、告别语等言语行为。这些言语行为背后蕴含着丰富的民族文化内涵，而且，语言表达习惯也往往成了定势。学习语言的人应在这方面多下功夫。学习说英语的人不但要掌握英语的表达方式，还要接受这种表达方式背后的文化观念。反之，英语国家的人学习汉语，也应主动地遵从汉语的语言规约与文化习惯。

第六章 引 语

引语是在人类语言交际的历史上，为增强交际时话语的表达效果而引用他人或现成的话语（如诗句、格言、成语等），这种传统可谓源远流长。引用典籍文献、名人话语、常言习语进行言语交际、行文著述也是中华民族传统的言说方式，“引述提示语 + 引语”的引述模式从先秦出现流传至今，经历了词语更替的演变发展，形成一种特殊的语言现象，具有独特的语用功能和文化价值。

一、引语的性质及语俗

引语指的是在特定的语言交际环境中叙述者为增强其话语表达的效果而借用他人话语的行为，也是语言交际中的一种特殊的话语成分。

引语看似简单，但概念、性质如何界定，其形成的历史过程和文化习俗有着怎样的历史轨迹，引语的类型和具体表现形式有哪些，这种语式的文化心理、美学价值和文化价值是什么，都值得我们细细考量。

（一）引语的概念

引语是言语表达的一种常用方法，是说话者根据表达的需要，在说话时把一些名言、警句、俗语、谚语、典故、诗句等，有目的地运用到话语中，以增强说话的说服力和感染力的一种话语模式。

引语涉及两个方面的内容：一是引导、介绍、提示所引话语的由来，如“子曰”“诗曰”“易曰”“言曰”“闻之”“君子曰”“古人云”“常言道”“俗话说”等；二是对所引用话语进行描述，如：“学而时习之，不亦乐乎？有朋自远方来，不亦乐乎。”（《论语・学而》）“他人有心，予忖度之。”（《诗经·小雅·巧言》）“思文后稷，克配彼天。立我烝民，莫匪尔极。”（《周颂·思文》）“创业难，守业更难”“十年树木，百年树人。”“一分耕耘，一分收获。”“天下无难事，只怕有心人。”前一个部分叫引导语，后一个部分叫转述语。引导语描写所引话语或引述材料来源的一些引导、介绍、提示。转述语具体指的就是所引的话语如俗言、谚语、名言或书面材料。

（二）引语的性质

引语和引用的关系密切，是引用的基本方式之一，专指对于具体言语的引用。

汉代何休《春秋公羊传解诂序》：“援引他经，失其句读。”这里的“援引”意为“引用”。南朝梁刘勰《文心雕龙·事类》中将“引用”称为“事类”。他说：“事类者，盖文章之外，据事以类义，援古以论今者也。”刘勰把“事类”的内容分成“故事”和“话语”两种，“略举人事，以征义者也”或“全引成辞，以明理者也”，强调引用人事或成辞具有增强说话人言语说服力的修辞功能。之后国内学者也主要把引用看作是一种修辞方式。与刘勰同时代的钟嵘在《诗品》中将引用称为“用事”。元代陈绎曾《文说》、明代高琦《文章一贯》也将引用称作“用事”。“用事”多引用典故、古代经典和诗文语句，故又称“用典”“引经”和“稽古”。“用典”见于元代王构《修辞鉴衡》，是指在文章中援引古语、古事，借以表达作者自己的思想观点。“引经”，实际上所引的不限于经书，只是以“经”作为代表罢了。“稽古”，取其考之于古而以证今的意思。古人写文章，往往喜欢引用，在有些体裁的作品里，如骈体文，几乎处处离不开它，从而变成文体构成的要素。

现代修辞学大多取“引用”一词。陈望道《修辞学发凡》中有“引用”和“引用语”两种说法。“引用”通常指修辞格，“引用语”则指引用他人的话语，包括书面语。《汉语大词典》列有“引证”“引文”的简要解释。“引证”是“引用前人的事例或著作为证据”，“引文”是“引自其他典籍、文章的字句”。张弓《现代汉语修辞学》、王希杰《汉语修辞学》都使用

“引用”的说法，“引用，指一种修辞方法，即在自己的话语中插入现成话或故事等，以达到提高表达效果的目的。”

我们使用“引语”的说法，突出引语的专指性，将引语限定在引述话语的范围内。我们所说的引语在形式上特征鲜明，由提示语和转述语两部分构成，功能明确专一，易于辨认分析，相当于修辞学中的明引。当然，作为引用的一种基本方式，引语与“引用”“用事”“用典”“稽古”等存在着极为密切的联系，有很多交叉重合之处。

引语具有引述性。引语是在语言交际中引用的他人话语的言语行为，是一种援引经典著作或谚语、俗语、口语名言名句、采借语句的方式。这种把别人的话语从原来的语境转移到引用者的说话语境，并构成引用者话语的一部分的主观引述行为，最终目的是证明自己话语的客观性。南朝刘勰《文心雕龙》中有“明理引乎成辞，征义举乎人事，乃圣贤之鸿谟，经籍之通矩也”。意思是说，引辞明理，举事征义，这是引用的功效。引用者之所以引用，目的就在于借意蕴丰富的话语来明理征义。“如春秋时期士大夫引用《诗经》中的一些诗句来表达自己的要求或情意。又如作为思想家、政治家的孔子总是立足于社会现实的需要，从政治教化的功用目的出发引用《易》《书》《诗》《礼》。这些都是引语运用的典范。”①

《后汉书·宋弘传》:

> 武帝姊湖阳公主新寡，帝与共论朝臣，微观其意。主曰:“宋公威容德器，群臣莫及。”帝曰:“方且图之。”后弘被引见，帝令公主坐屏风后，因谓弘曰:“谚言:‘贵易交，富易妻’，人情乎？”弘曰:“臣闻‘贫贱之知不可忘，糟糠之妻不下堂’”。帝谓主曰:“事不谐矣！”

① 方向红:《引语的语用环境试析》,《烟台大学学报》(哲学社会科学版)1998年第4期，第92页。

这段君臣对话的引谚，正是用思想内容完全对立的两句谚语，试图说服对方。

《隋书·长孙平传》：

《因话录》：

> 郭汾阳子暧尚升平公主，琴瑟不调，汾阳拘暧诣朝堂待罪，上召而慰之曰："谚云'不痴不聋，不作阿家阿翁'，小儿女子闺帏之言，大臣安用听。"

这是皇帝引谚说服大臣。

引语具有经典性。引语是引用者在言语表达过程中"心理状态借以指向或涉及在他们本身以外的对象和事态的那种特征"[①]，要受元语篇语义的暗示和规约。引用者通过自己的言语行为意向活动为叙述提供了叙述的内容，而这内容或是圣贤之言、先祖之言，或是典籍之句，或是成语、典故，抑或是老百姓耳熟能详的经得起推敲的寻常语言。元语篇即转述语蕴含了无限丰富深刻的意蕴，经过历代人们的笔录口传，千锤百炼，寓意深刻、含义精辟，从形式到内容都日臻完备和成熟，富有哲理，凝聚了思想的精华和智慧的火花，极具经典型、权威性、真理性。

关于引语的经典性，有学者以"子曰"为例作了这样的表述：

> "子曰"体现一种创造，说明学术传播是有根有据的，不是无中生有、随意杜撰的。"子曰"是生活中那个活生生的孔子的真实记录，是他的一言一行一举一动。[②]

"子曰"不是孔子言论的堆积，不是记录孔子话语的流水账，而是一个具有文化功能的特殊符号。"子曰"中蕴含着人们师古、师圣的文

① ［美］约翰·塞尔：《心灵、语言和社会——实在世界中的哲学》，李步楼译，上海译文出版社 2001 年版，第 94 页。

② 金陵客：《重新认识"子曰"》，《同舟共进》2006 年第 11 期。

化传统。在“子曰诗云”中蕴含着人们从中可以汲取的、对人的成长有益的必要知识，是一种“高山仰止，景行行止”式的文化精神，具有经典性。社会历史文化背景对引语语用的制约表现在引语运用形式上。“在特定历史时期被公众奉为经典的话语常常用显性引语的形式，以凸显其真理性、权威性、科学性。”①

引语具有标记性。引语在表达形式上具有标记性，形成了“提示语+转述语”的引用语式。提示语作为形式标记有三种类型：一类是崇文类提示标记语，如“诗曰”“易曰”“书曰”；一类是崇言类提示标记语，如“谚曰”“语曰”“常言道”“俗话说”；一类是崇人类提示标记语，如“子曰”“古人云”“先祖曰”。提示语在形式上往往用“，”或“：”与之后的转述语隔开，在语意上有明显的停顿，被引用的转述语则往往用引号标示出来，引述者一提及标记语就进入了引述程序。引语的提示标记语不包括日常言语行为中的对话方式。如“子曰”有时是前后对话中的“子曰”，即孔子答弟子问。我们说的引语是后人引述孔子的话，即孔子说过的话。采借“子曰”语句的才是我们说的引语。引语中作为标记的提示语位置相对固定，一般处于话语的开始，这是常规性标记的位置。有时，引语提示标记也出现在中间、结尾等位置。

引语还具有广泛性。引语的广泛性体现在提示语和转述语两个方面：提示语既可以是古今圣贤权威，也可以是普罗大众，既可以是确有其人，也可以是虚指泛指的“古人”“有人”甚至是“常言”“老话”；而转述语则更是或“出自经书、子书、史书或诗文、词曲、小说中的现成句”，或出于经得起推敲的寻常语言，或出于言简意赅的“警语名句”，来源广泛，包罗万象。

（三）引语习俗传承

在汉语话语学发展过程中，引语是一种有着悠久历史根源、深厚文

① 方向红：《引语的语用环境试析》，《烟台大学学报》（哲学社会科学版）1998年第4期。

化积淀、影响广泛的语言文学现象。

引语究竟始于何时？黄侃《文心雕龙札记·事类》曰："帝舜观古象，太甲称先民，盘庚念古后之闻，箕子本在昔之谊，周公告商而陈册典，穆王详刑而求古训，此则征言征事，已存于左史之文。"古人为什么要用往昔旧事以证今说呢？黄侃说："意皆相类，不必语出于我，事苟可信，不必义起乎今；引事引言，凡以达吾之思而已。若夫文之以喻人也，征于旧闻则易为信，举彼所知则易为从。"[①] 黄侃这句话说明，在诗文中征事引言是一种有力的论证方法和有效的表述手段。

作为中国最早的一部诗歌总集，《诗经》是古人智慧经验的结晶。《诗经》收录了西周初至春秋中叶的诗歌，是当时劳动人民和统治阶级思想智慧的集中体现，内容丰富，为西周王朝勾画了一幅生动的缩影图，大到统治者的发家史，小至普通百姓的劳作生活在其中皆有体现。《诗经》古称《诗》。春秋时期，《诗经》在人们的社会生活中有着重要的地位，引《诗》是春秋战国时期外交场合的普遍风气。孔子曰："不学诗，无以言。"准确评价了《诗经》所处的社会和文学地位。作为中国传统文献的整理者和传播者，孔子为了启发学生，经常会以《左传》《尚书》《诗经》中的话来作为"引子"，以达举一隅能以三隅反的目的，整部《论语》直接或间接引用计达19处。《孟子》引诗共37处。《孟子·滕文公下》有："《诗》云：'戎狄是膺，荆舒是惩，则莫我敢承。'无父无君，是周公所膺也。"《孟子》用"诗云"直接点明引用《诗经》。据统计，《左传》全书引《诗》217条，《国语》有31条，《战国策》引《诗》计7处9次，《荀子》引《诗》83处，《礼记》引《诗》共计140次，《孝经》引《诗》10次。先秦非儒家典如《晏子春秋》《墨子》《庄子》《韩非子》《吕氏春秋》等也都将《诗》作为引称的对象。《晏子春秋》一书引《诗》16处24次，《墨子》引《诗》11处，《吕氏春秋》引《诗》16处。《史记·郦生陆贾列传》有这样的记载："陆贾者，楚人也。以客从高祖定天下，名为有口辩士，居左右，常使诸侯。"陆贾因其辩才，能得高祖青眼，其作《新语》也是

---

① 黄侃：《文心雕龙札记·事类》，商务印书馆2017年版，第177页。

因为与高祖的“马上之论”而写就的。“陆生时时前说称《诗》《书》。高帝骂之曰：‘乃公居马上而得之，安事《诗》《书》!”高祖之骂正说明了《诗》《书》非同寻常的地位。

除《诗经》之外，《书》《礼》《易》《乐》《春秋》以及《论语》《孟子》《老子》《庄子》《韩非子》《管子》等也都是被引称的典籍。如《汉书·艺文志》：“仁之与义，敬之与和，相反而皆相成也。《易》曰：‘天下同归而殊途，一致而百虑。’”这里的“《易》曰”，引自《周易·系辞下》。“董仲舒十分重视儒家典籍《论语》，在著作中大量引用，其中《天人三策》引用17次，《春秋繁露》引用43次，引用频次远远高于汉初其他论著。”[①]不仅自身被引，这些典籍也都在引称其他典籍的文献和语句，引用已蔚然成为一种风气。

谣谚是民间口头文学重要的组成部分之一，是能代表中国民间文学和文化特色，并对中国文学和文化以及中国历史发展产生过独特影响的古代文学体式之一。先秦典籍引谚堪称特色。

先秦时期，《诗经》中已经出现了对谚语的直接引用。《大雅》中就有五首诗中的六处引用了当时的谚语，并且这些谚语几乎是被相同的句式，即“人亦有言”（或“先民有言”）引述出来的。

除文献引用之外，先秦两汉时期文献中对谚语的引用不乏用例，使用的引述标记辞主要由“语”或“谚”“言”加引述动词构成，这里的“语”“谚”“言”可以看作对谚语最初的称说。作为一部并不十分庞大的编年体史书，《左传》征引古文献频繁。除引《诗》《书》《易》《周礼》等典籍类文献外，又见引许多离事言理的古人言谈习语、俚俗谣谚。《荀子》一书引用了一些民语、民谚，其前多有“语曰”“民语曰”之类的词语引出。“口耳相传，是那个时代的口头文学。而从这些民语、民谚的引用中可以看出荀子对当时流传于社会中的口头文学的重视。这也体现了荀子对劳动人民生活的关注。”[②]魏晋南北朝时期，引语依然以“语

① 曹迎春：《董仲舒对〈论语〉的引用与诠释》，《衡水学院学报》2018年第2期。

② 康廷山：《〈荀子〉征引“传”类文献考论》，硕士学位论文，山东大学，2012年。

曰”“谚曰”为主,《玉台新咏》“谚曰”出现6次,“语曰”出现8次,《世说新语》“谚曰”出现2次,《齐民要术》“语曰”出现4次,《洛阳伽蓝记》“语曰”出现6次。有时为强调谚语的通俗性,人们还往往在前面加上“鄙”“野”“里”进行修饰。

南朝时期《宋书》中出现“古人云”的引语。南朝梁沈约《宋书·列传十三》:“古人云:‘无赏罚,虽尧舜不能为治也。’陛下岂可坐损皇家之重,迷一凡人。”至唐宋时期,“古人云”作为引语较为常见。

我们今天常说的“俗语”一词,最早见于汉代,之后逐渐形成了“俗语曰”“俗谚云”的引语。应该说,《史记》中的“俗语”尚属于一般词语,意思是民间流传的说法,类似的还有三国吴陆玑的《毛诗草木鸟兽虫鱼疏》中“赤棠,子涩而酢,无味,俗语云‘涩如杜’是也”;而《说苑·贵德》里的“俗语”则具有术语的性质,用来指称民间流行的定型语句,大体相当于先秦时代的“语”或“谚”。东晋陶潜《答庞参军诗序》中有“俗谚云:‘数面成亲旧。’”。从魏晋一直到宋代,“俗语曰”与“俗语云”都活跃在人们的语言交际中。宋代以后,“俗语曰”消失,“俗语云”在小说中普遍使用。

“俗语说”最早在宋代出现,如“俗语说,他只是‘抱得一个不哭底孩儿’”(《朱子语类》卷一百一)。之后,在明清的小说中,“俗语说”“俗语说的(得)好”“俗语说的”“俗语道”“俗语道得好”普遍地流行起来。“常言道”“俗话说”产生于元末明初,历经发展,成为明清乃至后代最为常见的引语形式。起初,“常言”指平常说话或平庸的言辞,南朝梁刘勰《文心雕龙·情采》:“《孝经》垂典,丧言不文;故知君子常言,未尝质也。”唐代殷璠《河岳英灵集》卷中评储光羲诗语:“储公诗,格高调逸,趣远情深,削尽常言,挟风雅之迹,得浩然之气。”之后“常言”与后起的引述动词“道”结合为引语形式,开始引用谚语俗言。

(四)引语的语言关照

引用的作用,是增强文章的说服力。因为所引的大都是名言名句,据以立论,其正确性、可靠性看来是不容置疑的。在汉语引语文化习俗形成的过程中，汉语出现了大量关于引用的成语，这些成语的出现和使用，进一步印证了引用是汉语的一种极为主要的语俗。

“子曰诗云”是一条汉语成语，文化含量极高。子，指孔子。诗，指《诗经》。曰、云是说的意思。字面意思指孔子所言和《诗经》所说，二者均为历代儒者遵奉的信条。成语的意义是泛指儒家言论或经典著作，或泛指儒家经书上的话。元代汤武《湘妃引 · 和陆进之韵》：“儒冠多误身，谩夸谈子曰诗云。”张南庄《何典 · 序》：“全凭插科打诨，用不着子曰诗云；巨能咬字嚼文，又何须之乎者也。”鲁迅《呐喊 · 一件小事》：“几年来的文治武力，在我早如幼小时候所读过的‘子曰诗云’一般，背不上半句了。”“子曰诗云”亦作“诗云子曰”。元代关汉卿《单刀会》四折：“你这般攀今揽古分甚枝叶，我跟前使不着你之乎者也，诗云子曰。”

引用、征引、引述、转述是我们民族最普遍、最熟悉、最习惯的文化生活方式。从汉朝到清朝，两千多年的旧经学传统，使中国人早已习惯在孔子儒家典籍中去“引经据典”。

成语“引经据典”指援引经书，依据典籍。语本《后汉书 · 荀爽传》六二：“又私谥其君父及诸名士，爽皆引据大义，正之经典。”明代张岱《琅嬛文集 · 四 · 家传》：“大父知其意，匆固辞，走笔数千言，皆引经据典，断案如老吏。”清代沈楙德《莲坡诗话跋》言诗话有两种：“一是论作诗之法，引经据典，求是去非，开后学之法门，如《一瓢诗话》是也。”

“引经据典”原或作“引经据义”，指援引经典著作中的语句、义理或故实。三国吴谢承《后汉书 · 杨震传》(《北堂书钞》五八)：“杨奇，字公绰，通经…… 天子所问，引经据义，靡不条对。”又作“引经据古”。古，指古法；古代的典章文献。权德舆《韦宾客宅宴集诗序》：“于是众君子学通行修，尝践此任者，与今之引经据古，屈职在列者，同声撰日，复修兹会。”(《全唐文》四九〇)宋代楼钥《攻媿集 · 将作少监黄艾右正言》：“尔其振厉风采，别白是非，引经据古，以佐朕之不逮。”又作“引经据礼”。礼，礼经，即《仪礼》《周礼》。《宋史 · 刘珙传》：“珙六上奏恳辞，引经据礼，词甚切。”又作“引经据传”。传，指解释经文的著作，如《公羊》《穀梁》二传。清代钱谦益《牧斋初学集·顾仲恭传》：“康成千载儒宗，而惑溺纬书，王肃引经据传，用以难郑。”

与“引经据典”语义相近的成语还有“柢经据史”“根经据史”“依经据理”“援经据典”。

明代李东阳《送张君汝弼知南安诗序》：“夫所谓政者，必柢经据史，饰之以材艺，资之以议论，而振之以气节，然后左宜右有，旁行而不滞。”“根经据史”，根，依据。清代齐周华《名山藏副本·华阳子诗稿自序》：“其学虽浅，未尝不根经据史也…… 又乌得谓非诗？”“依经据理”，依，遵循，按照。理，指伦理，道。唐德宗《答令狐峘谏厚奉元陵诏》：“卿闻见该通，识达宏远，深知不可，切以为言，引古援今，依经据理，非唯中朕之病，兼亦成朕之身。”（《全唐文》五〇）“援经据典”，援，援引，引用。典也作“古”。唐宣宗《答两省谏幸清华宫诏》：“卿等职备禁闱，志勤奉上，援经据古，列状献章。”（《全唐文》八〇）

关于引用的成语还有许多，如“引古证今”“述古为今”“博引旁征”“旁征博引”“守经据典”“引书据典”“旁引曲证”“旁引曲喻”“博引旁搜”等。

二、引语的类型及表现形式

从引语的发展历史来看，引语的引述方式多种多样，引述语常常出现“子曰”“古人云”“《诗》曰”“《易》曰”“语曰”“谚曰”“常言道”“俗话说”等结构。史式在《汉语成语研究》中提到“经”“传”的作者承认大量谚语来自民间，“而且给它们加上了‘鄙语’‘里谚’的帽子……”[①]“宋元话本、元曲、明清小说全都大量引用民间口头熟语，在引用的时候，有些加以说明，如‘古话说’‘俗话说’‘常言道得好’‘古人有言曰’等等，有些则不加说明。”[②] 武占坤在《中华谚谣研究》中指出谚语“带着‘野谚’‘俗谚’‘谚云’‘谚曰’的头衔出现在书面语上”[③]。

① 史式：《汉语成语研究》，四川人民出版社 1979 年版，第 28 页。
② 史式：《汉语成语研究》，四川人民出版社 1979 年版，第 31—32 页。
③ 武占坤：《中华谚谣研究》，河北大学出版社 2000 年版，第 25 页。

唐子恒在《汉语典故词语散论》中也谈到《左传》作者引用“辅车相依，唇亡齿寒”时“用了‘谚所谓’领起”[①]。

究其总体类型来看，引述语有四类，一类是崇人类引语，一类是崇文类引语，一类是崇语类引语，还有一类是综合类引语。每一类引述语的语结构相对比较单一稳定，或是由表示所引语词类别的术语如专指性名词“子”“孔子”“《诗》”“《易》”或是由泛指性出处的名词“先民”“圣人”“古人”或“传”“谚”“语”“常言”“俗话”等词语，加上言说动词“曰”“云”“道”“说”构成，形成主谓式的引述模式。当然也有另类，如“有道是”“闻之”“臣闻之”等。

（一）崇人类引语

中华民族从远古就崇拜圣贤，崇拜为人类社会建功立业，为人类创造各种成果，为人类指引光明的人。伏羲、黄帝、尧、舜、禹、汤、文、武周公，这些人都是中国古代的圣王，孔子、孟子是古代的圣人，都是中国人崇拜的对象。崇人类引语式由专指性名词“子”“孔子”“孟子”或泛指性出处的名词“先民”“古人”加上言说动词“曰”“云”“道”“说”构成的引述性语式。崇人类引语主要有“子曰”“孟子曰”“老子曰”“荀子曰”“管子曰”“圣人曰”“周公曰”“古人云”“人亦有言”“南人有言曰”“人有言曰”“古人有言”“古者有语”“齐人有言曰”。

子曰

“子”是古代对人的尊称，特别是对老师或有道德有学问的人尊称为“子”。“子曰”最早见于《论语》，因《论语》为孔子及其弟子言行语录体文集，记载大量孔子语录，几乎通篇以“子曰”引起，这里的“子”专指孔子，“子曰”即“孔子说”。如果说《论语》中的“子曰”还主要是对孔子及其弟子对话情景的记录，在其他文献中出现的“子曰”则体现的是对孔子话语的引述功能，如《礼记·缁衣》共二十四章，其中有二十三章皆有引用孔子的话语，除篇首标为“子言之曰”外，其余引用

---

① 唐子恒：《汉语典故词语散论》，齐鲁书社 2008 年版，第 308 页。

形式都标为“子曰”。伴随《论语》成为儒家经典，后世引用孔子话语均由“子曰”引出，“子曰”逐渐成为一种引语模式。

（1）子曰：“民以君为心，君以民为体；心庄则体舒，心肃则容敬。心好之，身必安之；君好之，民必欲之。心以体全，亦以体伤；君以民存，亦以民亡。《诗》云：‘昔吾有先正，其言明且清，国家以宁，都邑以成，庶民以生；谁能秉国成，不自为正，卒劳百姓。’”（《礼记·缁衣》）

（2）子曰：“言从而行之，则言不可饰也；行从而言之，则行不可饰也。故君子寡言，而行，以成其信，则民不得大其美而小其恶。”（《礼记·缁衣》）

（3）子曰：“道不同，不相为谋。”亦各从其志也。故曰：“富贵如可求，虽执鞭之士，吾亦为之。如不可求，从其所好。”（汉·司马迁《史记·伯夷叔齐列传》）

（4）子曰：“我欲载之空言，不如见之于行事之深切著明也。”（汉·司马迁《史记·太史公自序》）

（5）（孔）子曰：“不念旧恶，求仁而得仁，饿于首阳之下，逸民也。”（宋·王安石《伯夷论》）

例（1）和例（2）为《礼记·缁衣》引用孔子言语，用于说明君主与民众之间的辩证关系，以及君子言行之间的辩证关系。例（3）是《史记·伯夷叔齐列传》引用孔子所言，强调意见或志趣不同的人就无法共事。例（4）是司马迁引用孔子言语，表明自己创作一部流传后世史书的决心。例（5）为王安石在《伯夷论》中所引孔子的一句言论，表明了自己对古人伯夷的看法。

“子曰”也常常明确说成“孔子曰”，如：

（1）孔子曰：“董狐，古之良史也，书法不隐。赵盾，古之良大夫也，为法受恶。惜也，越竟乃免。”（春秋·左丘明《左传·宣公

二年》)

（2）孔子曰："导之以政，齐之以刑，民免而无耻。导之以德，齐之以礼，有耻且格。"老氏称："上德不德，是以有德；下德不失德，是以无德。""法令滋章，盗贼多有。"太史公曰：信哉是言也！法令者治之具，而非制治清浊之源也。昔天下之网尝密矣然奸伪萌起，其极也，上下相遁，至于不振当是之时，吏治若救火扬沸，非武健严酷，恶能胜其任而愉快乎！言道德者，溺其职矣。（汉·司马迁《史记·酷吏列传》)

（3）圣人无常师。孔子师郯子、苌弘、师襄、老聃。郯子之徒，其贤不及孔子。孔子曰："三人行，则必有我师。"是故弟子不必不如师，师不必贤于弟子，闻道有先后，术业有专攻，如是而已。（唐·韩愈《师说》)

例（1）是《左传》作者在记载晋灵公不行君道被弑杀后，引用孔子对史官董狐、大夫赵盾的评价，表明自己的态度。例（2）是《史记》中太史公引用孔子言论说明刑法与政事的关系。例（3）韩愈引用《论语·述而》中孔子言论说明术业有专攻，则人人皆有可能在某一方面成为他人老师的可能。

孔丘，字仲尼，世人引孔子言语也直接称其为仲尼，因此还有"仲尼曰"的说法。如：

（1）仲尼曰："君子中庸，小人反中庸，君子之中庸也，君子而时中；小人之中庸也，小人而无忌惮也。"（《礼记·中庸》)

（2）仲尼曰："以臣召君，不可以训"，故书曰"狩"。（汉·司马迁《史记·周本纪》)

（3）仲尼曰："不如速朽。"逮至吴王阖闾，违礼厚葬，十有余年，越人发之。（汉·班固《汉书·群书治要》)

上述三例皆是引用孔子的言论来阐发佐证自己的观点。

圣人曰

在中国传统文化中，“圣人”指知行完备、至善之人，即品德最高尚、智慧最高超的人。所谓“才德全尽谓之圣人”，是一种“至善”“至美”人格的体现。因孔子在世时就被尊奉为“天纵之圣”“天之木铎”，更被后世统治者尊为孔圣人、至圣、至圣先师、大成至圣文宣王先师、万世师表等，因此“圣人”也专指孔子。韩愈《送王埙秀才序》中说：“吾常以为孔子之道，大而能博，门弟子不能遍观而尽识也，故学焉而皆得其性之所近。…… 荀卿之书，语圣人必曰孔子、子弓。…… 自孔子没，群弟子莫不有书，独孟轲氏之传得其宗，故吾少而乐观焉。…… 故求观圣人之道，必自孟子始。”

古代文献中有大量“圣人曰”提示的引语存在，如：

(1)蔡泽曰：“…… 进退盈缩，与时变化，圣人之常道也。故‘国有道则仕，国无道则隐’。圣人曰‘飞龙在天，利见大人’。‘不义而富且贵，于我如浮云’。今君之怨已仇而德已报，意欲至矣，而无变计，窃为君不取也。……”（汉·司马迁《史记·范雎蔡泽列传》）

(2)夫平均者，不舍豪强而征贫弱，不纵奸巧而困愚拙，此之谓均也。故圣人曰：“盖均无贫。”（《周书·列传·卷二十三》）

(3)纤纤又语其郎君竹士云：“圣人曰，‘《诗》三百，一言以蔽之，曰思无邪。’余读袁公诗，取《左传》三字以蔽之曰：‘必以情。’”（清·袁枚《随园诗话》）

例(1)《史记》中记载蔡泽劝应侯隐退时，使用“圣人曰”作为提示语，引用《易·乾卦》中的语句，来说明明君在位，有作为的人就应当辅佐以施展抱负，但退伸缩，附和时势的变化，要根据当时情况准备应变的谋划。例(2)中的“圣人”指孔子，引其语“盖均无贫”说明财富平均，则无所谓贫富，出自《论语·季氏将伐颛臾》“盖均无贫，和无寡，安无倾”。例（3）袁枚女弟子金纤纤论诗引圣人语作比，此处“圣人”

也指孔子。

周公曰

周公，姬姓名旦，亦称叔旦。西周开国元勋，杰出的政治家、军事家、思想家、教育家。制礼作乐，为西周典章制度的主要创制者，主张“明德慎罚”，以“礼”治国，奠定了“成康之治”的基础，后世尊其为“先贤”。孔子对周公极为推崇，处处将其作为典范表率，甚至常常梦到周公。周公一生功绩及言论记载于《尚书》，并被后世不断引用传播，如：

（1）周公曰：“呜呼！我闻曰：古之人犹胥训告，胥保惠，胥教诲；民无或胥诪张为幻。”（《尚书·无逸》）

（2）周公曰：“呜呼！厥亦惟我周太王、王季，克自抑畏。”（《尚书·无逸》）

（3）周公曰：“人主无过举，不当有戏言，言之必行之。”于是乃封小弟以应县。（汉·司马迁《史记·梁孝王世家》）

例（1）引周公语强调做人要谦让屈己、敬畏上天。例（2）引周公语强调人们之间要互相劝导、互相保护、互相友爱、互相教诲。例（3）《史记》引周公语强调人主应该言而有信。

夫子曰

旧时对有学问的人尊称“夫子”，如孔夫子、朱夫子等。在引用学说时，常见“夫子曰”的说法，如：

（1）夫子曰：“由，尔责于人，终无已夫，三年之丧，亦已久矣夫。”（《礼记·檀弓》）

（2）夫子曰：“予欲无言。”欲无言者，不能不有所言也。（章学诚《文史通义》）

（3）夫子曰：“何为不去也？”曰：“无苛政。”夫子曰：“小子识之，苛政猛于虎也。”（《礼记·檀弓下》）

例（1）引用孔夫子的话说明对人不必苛责。例（2）引用孔夫子的话表明无话可说。例（3）引用孔夫子的话说明“苛政猛于虎”的道理。

先秦诸子百家之说也常被后世引用，因“子曰”专指“孔子曰”，则诸子其余便需较为明确，传世文献中常见有“孟子曰”“老子曰”“荀子曰”“韩非子曰”等，如：

（1）辙生好为文，思之至深。以为文者气之所形，然文不可以学而能，气可以养而致。孟子曰：“我善养吾浩然之气。”今观其文章，宽厚宏博，充乎天地之间，称其气之小大。（宋·苏辙《上枢密韩太尉书》）

（2）老子曰：“五色令人目盲，五音令人耳聋，五味令人口爽，驰骋田猎令人心发狂。”然圣人未尝废此四者，亦聊以寓意焉耳。（宋·苏轼《宝绘堂记》）

（3）臣光曰：古人有言：“疑则勿任，任则勿疑。”裕既委镇恶以关中，而复与田子有后言，是斗之使为乱也。惜乎，百年之寇，千里之土，得之艰难，失之造次，使丰、之都复输寇手。荀子曰：“兼并易能也，坚凝之难。”信哉！（宋·司马光《资治通鉴·晋纪》）

（4）吾初读《庄子》“螝二首”，《韩非子》曰：“虫有螝者，一身两口，争令相龁，遂相杀也”，茫然不识此字何音，逢人辄问，了无解者。案：《尔雅》诸书，蚕蛹名螝，又非二首两口贪害之物。后见《古今字诂》，此亦古之虺字，积年凝滞，豁然误解。（北齐·颜之推《颜氏家训》）

例（1）苏辙在给太尉韩琦的书信中，引用孟子的“养浩然之气”说，阐发自己对文章之气的看法。例（2）苏轼引用老子话语，来说明君子可以把心意寄托在事物中，但不可以把心意留滞于事物中。例（3）司马光引用并充分肯定荀子的话语，来说明“坚凝之难”。例（4）颜之推在讲述读书学习过程时，引用韩非子提及的“虫有螝者，一身两口”，初不知所云，后来通过《古今字诂》明白这也就是古代的“虺”字，多年来积滞在胸中的难题，顿时如同大雾散开一般。

先民有言

先，即在前，先民，指前人、古人，作为引语中的提示语，常见“先民有言”的说法，这里的先民，也通常指前代圣贤之人，有时泛指前人，有时确有其人只是觉得没有必要明确是谁所说，即用“先民”代之，如：

（1）先民有言，人之所难者二：乐攻其恶者难，以恶告人者难。夫惟君子，然后能为级之所难，能到人之所难也。既能其所难也，犹恐举人恶之轻，而舍己恶之重。（汉·徐幹《中论·虚道》）

（2）先民有言：“‘将相无种’。故或出于奴仆，或出于盗贼，惟能不次而用之，乃为名将耳。”（清·洪汝奎《洪文安公选集》）

例（1）引《群书治要》卷四十六《中论》之言，以证常人与圣人的区别在于修身的道理，也就是常人很难面对自身与真我。例（2）引《后汉书·酷吏列传》陈胜所说“王侯将相宁有种乎”，以证没有人天生尊贵，人人都可以成就大业的道理。两例在后世引用时，均以“先民有言”贯之。

（二）崇文类引语

中华文化源远流长、博大精深，老祖宗为我们留下了浩如烟海的文化典籍，以“四书五经”为代表的这些典籍是中华传统文化精华，是先贤智慧的结晶。征引典籍文献的崇文类引语是由专指性名词“《诗》”“《易》”“《书》”“《春秋》”“《颂》”等专指性典籍出处的名词加上言说动词“曰”“云”构成的引述性语式。崇文类引语主要有“《诗》曰”“《诗》云”“《易》曰”“《书》曰”“《书》云”“经曰”等。

《诗》曰，《诗》云

孔子认为学《诗》可以锻炼语言表达能力，“不学《诗》，无以言”（《论语·季氏》）。孔子很重视诗教，把它当成了修养道德、陶冶性情、齐家治国的重要手段。《诗》“经”之地位的确立，为后世对《诗》的引用提供了广阔的空间。

（1）王说，曰："《诗》云：'他人有心，予忖度之。'夫子之谓也。"（《孟子·梁惠王上》）

（2）《诗》曰："恺悌君子，民之父母"。今人有过，教未施而刑加焉？或欲改行为善而道毋由也。朕甚怜之。（汉·司马迁《史记·孝文本纪》）

（3）《诗》云："戎狄是膺，荆舒是惩，则莫我敢承。"无父无君，是周公所膺也。（《孟子·滕文公下》）

（4）《诗》云："有觉德行，四国顺之。"（春秋·左丘明《左传·昭公五年》）

以上四例，通过"《诗》曰""《诗》云"的引语引出《诗经》原文阐述道理和观点。另也见"《颂》曰""《大雅》曰"等用法，基于《诗经》为人所熟悉推崇，可以直接采用其中各部名称，依然具有彰显权威典籍的属性。如：

（1）故《颂》曰："思文后稷，克配彼天。立我蒸民，莫匪尔极。"（汉·司马迁《史记·周本纪》）

（2）《大雅》曰："陈锡载周。"（汉·司马迁《史记·周本纪》）

（3）《诗》曰："相鼠有礼，人而无礼；人而无礼，何不遄死。"以诗观之，非所以为寿也。（汉·司马迁《史记·商君列传》）

例（1）《史记》引《诗经》颂篇祭祀乐歌来说明恩惠百姓的先祖将被人们永远铭记。例（2）引《诗经》大雅篇说明文王能布陈大利，以赐天下，广行惠处。例（3）引用《诗经》国风篇说明在仡者无礼仪，对在仡者的刻薄少恩持批评态度。

《书》曰，《易》曰，《礼记》云

"《书》"为《尚书》。《书》者代远事古，诗传口诵尔后载册。其教沃泽诸经，其学溉润百家。换言之，《书》乃元初之学、曾为百家共尊。

（1）“敢不举君之觞！谨谢丞相、二千石各就馆。书曰：‘毋偏毋党，王道荡荡。’毋有复言。”（汉·班固《汉书·车千秋传》）

（2）《书》曰：“诗言志，歌咏言。”（汉·班固《汉书·艺文志》）

（3）《尚书》曰：“再拜兴对，乃受铜。”（汉·班固《白虎通义·卷一》）

例（1）为《汉书》记载汉武帝答复臣下时引《尚书》句。例（2）和例（3）所引也均为《尚书》原文。

《易》指《周易》，为《五经》之原，有着独特地位和价值。汉初学者征引《周易》立言皆以“《易》曰”或“《易》称”引起文句，形式上通常不分经传。

（1）《易》曰：“天下同归而殊途，一致而百虑。”（汉·班固《汉书 艺文志》）

（2）《易》曰：“二人同心，其义断金。”（汉·陆贾《新语·辨惑》）

（3）法家者流，盖出于理官。信赏必罚，以辅礼制。《易》曰“先王以明罚敕法”，此其所长也。及刻者为之，则无教化，去仁爱，专任刑法而欲以致治，至于残害至亲，伤恩薄厚。（汉·班固《汉书》）

经曰，传曰

经即经典，历来被尊奉为典范的著作，是记载思想、道德、行为等标准的书。通常指《诗经》《书经》《礼经》《易经》《春秋经》《茶经》等。

（1）经曰：“夷狄之有君，不如诸夏之亡。”（韩愈《原道》）

（2）经曰：“天讨有罪，五刑五庸哉。”（南朝宋·范晔《后汉

书·梁统列传》)

(3)经曰:“治病必求其本。”本之为言根也,源也。(明·李中梓《医家必读》)

例(1)出自《论语·八佾》,原文为“子曰:‘夷狄之有君,不如诸夏之亡。’”韩愈引用作“经曰:‘夷狄之有君,不如诸夏之亡。’”例(2)出自《尚书·虞书·皋陶谟》,言天以五刑讨有罪,用五刑必当也,引用与今本同。

“传曰”,最早见于《荀子·修身》:“传曰:‘君子役物,小人役于物。’此之谓矣。”杨倞注:“凡言传曰,皆旧所传闻之言也。”因此“传曰”所引来源较为复杂。

《史记》《汉书》中多见“传曰”,从其用例来看,“传”主要指《论语》《礼记》《荀子》等儒家典籍。

(1)太史公曰:“传曰‘其身正,不令而行;其身不正,虽令不从’。其李将军之谓也?”(汉·司马迁《史记·李广列传》)

(2)传曰“刑不上大夫”,此言士节不可不厉也。(汉·司马迁《报任少卿书》)

(3)传曰“法后王”,何也?以其近己而俗变相类,议卑而易行也。学者牵于所闻,见秦在帝位日浅,不察其终始,因举而笑之,不敢道,此与以耳食无异。(汉·司马迁《史记·六国年表第三》)

(4)经曰:“皇极,皇建其有极。”传曰:“皇之不极,是谓不建,时则有日月乱行。”(《尚书·洪范》)

(5)传曰:“天不为人之恶寒而辍其冬,地不为人之恶险而辍其广,君子不为小人之匈匈而易其行。”(东方朔《答客难》)

例(1)引语出自《论语·子路》,例(2)引语出自《荀子·儒效》,例(3)引语出自《礼记·曲礼》。另外,“传”还与“经”相对,圣人著述曰“经”,解释经义的文字被称为“传”。例(4)引语出自对《尚书·洪范》“皇极，皇建其有极”句的解释。例（5）东方朔《答客难》所引则是春秋经的注释版本《左传》语。

有诗为证

有诗为证，即有诗词可以用来佐证。诗词引入小说后，“有诗为证”，成了这一情况最典型的表征。在小说叙事过程中，它常常以一种权威的身份出现。小说家们乐此不疲，似乎是他们手中最得意的一张王牌。概括地说，表现为或引诗证实，或借诗抒情。

因为诗具有史、事的性质，小说家便用它来搪塞读者。从叙事技巧上看，“有诗为证”就是小说取信于读者的一种手法。从大多数的情况来看，它是以一种征引其他材料来证实作品可信性的口吻出现的。《西游记》中常用“怎见得，有诗为证”这种格式，就是意欲引诗向读者证明鬼神世界的客观存在。宋传奇《王榭》，本是作者根据刘禹锡《乌衣巷》诗意虚构的。

（1）次日，果见碧游宫通天教主来了。半空中仙音响亮，异香袭袭，随侍有大小众仙，来的是截教门中师尊。怎见他的好处，有诗为证：鸿钧生化见天开，地丑人寅上法台。炼就金身无量劫，碧游宫内育多才。（明·陈仲琳《封神演义》）

（2）惠岸闻言，谨遵师命，当时与大圣捧葫芦出了潮音洞，奉法旨辞了紫竹林。有诗为证，诗曰：“五行匹配合天真，认得从前旧主人。炼已立基为妙用，辨明邪正见原因。金来归性还同类，木去求情共复沦。二土全功成寂寞，调和水火没纤尘。”（明·吴承恩《西游记》）

（3）其事流传众人口，因目榭所居处为乌衣巷。刘禹锡《金陵五咏》有《乌衣巷》诗云：朱雀桥边野草花，乌衣巷口夕阳斜。旧时王谢堂前燕，飞入寻常百姓家。即知王榭之手非觑。（《宋传奇》）

例（1）中，以诗“碧游宫内育多才”为证，从而证实碧游宫的真实存在，并且宫中培育了众多武力高强的奇人异士。例（2）中，以诗为证说明沙悟净与唐僧等人五行相生相克，相互促进，注定是唐僧的徒弟，保护唐僧西天取经。例（3）中，以刘禹锡《金陵五咏》中《乌衣巷》一诗为证，借而证明确有王榭一人，并非虚构。

（三）崇语类引语

崇语类引语通常由表示所引语词类别的术语“言”“语”“谚”，加上言说动词“曰”“云”“道”“说”构成。

从古至今，“语”“谚”和“言”的概念始终没有统一，因此我们最好从广义的含义来理解较为合适。

《诗经·大雅·公刘》：“于时言言，于时语语。”毛传：“直言曰言，论难曰语。”《说文·言部》：“语，论也。从言吾声。”说明“语”的本义是指议论、辩论、谈论。“谚”在《说文解字》中记载：“谚，传言也，从一言，彦声。”最早在《尚书·无逸》中提到谚：“埋语曰谚”，《礼记·大学》释文：“谚，俗言也。”《春秋左氏传·隐公十一年》释文：“谚，俗言也。”这三个释义都是强调谚的俚俗性、民间性。《国语·越语》韦昭注：“谚，俗之善谣也。”这里在谚的解释中借用了谣的定义，暗指谚和谣一样具有韵语性质。《汉书·五行志》：“谚，俗所传言‘也’。”《文心雕龙·书记》：“谚者，直语也……夫文辞鄙埋，莫过于谚。”这些对“语”“谚”“言”的解释都侧重于广义上的含义，即在议论、辩论、谈论中，为增加说服力，常引用那些民间流行或古人说过的“现成话”，强调它们都是来自民间语言，表达的是人们生活中的俗事，多白话直言、朴素，且是一种传播性强的言语单位，主要包括“语曰”“谚曰”“古人云”“常言道”等。

语曰，野语有之曰，鄙语曰，里语曰，古语曰

“语曰”是崇语类引语中的常见模式，所引话语为民间流传俗语，没有或忽略了最早出自谁人之口或原始文献出处，直接用“语曰”引出。如：

（1）宫之奇又谏曰：“语曰：‘唇亡则齿寒。’其斯之谓与！”（《穀

梁传·僖公二年》)

(2)语曰:“浅不足与测深,愚不足以谋知,坎井之蛙不可与语东海之乐。”(《荀子正论》)

(3)语曰:“流丸止于瓯臾,流言止于智者。”(《荀子·大略篇》)

(4)语曰:“乐正司业,父师司成。”(《礼记·文王世子》)

上述四例中的“语曰”均无具体出处,所引内容通俗易懂,应为时皆知的俗语。

“语曰”作为常式使用,同时还出现了许多变式——“鄙语曰”“里语曰”“野语有之曰”“古语曰”等,通过前加修饰成分来强调所引内容为乡里民间长期流传,具有俚俗特征。

(1)鄙语曰:“见兔而顾犬,未为晚也:亡羊而补牢,未为迟也。”(《战国策·楚策四》)

(2)里语曰:“腐木不可以为柱,卑人不可以为主。”(汉·班固《汉书·刘辅传》)

(3)里语曰:“不暗不聋,不成姑公。”(汉·刘熙《释名》卷四)

(4)野语有之曰:“众人重利,廉士重名,贤士尚志,圣人贵精。”(《庄子·刻意》)

(5)古语曰:“不知,无害于君子:知之,无损于小人。”(《尹文子·大道上》)

例(1)中的“鄙语”、例(2)与例(3)中的“里语”、例(4)中的“野语”均指流传于乡里、村野的民间口头俗语。例(5)中的“古语”无确指,也不追究出处,同样指“早有民间流传”之意。

谚曰,鄙谚曰,里谚曰,野谚云,俗谚云

“谚”这个名称在先秦时代已通行。但古人所说的“谚”,大致相当于“俗语”,比谚语的范围要宽一些。

（1）谚曰：“狼子野心。”（春秋·左丘明《左传·宣公四年》）

（2）谚曰：“从善如登，从恶如崩。”（《国语·周语下》）

（3）孔叔言于郑伯曰：“谚有之曰：‘心则不竞，何惮于病？’既不能强，又不能弱，所以毙也。”（春秋·左丘明《左传·僖公七年》）

（4）周谚有之曰：“山有木，工则度之；宾有礼，主则择之。”（春秋·左丘明《左传·隐公十一年》）

例（1）至例（3）直接使用“谚曰”（或“谚有之曰”），例（4）“周谚有之曰”强调所引为周代谚语。

同“语曰”一样，“谚曰”作为常式使用，同时也出现了许多变式——“鄙谚曰”“里谚曰”“野谚曰”“俗谚云”等，强调其俚俗特征。

（1）鄙谚曰：“长袖善舞，多钱善贾。”此言多资之易为工也。（《韩非子·五蠹》）

（2）里谚曰：“千人所指，无病而死。”（汉·班固《汉书·王嘉传》）

（3）野谚曰：“前事之不忘，后事之师也。”（汉·司马迁《史记·秦始皇本纪》）

（4）俗谚云：“数面成亲旧。”（晋·陶潜《答庞参军诗序》）

例（1）至例（4）中的“鄙谚”“里谚”“野谚”“俗谚”都是在强调所引谚语的俚俗特征。

人有言曰，人亦有言

“人有言曰”“人亦有言”作为引语在早期也十分常见。这里的“人”泛指古人，但并无确指，所引话语为民间流传之言。如：

（1）人有言曰：“不遇盘根错节，安知利器哉。”（《民国〈巩县志〉》）

(2)人有言曰:“狐死正丘首,仁也。”(《考定檀弓》)

(3)人有言曰:“狼子野心,怨贼之人其又何善乎。”(左丘明《国语》)

例(1)引《后汉书》之言以证只有经历艰苦的考验,才能显示一个人德才高超的道理。例(2)引屈原《九章》之言以证人走到哪儿、成为什么样的人都不能忘本的道理。例(3)引《左传之宣公四年》之言以证凶暴的人居心狠毒、习性难改的道理。

(1)文王曰咨,咨女殷商。人亦有言:“颠沛之揭,枝叶未有害,本实先拨。”殷鉴不远,在夏商之世。(《诗经·大雅·荡》)

(2)抑抑威仪,维德之隅。人亦有言:“靡哲不愚。”庶人之愚,亦职维疾。哲人之愚,亦维斯戾。(《诗经·大雅·抑》)

(3)瞻彼中林,甡甡其鹿。朋友已谮,不胥以谷。人亦有言:“进退维谷。”(《诗经·大雅·桑柔》)

例(1)《诗经·大雅·荡》引用前人说法形象地解释了殷商灭亡的原因,像一棵枝叶完好的,却被连根拔起的大树一般,问题出在根本上,也就是君王自己作孽折腾。例(2)《诗经·大雅·抑》引用前人说法说明任何人都会犯错的道理。例(3)《诗经·大雅·桑柔》引用前人说法形容处境艰难、进退两难的境遇。

引语有明确的流行范围,“人有言曰”也常被具体化为“南人有言曰”“齐人有言曰”等,“南”指周公统治下的南楚地区,“齐”则指西周至春秋战国时期的诸侯国齐国。如:

(1)子曰:“南人有言曰:‘人而无恒不可以作巫医。’善夫!‘不恒其德,或承之羞。’”(《论语·子路》)

(2)齐人有言曰:“虽有智慧,不如乘势;虽有镃基,不如待时。”(《孟子公孙丑上》)

（3）南人有言曰："余甘一时熟，獐一日肥。其说盖二物忽然有异，则余甘熟一时顷而复生，獐肥一日而复瘦也。"（宋·苏颂《图经本草》）

例（1）《论语》中孔子引南方楚国谚语说明恒心的重要性，若无恒常之心，连个巫医都当不了。例（2）《孟子》引用齐国谚语说明抓住时机利用形势的重要性。例（3）《桂海虞衡志辑佚校注》中引用南方楚国谚语说明余甘子的重要作用。

古人云，古人有言，古者有语

"古人云"是汉魏时期产生并一直流传至今仍在使用的典型引语模式。"古人云"产生之前，常见"古人有言""古者有语"的说法。古人、古者泛指前人，所引出的话语大多来自无可考证确切出处的民间俗语。如：

（1）虽我小国，则蔑以过之矣。今大国曰："尔未逞吾志。"敝邑有亡，无以加焉。古人有言曰："畏首畏尾，身其余几？"又曰："鹿死不择音。"小国之事大国也，德，则其人也；不德，则其鹿也。（春秋·左丘明《左传·文公十七年》）

（2）黄初三年，余朝京师，还济洛川。古人有言：斯水之神，名曰宓妃。感宋玉对楚王神女之事，遂作斯赋。（三国·曹植《洛神赋》）

（3）是故子墨子曰："古者有语：谋而不得，则以往知来，以见知隐。谋若此可得而知矣。"（《墨子 非攻》）

例（1）引古人"畏首畏尾"和"鹿死不择音（荫）"来说明面对晋楚两大强国，郑国通过比较顾及周全和铤而走险的两种状态选择，不卑不亢地维护了郑国的利益和尊严。例（2）曹植《洛神赋》开篇引古人"斯水之神，名曰宓妃"的说法，引起全文。例（3）墨子引古语来说明"根据过去推知未来，根据明显的事推知隐微的事"，强调经验的重要性。

从“古人有言”“古者有语”所引述的内容和表达方式来看，应该大多来自民间俗语，没有具体文献出处。

汉魏出现“古人云”的说法，至唐宋时期及以后，“古人云”作为引语更为常见，如：

（1）古人云：“无赏罚，虽尧舜不能为治也。”陛下岂可坐损皇家之重，迷一凡人。（南朝梁·沈约《宋书·列传十三》）

（2）古人云：“履践如来所行之迹”，则此相也。（南唐·静筠二禅师《祖堂集》）

（3）且如古人云：“不废困穷，不虐无告”，自非大无道之君，孰肯废虐之者！（宋·黎靖德《朱子语类》）

（4）所以古人云：“颦有为颦，笑有为笑。颦笑之间，最宜谨慎。”（《京本通俗小说·错斩崔宁》）

例（1）为刘宋大臣何尚之引古语进言宋文帝。例（2）和例（3）《祖堂集》《朱子语类》中均使用了“古人云”引述古语。例（4）宋话本《京本通俗小说》中的《错斩崔宁》通过“古人云”引用谚语来说明人心叵测、人情万端，忧乐之间应该小心。

常言道

“常言道”产生于元末明初，“常言”指平常说话或平庸的言辞，南朝梁刘勰《文心雕龙·情采》：“《孝经》垂典，丧言不文；故知君子常言，未尝质也。”唐代殷璠《河岳英灵集》卷中储光羲诗评语：“储公诗，格高调逸，趣远情深，削尽常言，挟风雅之迹，浩然之气。”之后“常言”与后起的引述动词“道”结合形成固定的引语模式，专用于引用谚语俗言，则“常言”也凝固并产生“民间流传的口头语”之义。宋代宋祁《宋景文公笔记·释俗》：“孙炎作反切语，本出于俚俗常言，尚数百种。”

（1）常言道：“太平本是将军定，不许将军见太平。”（元·无名氏《赚蒯通》）

（2）武松挽住宋江说道："尊兄不必远送，常言道：'送君千里，终须一别。'"（元末清初·施耐庵《水浒传》）

俗话说

同"常言道"一样，"俗话说"也产生于元末明初，历经发展，成为明清乃至后代最为常见的引语模式。"俗话说"的前身应为"俗语曰""俗语云"，如：

（1）俗语曰："时无赭，浇黄土。"（汉·班固等《东观汉记》）

（2）俗语云："强将下无弱兵"，可真信。（宋·苏轼《苏轼集》）

（3）狱吏专为深刻，残贼而无极，偷为一切，不顾国患，此世之大贼也。故俗语云："画地作狱，议不可入，刻木为吏，期不可对。"（汉·刘向《说苑·贵德》）

伴随言说动词"说""道"的兴起，将"曰""云"替换，引语模式也跟随变化为"俗语说""俗语道"，如：

（1）俗语说得好：借米下得锅，讨米下不得锅。（明·兰陵笑笑生《金瓶梅》）

（2）俗语道："物聚于所好。"（明·凌濛初《初刻拍案惊奇》）

（3）俗语说："匣中宝刀休用磨，劝君休求二娇娥。"（《三侠剑》）

"话"对"语"进一步替换，则出现了流传至今的"俗话说"，以及结构更为松散丰富的引语模式"俗话说得好"，如：

（1）偏我不出外。若出外时候。也与你们一般的。大哥说的是。俗话说"惯曾出外偏怜客，自己贪杯惜醉人"，果然不错。（元·佚名《老乞大新释》）

（2）俗话说："不怕进得迟，只要中得快。"（《曾国藩家书》）

（3）俗话说：宁给好汉牵马随蹬，不给赖汉为父为尊。（清·佚名《续小五义》）

（4）俗话说得好："富了贫，还穿三年绫。"所以他还不曾堵塞得这姑子的漏洞。（明末清初·西周生《醒世姻缘传》）

（5）俗话说得好：若要俏，带三分孝。（明·凌濛初《初刻拍案惊奇》）

（6）如今急了，俗话说得好，丑媳妇少不得要见公婆。（清·荻岸山人编次《平山冷燕》）

有道是，老话讲

明清时期，除"古人云""常言道""俗话说"等引辞的沿用，还出现了"有道是""老话讲"的引语模式。"有道是"指"有话这么说的"，相当于"常言道""俗话说"，"老话讲"则用"老话"表示常言习语。这两个引语在晚近的现代汉语中更为常见。如：

（1）"姑娘，你仔细想想罢，你还年轻呢，好好地干，前途不可限量。这回去见着师傅，自己知趣一点，老早地跪下去，诚诚恳恳的，认上一回错。有道是'伸手不打笑脸人'，他忍心不要你吗？把这一关闯过来了，你就好了。再说你要到丁家去，那更好了。他是你的平班辈的人，还能把你怎么样吗？"（张恨水《夜深沉》）

（2）霓喜瞟了他一眼道："有道是'水涨船高'。你混得好了，就不许我妻随夫贵么？"（张爱玲《连环套》）

（3）老话讲，"隔行如隔山"。讲台和舞台是两码事，笑星就是笑星，让我称你们"教授"，莫怪我，心里不想口难开。（《人民日报》2001年8月24日）

例（1）中用"有道是"引出"伸手不打笑脸人"这一俗语，来表达人与人之间产生矛盾时以笑脸迎人，矛盾容易解开。例（2）中用"有道是"

引出"水涨船高"这一成语，表达事物随着它所凭借的基础的提高而增长提高的意思。例（3）用"老话讲"引用谚语，来论证道理。

三、引语的文化阐释

"运用语言是人类特有的能力，言说的历史伴随人类的历史产生而发展。不同民族使用自己的语言认知世界，形成了各自独特的言说方式。回望汉民族久远的言说历史，从大量关于口头、书面的言说记录、言说经验及言说成果中我们发现，引述——在言说过程中，为了达到某种表达效果，对特定人物的经典语录或经典文献中的语句辞章及民间流传的谚语俗语进行引用——这种表达方式的大量运用，是汉民族言说活动中一个非常典型的特征，很少有哪个民族像汉民族一样，在言说的过程中对引述前人的话语辞章如此热衷。"[①] 贯穿汉民族言说历史的引述语式是一种特殊的语言文化现象，具有独特的民族心理机制和独特的文化价值。引用既是人的一种精神寄托，也是人经常借用的文化权威，这种复杂而庞大的文化权威，在中国人千百年来语言表达的大舞台上发挥着极其重要的作用。

（一）引用是一种文化信仰

文化信仰是一种民族心态，文化信仰在其形塑与建构的具体机制中，有着浓重的社会底色。引用成为一种社会风尚，成为一种超社会崇拜贯穿于日常生活与社会文化之间的社会事实，其文化信仰的社会底色来源于汉民族崇古崇圣、重典重言紧密结合的形塑机制。

作为中华优秀传统文化的核心构成，儒家文化不仅是渊源深远的传统文化价值和哲学智慧，也是作为中国人"日用而不知"的社会规范和人伦底色。《汉书·艺文志·诸子略》讲到儒家的代表特点是："祖述尧舜，宪章文武，宗师仲尼，以重其言。"说的是儒家以六经为经典，以

---

① 王枫：《汉民族言说历史中的引述传统及其文化解读》，《内蒙古大学学报》（哲学社会科学版）2015 年第 6 期。

仁义为指导思想，遵循尧舜治天下之道，效法周文王、周武王时之制度，尊圣人孔子为祖师，以此来增加儒家学说的分量。这里的“以重其言”非常准确地说明了引用的目的与功用，那就是崇古与尊圣，看重古人之言，看重有德识才学者和圣贤之言。古人之言、有德识才学者和圣贤之言是汉民族集体意识中的一种理想人格、道德典范的代表，他们的语录具有天然的楷模价值和教育意义，常常被人们引述于话语言论之中，帮助表达自己的观点。引述圣贤语录，是汉民族引述表达中较为突出的现象。

信仰先王先圣是一种传统的信仰，是中国式的“一种人文理性信仰”。葛兆光在《中国思想史》中提道：“他们（春秋时人）对于秩序的理性依据及价值本原的追问，常常追溯到历史，这使人们形成了一种回首历史，向传统寻求意义的习惯。先王之道和前朝之事是确认意义的一种标识和依据”。[①] 在《左传》和《国语》中经常会看到“昔我先王……”的句子，例如《国语·周语》载：“昔我先王世后稷，以服事虞夏。乃夏之衰也，弃稷不务，我先王不窋，用失其官，而自窜于戎、狄之间……”把过去君王做过的具体事件或说过的话语作为自己行事的依据，并用来作加强表达情感或者来说服对方之用，这是崇古精神与春秋时产生的发现“人的价值”这一新思想相结合后的产物，不再是虚无的崇拜，而是“赋事行刑，必问于遗训，而咨于故实”（《十三经注疏·春秋左传正义》），认为历史是一种可资借鉴的东西，而且是一种完美的正确的象征，历史的借鉴常常可以纠正当下的谬误。

古人作文，有征圣、宗经的心理。刘勰说：“是以文必征于圣，窥圣必宗于经。”（《文心雕龙·征圣》）“故文能宗经，体有六义”，“励德树圣，莫不师圣”（《文心雕龙·宗经》）。先秦以来，“子曰”“《诗》云”更成为后人之依托。古先王、古圣贤就成了话语权威，孔子讲话言必称尧舜文武周公，孟子讲话则除引尧舜之外还言必称孔子。扬雄《法言·吾子》曰：“好书而不要诸仲尼，书肆也；好说而不要诸仲尼，说

① 葛兆光：《中国思想史》，复旦大学出版社 2001 出版，第 86 页。

铃也。”“天不生仲尼，万古长如夜，于是在漫长的中国封建社会，‘子曰’‘《诗》云’不绝于口，不绝于耳，成为无法动摇、逆转、颠覆和取代的权威言说。”[①] 至汉以后，先秦诸子特别是儒道二家，为世所重，人或尊孔孟，或尊老庄，旁及管墨皆有尊崇者。[②]

在中国古代尤其是先秦汉唐思想史上，“实名引用”高于“匿名引用”，“显性——实名引用”高于“隐性——匿名引用”。“先秦三大儒在陆贾那里的排序，从高到低就是：孔子、荀子、孟子。”[③] 汉民族社会自上而下对“子曰”“孔子曰”“孟子曰”“先王曰”“老子曰”“管子曰”等群体性密集频繁的引述，其文化根源基于对古代圣贤，特别是对孔圣人的集体认同和尊崇。与此同时，也将“子曰”符号化而成为一个特殊的引述标签，使“子曰”除了具备普通引述功能之外，还带有了天然的权威性和导向性。通过引述圣贤语录来彰显权威的言说方式导致的结果，即形成了权威话语崇拜的民族心理机制。对此，王枫在《汉民族言说历史中的引述传统及其文化解读》一文中对此做了很好的概括：“汉民族引述言说观念的形成，根源于崇古宗经、迷信权威的民族文化心理。在这一言说观念影响下的引述活动，是对前人思想、言论、经验、思维的反复再现和确认，这种长期的反复再现和确认，也成为汉民族逐渐形成赖以生存、习以为常、具有天然约束力的各种信条理念的重要途径，并不断地建构着汉民族集体认知世界的方式，而这正是引述言说行为的文化意义之所在。”[④]

春秋时期，人们对于天人之际的认识，已经逐渐摆脱了绝对的原始宗教神权思想，认识到人的因素在社会活动中的作用，他们往往用古代的训典、《诗》、《书》等典籍作为判断标准，这是崇古思想的又一表现，

---

① 刘宗庆：《在已动之性与未动之情间问学——评魏家川〈先秦两汉的诗学嬗变——从“《诗》云”“子曰”到“子曰诗云”〉》，《中国诗歌研究动态》2008 年第 1 期。

② 郭焰坤：《文化修辞学》，中国社会科学出版社 2012 年版，第 131 页。

③ 杨海文：《中国思想史上的“引用”：以〈新语〉引孔孟荀为例》，《福建论坛》（人文社会科学版）2012 年第 1 期，第 76 页。

④ 王枫：《汉民族言说历史中的引述传统及其文化解读》，《内蒙古大学学报》（哲学社会科学版）2015 年第 6 期，第 108 页。

也是征引文化信仰的一种形态。如《左传》对典籍类古文献的征引频繁。“唐代刘知几《史通·采撰》指出：‘观夫丘明受经立传，广包诸国，盖当时有《周志》《晋乘》《郑书》《楚杌》等篇，遂乃聚而编之，混成一录。向使专凭鲁策，独询孔氏，何以能殚见洽闻，若斯之博也？’”[①]在姚曼波《春秋考论》的统计中，《左传》引用最多之典籍为《诗》《书》，全书引用《诗》达145次以上，引《虞书》《夏书》《商书》《周书》亦达30多次，其中，用《夏书》最多，达14次以上，其次是引用《志》《军志》《周志》《史佚之志》等。[②]

中国古代有丰富的文化典籍，为引用的使用提供了广阔天地。刘勰在《文心雕龙·事类》中指出：“夫经典沉深，载籍浩瀚，实群言之奥区，而才思之神皋也。扬班以下，莫不取资任力耕耨，纵意渔猎，操刀能割，必列膏腴。”典籍具有中国文化的原型符号的性质，是一种充满神性和权威性的权力话语。“在中国文化中，典籍（尤其是儒、道两家的经典），具有非同寻常的作用。它往往是帝王实行统治的思想源泉，是社会统治思想的主流，也是士人安身立命的唯一根据。”[③]引用典籍就是引用一种权力话语。“诗云子曰”“引经据典”“柢经据史”“根经据史”“援经据典”“守经据典”“引书据典”等成语和“《诗》云”“《诗》曰”“《易》曰”“经曰”“礼记云”“《礼》曰”等引述语并不仅仅是没有生命的文化的载体，而是活脱脱的权力话语的符号。谚语在古书中，总被人“谚云”“谚曰”地引用，也标志着人们对它的崇信，对它讲的道理有权威性的信仰。谚语大都是由前代人那里传承下来的，它们权威性大概沾了“古人之言”的光。所以见于上古文献中的“引谚”或说“古人有言”或说“古者有谚”或说“周谚”或说“夏谚”，都是沾了一个“古”字光而权威起来的。所以，谚语为人们喜闻乐道，不只是由于它“言简意赅”，更重要的还因为它“言近旨远”“言简意精”有“精辟”“警策”的思想内容，在人们心目中有信仰力、有权威性的结果。

---

① 李华：《〈左传〉修辞研究》，上海古籍出版社2010年版，第17页。

② 田艺景：《〈左传〉引言初探》，《管子学刊》2020年第2期。

③ 李尚：《论引用语的社会功能》，《语文学刊》2011年第2期。

谚语、俗话是民众生活中的经验常识，是民众心目中的“经典”。鲁迅曾说，谚语的用法“恰如文言的用古典”[①]。旧时代人民被剥夺了学文化的权利，讲起话来，不会像文人学士那样引经据典，为了增加说话的分量，往往引用流行在社会上的谚语。这些经验常识以话语的形式被大家反复引述传播，指导着民众的日常生活，具有经验认知价值。“人多出圣人！”“众人是圣人！”等民间谚语是群众信仰集体智慧和力量所创作，其流传甚广，且由来已久。《周易 系辞上》就有“二人同心，其利断金，同心之言，其臭如兰”。这条谚语发展到今日，便成为“三人一条心，黄土变成金”了。重言，引述谚语、成语、俗语乃至常言，为日常生活中的言论提供理论依据，究其本质，同样是汉民族引经据典、崇古宗经文化信仰的体现，也是征引文化信仰的一种表现形式。

早在春秋时期，《庄子・寓言》篇中就提到“重言十七，所以已言也。是为耆艾”。郭象注：“世之所重，则十言而七见信。”成玄英疏云：“重言，长老乡闾尊重也。老人之言犹十信其七也。”耆艾，指老年人。庄子所谓“重言”，就是一种引用权威、长者的成说来证实自己观点的话语方式。运用“十言而七见信”的“重言”，能使人信以为真，达到说教的目的。在《左传》和《国语》中会看到以“古人言曰”“有人言曰”和“谚曰”“语曰”等形式记载的谣谚，通过这一现象可以看出春秋时人们对这些来自过去经验性言语的重视，即体现了一种重言的思想。“古人言曰”“有人言曰”“语曰”“谚曰”“常言道”“俗话说”“老话说”等引述民间话语的征引方式满足了民众言说时需要的理论支撑和权威诉求，其所引话传递的经验认识为民众引述提供了内容上的保证，所引话语内容通俗、形式相对灵活的特征使民间引述表达成为可能。潘万木曾言及“人们一开始就相信，古已有之的事情具有合理性与合法性，所以历史证据的寻找成为人们的普遍追求，这些历史不只是外在的装饰和简单的记忆，而是带着庄重严肃的申请随着诉说者的征引来到每个人面前”。[②]

---

① 鲁迅：《且介亭杂文・门外文谈》，北京联合出版有限责任公司 2014 年版，第 157 页。
② 潘万木：《〈左传〉叙述模式论》，华中师范大学出版社 2004 年版，第 67 页。

（二）引用是一种有效的表达策略

引述圣贤语录、源于经典文本的经典名句和民间普遍流传的日常生活中使用率高、流行面广的谚语、俗话、成语进行言语交际、行文著述，是群体的有规律的连续性文化现象，是一种语用习俗，是汉民族传统的言说方式，也是一种言语表达策略，可以有效提升话语的说服力、公信力。

“在人们语言交际过程中，有时一个人的见解不足以产生影响和说服力，只有当这些见解能够被经典著作‘证明’时才能具有价值。在汉民族崇尚经典的文化传统之下的引语语用人属于这一类型，即利用他人对经典话语的坚信和崇拜心理，通过阐释经典话语的方式表达自己的见解或用经典话语来证明自己的见解。”[①]武占坤先生在《中华谣谚研究》一书中列举了历史人物的“引谚”的情况，其中有至圣先师孔夫子引俗谚论有恒的例证（《论语》），有亚圣孟夫子引谚论乘势和待时的例证（《孟子》），有魏武帝曹操引谚说明事理的例证（《魏武帝集·选令》），有唐太宗引谚讲心愿的例证（《通鉴·唐太宗纪》），有司马迁多次引谚论事的例证（《史记》）。武占坤先生着重指出：“综观上述这些历史事实，可见民谚在庙堂人物的语用生活中，也是有相当影响的。”[②]这里我们不妨再举一些具体例证来进行说明。

（1）宋人使乐婴齐告急于晋，晋侯欲救之。伯宗曰：“不可。古人有言曰：‘虽鞭之长，不及马腹。’天方授楚，未可与争。虽晋之强，能违天乎？谚曰：‘高下在心，川泽纳污，山薮藏疾，瑾瑜匿瑕。’国君含垢，天之道也。君其待之！”乃止。（春秋·左丘明《左传·宣公五年》）

（2）士蔿曰：“大子不得立矣，分之都城，而位以卿，先为之极，又焉得立。不如逃之，无使罪至。为吴大伯，不亦可乎？犹有令名，

① 方向红：《引语的语用环境试析》，《烟台大学学报》（哲学社会科学版）1998年第4期。

② 武占坤：《中华谣谚研究》，河北大学出版社2000年版，第60页。

与其及也。且谚曰：‘心苟无瑕，何恤乎无家。’天若祚大子，其无晋乎。”（春秋·左丘明《左传·闵公元年》）

（3）七年春，齐人伐郑。孔叔言于郑伯曰：“谚有之曰：‘心则不竞，何惮于病。’既不能强，又不能弱，所以毙也。国危矣，请下齐以救国。”（春秋·左丘明《左传·僖公七年》）

（4）时帝姊湖阳公主新寡，帝与共论朝臣，微观其意。主曰：“宋公威容德器，群臣莫及。”帝曰：“方且图之”。后弘被引见，帝令公主坐屏风后，因谓弘曰：“谚言：‘贵易交，富易妻’，人情乎？”弘曰：“臣闻‘贫贱之交不可忘，糟糠之妻不下堂’。”帝顾谓主曰：“事不谐矣！”（南朝宋·范晔《后汉书·宋弘传》）

（5）贞观十七年夏四月丙戌，诏立晋王治为太子，十八年夏四月。上御两仪殿，皇太子侍，上谓群臣曰，太子性行，外人亦闻之乎。司徒无忌曰，太子虽不出宫门，天下无不钦仰圣德。上曰吾如治年时，颇不能徇常度，治自幼宽厚，谚曰：“生狼犹恐如羊。”冀其稍壮，自不同耳，无忌对曰陛下神武，乃拨乱之才，太子仁厚，实守文之德，趣尚虽异，各当其分，此乃皇天所以祚大唐而福苍生者也。（宋·司马光《资治通鉴·唐太宗纪》）

（6）郭暧尝与升平公主琴瑟不调。尚父拘暧，自诣朝童结罪。上召而慰之曰：“谚云：‘不痴不聋，不作阿家阿翁。’”（唐·赵璘《因话录》）

（7）晋武帝始登阼，探策得“一”。王者世数，系此多少。帝既不说，群臣失色，莫能有言者。侍中裴楷进曰：“臣闻‘天得一以清，地得一以宁，侯王得一以为天下贞。’”帝说，群臣叹服。（南朝宋·刘义庆《世说新话》）

例（1）说的是宣公五年，楚国攻打宋国，次年宋国派乐婴齐到晋国告难，晋侯想要救援宋国，伯宗引用“虽鞭之长，不及马腹”和“高下在心，川泽纳污，山薮藏疾，瑾瑜匿瑕”的谣谚加以阻拦。例（2）说的是闵公元年，太子申生随同晋献公灭掉耿国、卫国，回国后，晋侯为太子在曲沃建造城墙，此种待遇与卿相当，太子的地位岌岌可危，于是士蒍引用了“心苟无瑕，何恤乎无家”这则谚语，从人心的高度上指明，心里如果没有瑕疵，又哪怕没有家，意即内心坦荡就不会愁安身立命之所。建议太子申生效仿吴太伯可以自立为家。例(3)说的是僖公七年春天，齐人攻打郑国，在国家存亡危机之际，孔叔以一则谚语劝谏郑伯向齐示弱臣服，挽救郑国于水火。这则谣谚从人的内心出发，道出了千古人性真谛，人心好强就会不甘示弱，而退一步则将会向前迈进关键的一大步。例（4)是《后汉书·宋弘传》的一段对话。这段对话中，君臣都在引谚，用思想内容完全对立的两句谚语，都想说服对方。例(5)是唐太宗引谚的例证，用“生狼犹恐如羊”婉转地表达太子“懦弱”“宽厚”的想法。例(6)是《因话录》中皇帝引谚“不痴不聋，不作阿家阿翁”来说服大臣，告诉他作为一家之主，对下辈的过失要能装糊涂的道理。例(7)是刘义庆《世说新语》中的故事，说的是晋武帝即位，以蓍草占卜能传帝位多少代，占得数为“一”，帝不悦，裴楷引《老子》语“天得一以清，地得一以宁……侯王得一以为天下贞”，使“一”成为大吉之数，这是引用先人之论以加强说服力的有力例证。

大量实例证明，“孔子曰”“谚曰”“古人云”“常言道”“俗话说”建构了一个充满内在张力的而又富有影响力的话语模式。引用能使文章和话语论证有理有据，效果倍增。从古至今，这种话语模式已成为一种具有标志性文化传统，成为一种具有传承性的文化习俗，在语言文化传承方面发挥着不可估量的作用。

（三）引语具有审美性，能够增强话语的感染力

古人云：“情欲信，辞欲巧。”在话语表达中善用引用，除了有效提升话语的说服力、公信力外，还可以增强话语的表达效果，提升话语品质，增强话语的美感性。引语这种话语模式创造了一个具有审美意蕴的艺术世界。

引用的审美功能颇多，以下重点论述古今显示的较多的三种，即典雅美、通俗美、人文美。

典雅美是引用最重要的审美功能之一。

“孔子曰”“《诗》曰”“孟子曰”“古人云”等引用所引的古人之言、有德识才学者和圣贤之言，如“孔子曰，‘朝闻道，夕死可矣’。”“孔子曰，‘子欲养而亲不待’。”“孔子曰：‘知之为知之，不知为不知，是知也。’”“孔子曰：‘君子怀德，小人怀土。’”“圣人云，三人行必有我师”“古人云，三军可夺帅，匹夫不可夺志”“富贵不能淫，贫贱不能移，威武不能屈”“荆岫之玉，必含纤瑕，骊龙之珠，亦有微颣”等都是汉民族集体意识中的经千锤百炼凝练而成的语句，言简意赅，具有“高雅”“高洁”“深邃”“不庸俗”的美感。

引用据事以类义，援古以论今，遣词造句旁搜远征，用典充满了书卷气，表现了丰富的知识、深厚的国学根底与修养，显示了学识学术之功底，呈现一种“细腻、端庄、淡雅”以及“文质彬彬”“古色古香”“精致”等风貌和气派。这是引用语“典雅美”的又一种特征。清代赵翼在《瓯北诗话》卷十六中指出：“诗写性情，不专恃数典。然古事已成典故，则一典自有一意，作诗者借彼之意，写我之情，自然倍觉深厚。此后代诗人不得不用书卷也。”赵翼说的这种“书卷气”就是典雅美的具体表现形式。

高尔基说：“最大的智慧在于字句的简洁，谚语和歌谣总是简短的，而其中包含的智慧和感情足够写出整整几部书来”。引谚常冠以“谚曰”“语曰”“俗谚”“野谚”“俚谚”“鄙谚”“常言道”或“常言说得好”。这些“谚”和“语”“话”大都出自“田父野叟之口”，语言风格呈现通俗易懂、朴实清新的特点，具有通俗美的特点。如“路遥知马力，日久见人心”“不喝黄连水，不知蜜糖甜”“人不可貌相，海水不可斗量”“人怕无志，树怕无皮”“名师出高徒”“上面千条线，下面一根针”“心底无私天地宽”，这些俗言谚语则都非常明确地告诉了我们一些看似简单却又十分深刻的道理，展现了“俚俗”“通俗”之美。

引语中的一些名言、古句、警句带有文人墨客创作的痕迹，但经过历代传承和加工使用，在不断的传承中使之从书斋走向了田野，从知识分子群体走向寻常百姓中，为大众所接纳，得到了世人的认可。如《潜夫论明暗》有“君之所以明者，兼听也；其所以暗者，偏信也”。到了《三国演义》中被用作了引语，如：“良曰：‘古云：兼听则明，偏听则蔽。望陛下察之。’”清代《小八义》也是这样：“好汉你也不可听了那一面之词。古人云：‘兼听则明，偏听则暗。’请三思而行。”其他如“吾爱吾师，吾更爱真理”“与君一席话，胜读十年书”“长江后浪推前浪”“江山代有才人出”等也是这样，由文人化日益走向世俗化，极大地扩展了民间“现成话”的容量，展现了民间话语强劲的生命力和影响力。正像《迩言》所说：“迩言者，浅近之言也。浅近之言在当时则觉鄙俚，而后人沿袭历数十百年之久，往往遂成典故。古之口头语，沿为今日之典故；今日之口头语，亦尽有沿自古人者。”①

人们的语言习惯和语言行为受到文化因素的制约。为什么这样说而不那样说，这个问题实际上涉及语言表达中的文化选择准则。文化因素已不可避免地影响到语言运用的全过程，影响到语言单位的选定形式，再进一步说，文化因素还影响到人的思维。在中国传统文化的影响下，汉语从形式到表达都带上了浓厚的人文因素，引用语也不例外。

“名言或引语是人类语言的结晶体，这些结晶体是在人类文明发展的长河中流过并沉积下来的话语（一个词组，一个句子，一节诗词，一段文章）；它们经历了几个世代，几十个世代而没有磨损，仍然闪闪发光：旧时的信息唤起崭新的感觉，启动了人们的思考和行动。”②引用语经过历代人们的笔录口传，千锤百炼，寓意深刻、含义精辟，从形式到内容都日臻完备和成熟，富有哲理，凝聚了思想的精华和智慧的结晶。“酒多人颠，书多人贤”这句老话告诉我们要多读书少喝酒。“人心不足蛇吞象”这句老话告诉我们要做到知足常乐。“船帮船水帮水，摇船老大帮水鬼”这句老话的意思是同行与同行有关系的一概相助，人与人之间要互相关心、互助爱护、互相帮助。“船到桥门自会直，不用老大多吃力”这句老话的意思是船过桥门时只要紧握桨柄，船自然会直行，不

---

① 温翔彬：《俗语辞书编纂史》，上海辞书出版社 2014 年版，第 127 页。

② 秦牧主编：《实用名言大辞典》，广西人民出版社，广西教育出版社出版，1990 年版，序 2 页。

必费力地去摇，比喻做事不用别人多操心，到时候自然会做好的。

“俗话说”“常言道”所引的这些民间老话来源于群众，反映了一定历史时期人民群众的情绪，高度集中地概括了人民群众的深邃智慧，极具人文色彩。

但事实上，一个人是完全不必借助他人的语言和思想就可以清晰地表达自己，这种能力古今一同，可古人为何还要采取引用老话的方式间接地表达自己的思想呢？这恐怕是一种文化认同的习惯使然。就比如形容一个人经过千辛万苦，克服重重困难与阻挠才终获成功，人们常引用《警世贤文·勤奋篇》里的名句：“宝剑锋从磨砺出，梅花香自苦寒来。”并不是人们不能用自己的语言来总结这样的人生哲理，而是因为通过这样一个耳熟能详的经典名句，可以更简洁、更完美地实现情感的共鸣效应，也就是我们今天老生常谈的文化认同心理。引用的经典诗句，让不能一瞬的个体之间以最有效的方式结成了一种亲密的情感纽带关系，不同的个体因此在永恒的诗句中、在相同的文化认同中达到情感和经验的共鸣。类似于引用经典诗句的这种语言模式，诸如成语、格言、谚语、歇后语、典故等常被人们引用，不同的人会引，同一人在不同情境下会多次引，这种语言模式的反复出现，而且出现的频率越是众多，越能树立起一个永恒的“身躯”，最后就成为后来人所信奉的金石之言、所仰望的至理名言。而这样一个互相凭借、互相佐证、互相支撑的过程，恰是一种文化血脉、情感共鸣形成的过程。因此，从这个意义上说，引用反映了一种文化认同的历史现象。

引用这种话语模式既体现并维护了汉民族口头文化特征，延续放大了用典文化传统，同时在语言文化传承方面发挥着不可估量的作用，甚至说在人类社会文明的历史传承中也具有不可替代的重要意义。

主要参考文献

著作类

周士琳:《你我他 —— 现代人际关系》，山东科学技术出版社1987年版。

贾玉新:《跨文化交际学》，上海外语教育出版社1997年版。

曲彦斌主编《吉利话》，河北人民出版社1997年版。

陈原:《陈原语言学论著》，辽宁教育出版社1998年版。

宋业瑾等:《吉祥语》，新华出版社1998年版。

陈建民:《中国语言和中国社会》，广东教育出版社1999年版。

[美]约翰·塞尔:《心灵、语言和社会 —— 实在世界中的哲学》，李步楼译，上海译文出版社2001年版。

陈原:《西方引语宝典》，商务印书馆2001年版。

董晓萍:《说话的文化》，中华书局2002年版。

武占坤:《中华谣谚研究》，河北大学出版社2000年版。

潘万木:《〈左传〉叙述模式论》，华中师范大学出版社2004年版。

陈原:《社会语言学》，商务印书馆2004年版。

王铭玉:《语言符号学》，高等教育出版社2004年版。

谭汝为:《民俗文化语汇通论》，天津古籍出版社2004年版。

吕静:《春秋时期盟誓研究 —— 神灵崇拜下的社会秩序再构建》，上海古籍出版社2007年版。

刘二安主编《笑话灯谜大观》，中原农民出版社2008年版。

肖建华:《民俗语言初探》，中国社会出版社2009年版。

曹炜:《现代汉语词汇研究》，暨南大学出版社2010年版。

王志强:《中国的标语》，中央文献出版社2010年版。

李华:《〈左传〉修辞研究》，上海古籍出版社2010年版。

郭焰坤:《文化修辞学》，中国社会科学出版社2012年版。

张明仙:《珠江源头方言词汇与地域文化研究》，云南大学出版社2012年版。

廖虹雷:《深圳民间熟语》，深圳报业集团出版社2013年版。

黄新宇:《俗语钩沉》，海天出版社2016年版。

黎运汉:《公关语言学(第五版)》，暨南大学出版社2018年版。

朱介凡编著:《中华谚语志》，台湾商务印书馆1989年版。

[美]斯坦格尔:《奉承史》，于卉芹、李忠军译，中央编译出版社2002年版。

[法]古斯塔夫·勒庞:《乌合之众——大众心理研究》，冯克利译，中央编译出版社2004年版。

论文期刊类

陈建民:《汉语的祝福语》，《语文建设》1991年第10期。

朱玲:《祝颂语的文化成因和文化功能》，《修辞学习》1995年第1期。

赵日新:《试论吉祥语》，《语文学刊》1997年第3期。

方向红:《引语的语用环境试析》，《烟台大学学报》(哲学社会科学版)1998年第4期。

黄作林:《中国吉祥图案的文化精神》，《重庆师院学报》(哲学社会版)2000年第2期。

薛维哲:《吉祥语的性质和功能》，《齐齐哈尔大学学报》(哲学社会科学版)2001年第2期。

薛维哲:《论吉祥语》，《济宁师专学报》2001年第1期。

李安葆:《长征标语的漫议》，《党史研究与教学》2004第4期。

金陵客:《重新认识“子曰”》，《同舟共进》2006年11期。

刘宗庆:《在已动之性与未动之情间问学——评魏家川〈先秦两汉

的诗学嬗变：从“〈诗〉云”“子曰”到“子曰诗云”》，《中国诗歌研究动态》2008年第1期。

马国彦：《话语标记与口头禅——以“然后”和“但是”为例》，《语言教学与研究》2010年第4期。

沈利华：《论中国吉祥文化的内涵及其生成方式》，《徐州师范大学学报》（哲学社会科学版）2010年第1期。

辛羽：《说说“口头禅”》，《咬文嚼字》2011年第12期。

徐美兰：《跨文化交际中的英汉恭维语差异研究》，《湖北广播电视大学学报》2011年第12期。

于洋：《汉语吉祥语研究》，硕士学位论文，沈阳师范大学，2011年。

康廷山：《〈荀子〉征引“传”类文献考论》，硕士学位论文，山东大学，2012年。

谷继建、郭立、吴安新：《川渝口头禅文化之源》，《濮阳职业技术学院学报》2012第6期。

杨海文：《中国思想史上的“引用”：以〈新语〉引孔孟荀为例》，《福建论坛》（人文社会科学版）2012年第1期。

肖庚生：《口头禅话语的多维度考察》，博士学位论文，华中科技大学，2013年。

王枫：《汉民族言说历史中的引述传统及其文化解读》，《内蒙古大学学报》（哲学社会科学版）2015年第6期。

张弘：《〈左传〉中的称谓表达及特点分析》，《北方文学》2017年第8期。

曹迎春：《董仲舒对〈论语〉的引用与诠释》，《衡水学院学报》2018年第2期。

储旭东：《让“凡承诺，必践诺”成为常态》，《当代广西》2018年第17期。

赵雅楠：《新中国初期中国共产党口号宣传研究》，硕士学位论文，华东科技大学，2018年。

陈贵玲：《齐鲁民俗吉祥语言的心理暗示意蕴探究》，《中国民族博览》2019年10期。

许加彪、王博:《城市形象主题口号的话语修辞与品牌营销研究》,《现代传播》2019年第1期。

钟帅:《我国标语口号的时代变迁及其意识形态功能探析(1949—2019)》,2020年第2期。

田艺景:《〈左传〉引言初探》,《管子学刊》2020年第2期。

柴文华、段澜涛:《历程·特征·地位·价值:对中国传统伦理文化的宏观审视——以张锡勤先生的中国传统伦理文化观为中心》,《学习与探索》2021年第9期。

龙长安、刘雪妮:《国家治理视角下的标语论析》,《安庆师范大学学报》(社会科学版)2021年第3期。

吴礼权:《口号标语的政治修辞学分析》,《江苏师范大学学报》(哲学社会科学版)2021年第1期。

责任编辑：贺　畅
封面设计：刘伊可

图书在版编目（CIP）数据

语式与习俗/李树新 著. —北京：人民出版社，2022.12
ISBN 978－7－01－025256－8

Ⅰ.①语…　Ⅱ.①李…　Ⅲ.①汉语-语法-研究　Ⅳ.①H14

中国版本图书馆 CIP 数据核字（2022）第 210255 号

语式与习俗
YUSHI YU XISU

李树新　著

人民出版社 出版发行
（100706　北京市东城区隆福寺街 99 号）

北京盛通印刷股份有限公司印刷　新华书店经销

2022 年 12 月第 1 版　2022 年 12 月北京第 1 次印刷
开本：710 毫米×1000 毫米 1/16　印张：17.25
字数：231 千字

ISBN 978－7－01－025256－8　定价：69.00 元

邮购地址 100706　北京市东城区隆福寺街 99 号
人民东方图书销售中心　电话（010）65250042　65289539